中华优秀传统文化视域下大学生思想政治教育创新研究

钱玺娇 ◎ 著

中国书籍出版社
China Book Press

图书在版编目（CIP）数据

中华优秀传统文化视域下大学生思想政治教育创新研究 / 钱玺娇著. -- 北京：中国书籍出版社，2024.6.

ISBN 978-7-5068-9923-9

I . G641

中国国家版本馆 CIP 数据核字第 20246U1D75 号

中华优秀传统文化视域下大学生思想政治教育创新研究

钱玺娇　著

图书策划	成晓春
责任编辑	毕　磊
封面设计	博健文化
责任印制	孙马飞　马　芝
出版发行	中国书籍出版社
地　　址	北京市丰台区三路居路 97 号（邮编：100073）
电　　话	（010）52257143（总编室）（010）52257140（发行部）
电子邮箱	eo@chinabp.com.cn
经　　销	全国新华书店
印　　刷	天津和萱印刷有限公司
开　　本	710 毫米 × 1000 毫米　1/16
字　　数	310 千字
印　　张	17
版　　次	2024 年 8 月第 1 版
印　　次	2024 年 8 月第 1 次印刷
书　　号	ISBN 978-7-5068-9923-9
定　　价	92.00 元

版权所有　翻印必究

前 言

中国传统文化是我国由多个民族构成的民族文化，它源远流长，博大精深。新时期，随着经济全球化和科学技术的发展，世界政治形势每天都在发生深刻的变化。我国的思想政治教育在经济快速发展的过程中也发生了翻天覆地的变化。当前，高校大学生思想政治教育工作正处在一个多元、开放、变动的环境中，大学生群体受到网络等多媒体的影响，自主意识增强，政治参与热情高涨。然而，由于大学生自己的阅历有限，辨别是非的能力不足，在世界观、人生观、价值观等方面，他们更容易受到思潮的影响。因此，高校思想政治教育教学的有效性面临着严峻的挑战。在当前思想政治教育的关键时刻，高校必须从实际出发，坚持教学的有效性，并且积极探索增强思想政治教育有效性的科学途径。

高校作为哲学社会科学研究创新的重要平台，理应担负起推动哲学社会科学大发展大繁荣的重任。大学生德育培育作为高校培养高素质人才的重要环节，更应该予以重视。全球化作为经济、政治、文化的整体性甚至带有一体化性质的发展过程，正在越来越深地影响着我们的生活。伴随着经济全球化的过程，包括教育等在内的诸多方面都会或多或少呈现出全球化的色彩。具有全球眼光，占有世界信息，具备国际视野，已经成为做好教育研究和实践工作的前提条件。

高等学校的思想政治教育，特别是大学生思想政治教育，是党的思想政治工作的重要组成部分，也是学校教育的一个重要方面。它对于学校坚持社会主义办学方向，培养德、智、体、美、劳全面发展的社会主义建设者和接班人，贯彻执行党的路线、方针、政策，顺利完成教学、科研、学校管理等任务起着重要的保证作用。随着中国经济的腾飞、综合国力的提高和人民生活的改善，重视传统文化是民族复兴的必然选择。从历史上看，没有一个在经济上处于强势的国家和民族是蔑视自己的传统文化的。自改革开放以来，我国重视传统文化、弘扬传统文化，已成为从中央到地方的共识。

中华优秀传统文化蕴涵着中华民族几千年的智慧结晶，是先贤们留给我们取之不尽的财富，更是中华民族之基，是民族之魂。在"十四五"规划中，弘扬中华优秀传统文化的传承发展被列为重点项目规划，规划注重在记忆、传承、创新、传播四个方面着力，而教育作为文化传承的重要媒介，发挥着极其重大的作用。教育与文化相辅相成，中华优秀传统文化本身也具有教育力量，如"尊老爱幼""见贤思齐""尊师重道"等优秀传统文化思想教育着一代又一代的年轻人，而这些年轻人也将不断传承、创新、发展这些优秀传统文化。高校思想政治教育是帮助当代大学生素质教育的重要组成部分，能帮助大学生树立正确的三观，提高学生全面综合素质，将中华传统优秀文化融入高校思想政治教育，不仅能改善教学模式固化、课程枯燥乏味等现状，还能传承与发展中华优秀传统文化，改善教学方式，激发学生对中华优秀传统文化的学习热情，提升学生文化自信，增强学生综合素质，为社会培养具备中华优秀传统文化综合素养的社会人才。

在撰写本书的过程中，作者以中华优秀传统文化为具体导向，同时参考和借鉴了有关专家、学者的研究成果，对大学生思想政治教育创新开展详细论述，具体包括中华优秀传统文化思想精髓、思想政治教育的文化意蕴、中华优秀传统文化视域下大学生思想政治教育创新使命等。由于作者水平有限，书中难免有疏漏之处，希望广大同行及时指正。

钱玺娇

2024年5月

目　录

第一章　中华优秀传统文化概述 …………………………………………… 1
　　第一节　传统文化与中华优秀传统文化 ………………………………… 1
　　第二节　中华优秀传统文化思想精髓 …………………………………… 19
　　第三节　中华优秀传统文化历史演变 …………………………………… 28
　　第四节　中华优秀传统文化传承意义 …………………………………… 61

第二章　思想政治教育概述 ………………………………………………… 68
　　第一节　思想政治教育的理念与原则 …………………………………… 68
　　第二节　思想政治教育的主体与环境 …………………………………… 85
　　第三节　思想政治教育的内容与方法 …………………………………… 104
　　第四节　思想政治教育的本质与吸引力 ………………………………… 113
　　第五节　思想政治教育的文化意蕴 ……………………………………… 127
　　第六节　思想政治教育与社会主义核心价值观 ………………………… 134

第三章　中华优秀传统文化视域下大学生思想政治教育 ………………… 142
　　第一节　中华优秀传统文化视域下大学生思想政治教育价值 ………… 142
　　第二节　中华优秀传统文化视域下大学生思想政治教育缺失与原因 … 153
　　第三节　中华优秀传统文化视域下大学生思想政治教育渗透 ………… 159
　　第四节　中华优秀传统文化视域下大学生思想政治教育价值实现方法 … 174

第四章 中华优秀传统文化视域下大学生思想政治教育创新解读……177
第一节 中华优秀传统文化视域下大学生思想政治教育创新意义……177
第二节 中华优秀传统文化视域下大学生思想政治教育创新脉络……179
第三节 中华优秀传统文化视域下大学生思想政治教育创新前提……195

第五章 中华优秀传统文化视域下大学生思想政治教育创新实践……214
第一节 中华优秀传统文化视域下大学生思想政治教育创新使命……214
第二节 中华优秀传统文化视域下大学生思想政治教育创新机制……235
第三节 中华优秀传统文化视域下大学生思想政治教育创新实践路径……244

参考文献……263

第一章 中华优秀传统文化概述

本章为中华优秀传统文化概述，主要包括四个方面的内容，分别是传统文化与中华优秀传统文化，中华优秀传统文化思想精髓，中华优秀传统文化历史演变，中华优秀传统文化传承意义。

第一节 传统文化与中华优秀传统文化

文化代表着一种传承，为民族和国家的发展打下坚实基础。文化需要与时俱进，不断改进、创新，这种传承影响着一代代人的进步。

一、文化

（一）文化概念

文化的概念延伸比较广泛，在汉语词典中，文化的含义大概有三个方面。

第一个方面指人类在历史中人为创造的一切财富，尤其是精神财富，包括文学、艺术、科学等方面的财富。

第二个方面指运用文字的能力以及一般知识。

第三个方面指同一个历史时期的、不按照分布地点而改变的古代遗迹等综合体。

文化是在对人心灵的培养这一理解的基础上发展起来的，文化指人类的兴趣、活动及影响，包括人心灵发展的过程、状态、手段、方法等，以及具有实用性的概念框架。文化是描述性的，不具有价值判断功能。文化是一套在一定时间里流行于某一群体的行为模式。文化在这个方面的概念被运用到人类学、社会学、教育学、心理学、政治学等领域。

不同内涵的文化意义是不相同的，可以分为广义的、狭义的和引申意义的。

广义的文化指人类创造的物质财富和精神财富，是人类社会的积淀物。其中，物质文化包括自然文化、经济文化、军事文化、建筑文化等。精神文化包括政治、宗教、文学、艺术、教育、科学、伦理、哲学等。广义文化的概念很广泛，可以说是人类立足于自然界独特的生存法则，着眼于人类与其他动物的本质不同。文化可以是活动方式，也可以是工具、器皿等。

狭义的文化涵盖了某种精神活动及其成果，而不包括人类物质创造活动相关的活动及其成果。

引申意义的文化指在本义和广义的基础上衍生出来的更加常见的含义。引申的文化不管是中国还是外国，都很容易看到，汉语词义的引申含义更加复杂和丰富多彩。

（二）文化性质

1. 社会性

文化具有社会性，包括物质文化和精神文化两种类别。因社会载体的不同，文化呈现出了不同状态。

2. 民族性

民族性与民族的产生、发展联系紧密，文化的民族性主要表现在以下方面。

首先，文化的民族性体现出一定的民族特色。不同的民族特色组成不同的文化。

其次，文化的民族性反映出一定的历史传统。中国历史传统具有深厚的文化积淀，传承下来的文化富有历史色彩。

最后，文化的民族性体现出一定的宗教信仰特点和语言特点。人与人的信仰差别很大，比如，传统的中国人信佛、道等，而西方一些国家的人则信仰基督教、天主教、伊斯兰教等。

3. 阶级性

不同统治阶级为了维护自己的统治，会产生不同文化方式。文化被统治阶级利用，只要有统治阶级，就会有文化的阶级性。

4. 延续性和发展性

文化的传承经历了很长的时间，沉积下来的都是文化进化与发展的结果。社会进步必然会推动文化的发展，文化的延续性与发展性表现为时间、空间、内容的相承、扩展与创新。

（三）文化作用

1. 文化是根基

一个民族、国家、组织的根基就是文化。文化的根基作用主要体现在以下方面。

第一，文化产生了物质财富。物质财富的生产需要依靠知识、技术、掌握知识的人。

第二，文化是精神财富的根。思想是精神财富的一部分，思想的来源是文化。文化产生了科学和教育，两者又反过来促进了文化的发展。

2. 文化是土壤

文化是人类精神发展孕育出来的产物，文化作为土壤的作用表现在以下两个方面。

首先，优秀的传统文化是民族赖以生存的条件。优秀的制度、道德、思想等经过不断完善、发展，可以为民族文化提供源源不断的生命力与养料，优秀的文化土壤可以培养出优秀的文化传统。

其次，优秀的传统文化是民族精神的土壤。民族精神是在文化的土壤里孕育出来的宝贵产物。在文化的土壤中，民族精神不断得到发展和更新。

3. 文化是力量

文化是一种影响国家、民族的巨大力量，可以推动一个国家或民族的发展。

第一，文化有利于增强民族的凝聚力。如果组织成员认同一种文化，就会产生归属感和自豪感，愿意为文化的发展添砖加瓦，为维护文化的自尊贡献力量，进而完成特定的使命。

第二，文化有利于提升民族的抗击力。文化具有防御功能，有利于抵制外来因素的侵扰。民族独立性的形成依赖于文化，独立的文化有助于增加我们的抗侵扰能力。

（四）文化分类

1. 物质文化

人类在不断的发展和创造中，探索出了包括生产工具和劳动对象等在内的物质文化，即技术和物质产品。物质文化与社会经济生活息息相关，并能够在经济、社会、金融和市场基础设施上发挥作用。能源、通信、交通等属于经济基础设施范畴；住房、教育等属于社会基础设施范畴；为企业服务的机构属于金融和市场基础设施范畴。一般来说，在自然状态下存在的物质不属于物质文化的范畴。

2. 非物质文化

非物质文化是一种无形的文化，这些文化具有历史和艺术价值，但是不以实体的物质形式存在，涉及人们在实践中创造的各种精神文化。无论是非物质文化，还是物质文化，文化的核心都是人。文化由人类创造出来，是人类智慧、创造力的体现。人类是文化的创造者和享受者。人虽然需要受到文化的约束，但是在文化中永远是主动的。我们了解和研究文化就是研究人的创造思想、行为、心理及成果。

（五）文化功能

文化在不同的范围和层面上有不同的功能，具体有以下几个方面。

1. 整合功能

文化可以把其体系中的各个要素有效整合，从而协调成员的行动。文化为群体中不同成员的沟通和交流搭建起桥梁，通过整合不同的性格和思想，促进成员之间更好地合作和达成共识。

2. 导向功能

文化给人们的行动提供了一定的方向，以及可以选择的方法。例如，人们通过共享文化可以知道何种行为在对方眼里是合适、积极、可被接纳的，文化能够指导人们选择有效的行动。

3. 维持秩序功能

文化的成型同时代表着人们开始遵循和接受其中的价值观和行为准则。

人们在不断地学习和积累的基础上形成了文化，文化经历了人们的筛选和比较。经文化确立的社会秩序能在文化的作用下维持下去，体现出了文化维持社会秩序的功能。

值得一提的是，不同领域对文化有不同理解，比如，存在主义认为文化是一个人或一群人存在方式的表现，它言说或表述了人类在自然、历史中的存在过程。它不仅描述一群人的行为，也感知个别人的自我心灵体验。从哲学层面来说，不同时间和地点的哲学思想特点决定了文化的不同风格。从文化研究的角度来看，真正意义的文化融合了传承下来的优秀文化与吸收的其他优秀文化。在共同的环境下，通过价值观的判断，简单的文化整合形成了。

二、传统文化

"传统"是世代相传的东西，涉及思想、行为、想象的产物等。其中，"传"字表现"传承、传递"的含义，"统"字有"连续"的含义。经过一代代的积累和传递，"传统"延续到今天，影响着我们生活的方方面面。传统文化反映民族特质和风貌，是各种观点的集合。有形的物质文化和无形的精神文化共同构成了民族的传统文化。

传统文化是由"传统"和"文化"这两个概念组成的一个广泛的概念。"传统"这一概念是相对"现在"而言的，随着社会不断进步和演变，它也在不断更新和发展，且终有一天会将"现在"囊括其中。"传统"相对稳定，具有地域色彩。积极的"传统"可以促进社会发展，反过来，消极的"传统"会阻碍社会进步。

传统文化是民族特征和独特性的文化表现，反映了历史上各种思想、文化、观念的综合，是文明演进的产物。它囊括了历史上曾有的各种物质的、制度的和精神的文化。传统文化是一个包含了现代文化和外来文化的综合性术语，是世界上不同国家、不同民族均拥有的一种文化传承。

按照地域理解，传统文化包括中华传统文化和外国传统文化。中华传统文化以儒家文化为中心，综合了政治、经济、思想、艺术等内容，经历上千年形成，相对稳定。文字、语言、书法、音乐等都是中华传统文化的组成内容。中华传统文化包括宗法、农业、血缘文化，伴随时代的发展，其内容不断丰富，且相互关联、密不可分。比如，封建社会的大家庭强调辈分和地位的等级差距，重视家族家规。鲁迅先生就在小说中常常研究宗法文化如何影响封建统治和人们的思维模式。作为一个农业大国，我国以农业为基础的经济形态决定了我国会发展出与之相适应的文化制度。

三、中华优秀传统文化

（一）中华优秀传统文化概念

中华传统文化包含中华优秀传统文化，两者之间是整体与部分的关系，传统文化中有积极意义的精华部分被称为"中华优秀传统文化"，它是对中华历史的记录与传承，是对人类精神、社会文明的思考与总结。文化凭借它独有的魅力记录着历史、推动着历史、改变和传承着历史。

中华优秀传统文化可以激发民族自信心和自豪感，鼓励人们前进，并反映出中国社会健康的精神方向。中华优秀传统文化有很强的生命力，能够持续并保持稳定。它在现代中国表现为：追求进步的奋发向上，包容大局的广博心胸，崇尚道德信仰的精神追求，以及强调团结合作的价值理念。

（二）中华优秀传统文化特征

中华民族的思维方式、情感认同和语言习惯等，都体现在中华优秀传统文化中。与此同时，中华优秀传统文化中还包含着民族道德规范、价值导向、思想品格的精髓。传统文化历史悠久、博大精深，被中华民族代代相传，展现出了民族特色，是一种囊括了历史上各种观念形态的综合体。

1. 崇德尚贤的伦理性

在中国几千年历史中，优秀传统文化遵循德育至上，以伦理道德为核心的理念。儒家思想中提到，大学教育旨在彰显德行，去除污点，达到至善至美。《论语》中也对修德有要求，即人应该遵守修养，道德教育将人与动物区别开来，社会应该弘扬德行。

中华优秀传统文化在古代典籍中有记载，在古代人们道德践行中有反映。一方面，古代统治者以道德手段教育感化人们，达到其统治目的。另一方面，古代人们崇尚理想的圣贤人格，以儒家思想为标准约束行为，从而提升境界，实现价值。

2. 形态的稳定性

据历史学家汤因比所述，在人类历史长达近6000年的时间里，总共出现了26种不同的文化形态。古中国文化是一种较为古老的文化体系，除此之外，较为古老的文化体系还有古希腊罗马文化、古埃及文化等。中华优秀传统文化属于这些文化形态中唯一一种延绵不绝的文化。中华优秀传统文化在东亚大陆按照逻辑演化历经5000多年而不中断，这些体现出了它较强的生命力和稳定性。

简单来讲，世代相传为传统的本义。代代相传下来的文化有很多，比如大多数中国人都会写汉字、用筷子吃饭，相当多的中国人从学生时代就认得王羲之的书法，就能背诵中国的古诗，这就是在自觉或不自觉地传承中华优秀传统文化。今天，14亿中国人都在使用同一种语言和文字，都有一致的文化认同，可以看到文化传承和文化凝聚着中国人所具有的力量。中华传统文化历史久远，是中国千百代人创造的文化成果，这种文化成果缤纷多彩、辉煌灿烂、绵延不绝，这种文化积淀在代代相传中注入了中国人的血脉，成了中国人所特有的文化基因。

中华传统文化在发展中不断地以开放的胸怀吸收他人之所长，但同时它又一直保持着自身形态的稳定性，这也可以说是一个奇迹，表明中华文化有强大的生命力和凝聚力。中华文化之所以能够既吸收别人，又不改变自己，成为一种保留在中华民族中间具有稳定形态的中国文化，取决于它独特的内涵和精神。中华优秀传统文化的基本精神主要有以下几个方面：首先，中华民族是以刻苦耐劳著称于世的民族，表现在文化上就是"刚健有为""自强不息"；其次，中华民族追求和平，热爱和平，表现在文化上就是"天人合一""和而不同"；再次，中华民族是崇礼尚文的民族，表现在文化上就是"人文化成""厚德载物"；最后，中华民族是充满辩证智慧的民族，表现在文化上就是"刚柔相济""阴阳协调"。中华民族的这些基本精神渗透和表现于中国传统文化方方面面的内容与形式当中，使中华传统文化成为既能自我更新，又具有相对稳定形态的文化整体和文化体系。

3. 开放、包容、内化的自我革新性

古代中国属于开放的国家，国家内部之间各个诸侯国相互合作，同时，与其他国家的交流和文化传播具有兼容性和开放性。中华传统文化发源于黄河流域，随着北方游牧民族的入侵，逐渐受到游牧文化影响，农耕文化与游牧文化在交融中保存特质，互相融入吸收。

中国除汉族外，还有55个少数民族。这些少数民族在中华民族的历史上都对中华优秀传统文化做出过不可磨灭的贡献。居于黄河流域的中原农耕文化曾经是中华文化的中心，但这种农耕文化在中华民族的历史上也不是僵化和封闭的，它和中国少数民族的游牧文化一直处于相互激荡、相互学习、相互融合的过程中。处于辉煌时期的唐朝文化，就相当广泛地吸收和融入了当时西域少数民族的文化。此外，中国传统哲学学派之间的讨论、争辩和互相吸收的过程中，也反映出了中国传统文化所具有的包容特质。在中华文化史上，各种学派（如春秋诸子百家）之间以及每个学派（如儒家学派与道家学派）内部，都存在着既相互辩论又相互吸引的情况。对于外域文化，中华文化也体现了它充分的开放性与包容性，这在外来宗教——佛教中国化的过程中得到了鲜明的体现。

中华优秀传统文化具有包容性，吸收了外来文化的精华。比如，古印度的佛学从汉代传入中国以来，与儒家、道家一起成为中国传统文化的重要组成部分。包容力展现了中国传统文化的胸怀与气魄，以及文化的自我革新精神。

4. 内容的丰富性

中华传统文化之所以强大，是因为它蕴含着丰富多彩的内涵和精髓，不仅体现了深邃的道德思想，更具备了多元的内容形式。它是人们生存与发展的沃土，贯穿着华夏子孙的历史和生活。它无所不在，无处不有。如要列举出中华传统文化都有哪些，恐怕是说不完、数不清，无法穷尽的。像礼仪制度、传统道德、宗教信仰、文学艺术、教育科技、琴棋书画、汉语汉字、音乐舞蹈、戏剧戏曲、中医中药、养生健身、武术功夫、美食美饮、服装服饰、风俗习惯、建筑园林、铸造雕刻、瓷器玉器等，均可被囊括进中华传统文化的范畴，视为中华传统文化的体现。中国各个民族在日常生活中都保留着丰富的文化传统，例如节气文化、节庆文化、成语文化等，可以说无处不文化。正因为它具有人们喜闻乐见的形式，才使得基本精神与价值观在潜移默化中渗透到了中国人的血脉当中。

（三）中华优秀传统文化基本内容

中华优秀传统文化曾以辉煌的火焰照亮了东方，但是伴随近代中国的落后和屈辱，中华优秀传统文化也一度落后。正确处理当代与历史的关系，有助于增强民族自信心。总的来说，中华优秀传统文化包括以下基本内容。

1. 正心修身

（1）安贫乐道

中华民族最讲究修身，在中华优秀传统文化中，修身占据的地位非常重要。修身影响个人的处世与事业发展。我们应该将传统美德内化为力量，按照传统文化的要求把自己提升为彬彬君子。

每个人的成长道路都有逆境、挫折和痛苦，有些经历可能会超出一般人的承受能力，如何才能经受住这些严峻的考验，渡过难关？关键的不是靠外力的支持，而是靠自己的修养。"安贫乐道"告诉我们，虽然处境贫困，但仍需要坚持信仰。"道"字原义为儒家的道德，后来被引申为人生的信念、理想、行为准则。古人认为吃着粗粮、饮着自来水、把胳膊当枕头也是充满乐趣的，这句话给我们的启发为：一个人的快乐不在于物质享受，而在于精神追求。人一旦把心思都用在追逐金钱和名利方面，就会滋生很多执念，不能一心向道。而且，财富多了会滋长很多欲望与私心，干扰求道。

人是最具备适应能力的动物，所以在贫困中生存下来很容易。问题是，当我们面对贫困境遇时，是痛苦地活下去还是选择过一种快乐的生活。在这个时候，我们心中应该有一个光明的信念，同时坚持自己的信念。相信"梅花香自苦寒来"，就能够忍受当下的苦寒，就会产生出刻苦用功的动力。作为一种正心修身的方法，安贫有助于我们更好地求道，修炼自己的心智；乐道则有助于我们克服当下的贫苦，坚定自己的理想和信念。

（2）勤俭节约

中华民族勤劳、勇敢，万里长城、大运河、都江堰等伟大工程是我们民族辛勤劳动的见证。在中华文化历史上，流传着许多用劳动征服大自然的动人心弦的故事。中国古人很早就认识到"赖其力者生，不赖其力者不生"（《墨子·32章非乐（上）》）的真理。

热爱劳动是立身、安家、兴邦的根本。中国古代最伟大的医药学家李时珍就是一个把热爱劳动这一美德发扬光大的人。我国古代人民很懂得劳动的重要性。《悯农》说："锄禾日当午，汗滴禾下土。"墨子认为，劳动是人与动物的根本差别。

人跟动物不同，人类如果想要生存下去，必须自食其力。勤劳的美德是开源，节约的美德是节流。勤劳节约让人类积累了大量的物质财富和精神财富，帮助中华民族历经磨难依然屹立在世界的东方。

《左传》中说："俭，德之共也；侈，恶之大也。"意思是说：节俭，是善行中的大德；奢侈，是邪恶中的大恶。《尚书》对一国之君的要求是："克勤于邦，克俭于家。"中国古代的圣贤之君都是国事勤劳，家庭节俭。

作为中华民族一直持有的传统美德，节俭影响着我们历代人的行为，崇尚节俭在物质财富相对富足的今天仍然适用。我们应该培养节俭这一美德，因为只有具备了这一美德，才能不为物欲所羁绊。纵观古今，凡是留名青史的人，都拥有节俭这一美德。

（3）明礼诚信

《论语》中说："民无信不立。"这句话被后人归纳为中华传统美德之一，即明礼诚信。

中国之所以有礼仪之邦、文明古国的美誉，就是因为自古以来，中国特别讲究隆礼。这里所谓的"礼"指的是"礼仪""礼貌""中和""谦敬"。如《礼记·曲礼上》："入境而问禁，入国而问俗，入门而问讳。"意为在到达一个区域之前，需要了解该地区的法律法规；在踏足一个国家之前，了解该国的习俗和文化是必要的；在拜访他人家时，应该先询问主人是否有任何需要注意的事项。以上语句均展现出了中国文化中对"礼仪""礼节"的重视。

"明礼"和"诚信"两者存在密切联系。"诚信"只有通过"礼仪"才能真实地表达出来；"明礼"只有秉持"诚信"的本质，才能免于虚伪。《礼记·礼器》："忠信，礼之本也；义理，礼之文也。无本不立，无文不行。"在古代社会，人们将"忠信"视为"礼"的核心。内心的真实和外在的尊重是密不可分的，即"诚信"和"明礼"作为人的内外两面息息相关。

在"诚信"这个词语中，"诚"指诚恳、诚实；"信"指信用、信任。"诚"和"信"合在一起，就是指做人需要忠厚，信任他人，也让他人信任自己。

（4）浩然正气

根据孟子的观点，浩然之气是刚正之气，是大义大德造就的一身正气。更加直接点，就是骨气和节操。中国人最注重这两点，正所谓"三军可夺帅也，匹夫不可夺志也"（《论语·子军》）。《荀子》一书中曾说："大节是也，小节是也，上君也；大节是也，小节一出焉，一入焉，中君也；大节非也，小节虽是也，吾无观其余矣。"[1] 从修身的角度而言，小节无疑也是重要的，在小的事情上能够让自己的行为符合道德要求，是个人美德的具体体现。但从政治生活而言，古人更注重的是大节，一个人在原则问题上坚持底线，"临大节不可夺"（《论语·泰伯》），是保持气节的关键。大节是指一个人对国家、君主忠诚与否；而小节则是指一个人生活中个性品德的好坏。

气节一直是古代思想家推崇的精神力量，属于一种崇高的美德。孟子认为，坚持道义到一定高度，自然会产生一种至刚的力量，鼓舞人们勇猛前行。那么，我们应该具备哪些气节呢？首先，每个人都有自己的尊严和人格，尽管人格表现出明显的不同，但人们在评价它时总会有一些共同的标准。这些共同的标准就是人格的尊严和独立。其次，人应该有正义感，可以为了正义不惜牺牲一切，大义凛然。最后，人应该维护民族和国家的利益。

2. 与人为善

中国人始终把人际关系当作人生中的一件大事，围绕着这件大事，产生了诸多传统美德。这些美德主要有以下四种：忠、孝、仁、义。这四者分别规定了中国传统社会最为重要的四类人际关系：孝，讲处理家庭生活中各种关系的基本准则；忠，讲处理个人与社会、国家关系的道德规范；仁，讲人与人之间、个人与陌生人、上级与下级之间的相处之道；义，讲处理人际关系，尤其是利益关系的道德要求。

忠、孝、仁、义这四个基本道德规范，是中国传统社会道德生活的基石。在此基础上，传统道德的其他规范得以建立和发展。总体而言，这四种传统道德的终极目标可归纳为四个字：与人为善。

（1）尽己之谓忠

《论语》中"三省吾身"的第一省"为人谋而不忠乎"说的就是，替别人做事时，有没有不尽自己心力去做的时候啊？在这里，"忠"是尽心竭力的意思。"忠"还表现为尽职尽责，认真做好自己的本职工作。另外，"忠"也表现为忠于民族和国家，忠于自己的祖国和民族，将个人命运与祖国、民族的命运紧密相连，时刻关心国家和民族的命运。

（2）孝为人本

中华传统美德第一经的《孝经》把"孝"提到了无与伦比的高度："夫孝，天之经也，地之义也，人之行也。"

"孝"不仅仅是一种美德，它还是做有道德的人的根基。《论语》中有这样

---

[1] （战国）荀子. 荀子[M]. 沈阳：万卷出版社，2009.

一段话："君子务本，本立而道生。孝悌也者，其为仁之本与！"由此可知，孝顺父母是做人的根本，一个人只要在家庭生活中是一个孝子，那么当他走向社会后，就不会干什么坏事。对这个观点的理解思路是这样的：连养育自己的父母都不孝顺，那这个人还能对得起谁呢？

或许正是这种思路的影响，在古代，人们认为"孝"是道德之基础，统治者可以利用"孝"来治理国家，而普通民众则可以用"孝"来立身理家。

由于对"孝"的这种推崇，中国古代在选举官吏时，孝顺父母是一条重要的道德标准，汉代的董仲舒就说："求忠臣必于孝子之门"（《后汉书·韦彪传》）。

（3）仁者爱人

中华传统文化中分量最重的一个字是"仁"。孔子提出"仁者爱人"，"爱人"就是仁，是中华传统道德的精髓。这一传统美德要求我们在日常生活中、与人打交道时要常怀一颗爱人之心，与人为善。因此，爱人应当是真实的、发自内心的想法，虚伪就是不仁。

"仁"有很多种表现形式，比如杀身成仁、仁政爱民、大仁不拘小节，其核心在于推己及人，所谓推己及人，就是设身处地为别人着想，这就是最高尚的仁。推己及人的对象主要有两个层面：一是自己身边的人；二是整个社会中的人群。从影响身边人的角度而言，"己所不欲，勿施于人"（《论语·颜渊》）、"己欲达而达人，己欲立而立人"（《论语·雍也》）。这两个方面的内容在传统道德学说中被称为"恕道"。

在日常生活中，人们将心比心，不损害他人。自己不愿意做的事情，不能要求其他人去做或者替自己去做。作为子女，我们自己在家里不愿意干的活，不应该要求父母替我们去干；作为朋友，我们自己不愿意做的事情，不应该要求他人帮助我们去做；作为社会的一分子，我们自己不愿意尽的责任，不应该要求他人对我们履行或替我们尽责。

"己欲达而达人，己欲立而立人"则要求人们将心比心，积极利人、助人，给他人以机会和力所能及的帮助。自己想在困难的时候获得别人的帮助，那么在别人困难的时候，就应该去帮助他人；自己想获得成功，那么就应该帮助他人获得成功，至少是不阻碍他人获得成功；自己愿意成为一个善良的人，那么就应该创造条件去帮助他人培养他的善良本性。

《孟子·尽心上》："穷则独善其身，达则兼济天下。"这句话是古代知识分子的理想人格和道德标准。这句话的意思可以理解为：当一个人能力有限时，应尽力提升自己的修养；能力较强时，那么就要努力为天下人造福。概言之，"恕道"

的基本思想是用自己的感受去理解他人的感受，用自己的品德帮助别人的品德成长，懂得换位思考。"己所不欲，勿施于人"属于基本的、起码的要求，这一要求在现代社会中被称为道德的"黄金定律"；而"己欲达而达人，己欲立而立人"则是更高的要求，由此可以成为中国传统道德所要求的"仁人"。

（4）义在利先

义，就是我们今天常提的"道义"。它是中国传统道德的"五常"之一，也是古人与人相处中使用频率最高的一种道德规范。义，繁体字写作"義"，由"羊"和"我"两字构成。在后来的形变中，"义"作为一种道德规范，含义十分丰富。较早对"义"的道德要求进行系统论述的是孟子。《孟子》一书中，使用"义"字超百次，将义作为人的立身处世的根本。自孟子后"义"开始成为中国人道德生活的基本规范，影响至今。

谈"义"，必然绕不开"利"，"义利"是中国传统文化中无论如何都绕不开的道德话题。孟子把"义利"问题谈得十分透彻。

孟子对"义利"孰轻孰重、如何把握进行了详细的说明，明确提出"重义轻利"。那么，在我们的人生中该如何来行"义"呢？

首先，"义"为宜，是一个人适合做的、应当做的事情。古人多以"宜"来解释义。事得其宜之谓"义"，"义者，事之宜也"（《朱熹集注》），而"宜"在古代就是"应当"的意思。面对一件事，采取最为适宜、恰当的行动，做出最为合理的反应，便是"义"。当我们看到歹徒正在行凶，当事人生命受到威胁时，挺身而出，采用一定的行动加以阻止，这就是"义"；否则就是不义。"义"的要求超越个人的利益的考量，关注的是应不应该，而不是个人利益的大小。一旦考虑了利益的大小，那就是利在"义"先了。

其次，"义"要求做出的行为，是一个人在特定环境下应该做出的行为，这种行为本身应当是以对是非善恶的正确判断为前提的。我们现在生活中流行一个词叫作"讲义气"，但古人早就说过，"义"的道德要求一定不能违背善，"夫义者，所以限禁人之为恶与奸者也"（《荀子·强国》）。朋友的正当需求，我们当然应该倾力相助，但如果朋友想做的事情是违法或不道德的，我们更有义务维护道德和法律的尊严。孟子说："言不必信，行不必果，唯义所在"（《孟子·离娄章句下·第十一节》），我们遇到的所有事、许给别人的所有诺言，都不一定是必须履行的，关键是看这些事情和诺言是否符合道德和法律的要求。"义"要求的是做好人，而不是做一个为了所谓"义气"敢于作奸犯科的愚人。

最后，"义"的要求内容是因人的身份、职业不同而有所不同的。所谓"义"

者,"为人臣忠,为人子孝,少长有礼"(《商君书·画策》)。前面两条先前已经说过,现在重点讲述"少长有礼"。在古人的传统道德规范中,"待人以礼"是相当重要的,对任何人都应该以礼相待。尊师重教就是其中之一的礼,也是中华民族的传统美德。

3. 君子怀德

在中国传统文化中,君子人格是每个人都可以通过修德获取的人格,君子境界也是每个人都能到达的境界。仅仅从人格来讲,具备前面所讲的美德就是"内圣";但只有具备隐忍、知耻、无私,才可以做到"外王"。

（1）隐忍

中华民族是一个极具坚忍力的民族。无论佛家、道家还是儒家都对"忍"情有独钟,都认为"忍"是成大事的一种必备美德。儒家特别看重"忍",《论语》中多处记载孔子论"忍",他说:"小不忍则乱大谋",意思是小事不能忍让,就会破坏大事情。中国传统典籍中有很多关于"忍"的论述,中国民间对"忍"的理解更是别有趣味。

（2）知耻

对于知耻,我们应该明确以下三个问题。

首先,知耻必先知善。中国古人很重视独立人格的培养,认为人人都有自己的价值,都有行仁德的能力,强调"人人有贵于己者"(《孟子·告子章句上》)。我们以礼来节制自己,以广德之心为人处世,就会成为正直的人。没有高尚品德的人只会为自己的个人利益算计,不会感到羞耻,所以一个人需要努力做到心怀坦荡、严于律己,知道什么是"善",方能知什么是"耻"。在此基础上,才可以做到言行如一。

其次,知耻必先自知。知耻需要发自内心,需要主动进行;知耻需要做好自己的权衡与选择;知耻需要认识、了解自己。看清楚自己,认知自己的优点和缺点,了解自己的责任与位置,这样才能知道"耻"的内容,勇于改正问题。

最后,知耻后必有行动。我们常说"知错要改",知耻后也一定要有相应的行动,停留在心中的"知耻"是于事无补的。

（3）无私

儒家从天人合一的思想中总结出"无私",它是道德中的重要组成部分。《道德经》用辩证法的思路指出,"非以其无私邪,故能成其私。"意思是:只有"无私",才能获得"自私";只要"无私"了,"自私"自然不请自来。在中国人的心灵深处,"无私"历经千百年的发展,已经成为传统文化的一部分。

总之，从本质上看，民族精神是中华优秀传统文化不可缺少的重要组成部分，传统文化能够促进民族的繁荣和进步，象征着民族的团结与创造力，与此同时也是民族的根基和灵魂，对于民族的存续和发展有着至关重要的作用。优秀传统文化与民族精神相互交融，密不可分。

民族的伟大复兴需要优秀传统文化的支持，优秀的传统文化可以传之久远，让我们民族更有底气和信心，可以提升我们的思维能力。

中华优秀传统文化在世界文化中独树一帜，它对整个世界文化的发展也产生了重大的影响。高校青年学生作为发展中华优秀传统文化的主力，必须相信优秀传统文化的力量，充满自信，以昂扬的斗志推进事业的发展。

（四）中华优秀传统文化影响

1. 中华优秀传统文化的横向与纵向影响

中华优秀传统文化的影响可以分为横向的影响和纵向的影响。横向的影响指中华传统文化和外国文化的差异与影响，纵向的影响指传统历史文化对于现代文化的影响。

（1）从横向来看

中华优秀传统文化对国外其他国家产生了深远影响。在中国历史上，各个时期都有中华传统文化对世界产生影响的典型事例。比如，公元7世纪，朝鲜首都曾讲授儒家经典。在当今时代，孔子学院遍布世界各地，中华传统文化持续、广泛、深远地影响着外国文化。

（2）从纵向来看

中华传统文化对现代文化的影响可以分为积极影响和消极影响。在封建社会，封建的本意就是分封建制。在中国古代，人与人是不平等的，不同等级的人们不能来往、通婚，男尊女卑的观念一直存在。忠君的思想在皇帝时代一直被推崇，直到孙中山推翻帝制，形成民主革命思想，提出指导革命的三民主义，2000多年的封建帝制才被结束。中华传统文化的一些糟粕存在于封建社会，虽然在历史发展中已经被逐渐抛弃，但在某些时候仍对人们有着一定的影响。

封建文化的核心是儒家思想，封建文化追求"德治"，重视"人治"，儒家思想是封建社会的正统思想。虽然儒家思想有一些局限性，但是"仁、义、礼、智、信"的文化内涵始终具有积极意义。

国内外众多民族共同发展出很多优秀的文化，和其他民族的文化一样，中华优秀传统文化是属于全人类的财富，具有独特意义。中国历史文化博大精深，丰富的科学、文学、艺术、军事、政治等成果传播到国外，并在与国外交流的同时从无序发展为有序。不能因为近代的落后全盘否定传统，中华优秀传统文化始终是世界优秀文化的重要组成部分。例如，新加坡借鉴了中华优秀传统文化，将其融入社会发展中，提升了总体文明程度。现代性是传统文化的一个特征，对其发展具有积极意义。我们不能全部否定传统，而应该懂得扬弃，让文化在重新认知和磨合中焕发出新的光彩。

当今世界东西方思想碰撞摩擦，在这种形势下，我们应该尊重文化的民族性。建设中国特色社会主义先进文化需要发扬"中国风格""中国气派""中国特色"。我们需要把继承与创新相结合，只有这样才能让优秀传统文化欣欣向荣，繁盛不息。

2. 中华优秀传统文化产生的影响

（1）中华优秀传统文化对亚洲产生的影响

在整个中国古代，中华优秀传统文化一直推动着亚洲文明的演化与发展。比如朝鲜文化，它深受中国文化的影响，自古以来，中朝之间的物质文化交流促进了思想的交融。在中国文化的影响下，朝鲜出现诸多儒学名人。

中华优秀传统文化对日本文化的影响也根深蒂固。中国的文学、艺术、美术、哲学等都曾传入日本，但是日本史料对此记载较少，我们可以在中国史书中找到根据。

中华优秀传统文化对日本文化的深远影响体现在以下几个方面。

首先，日本文字起源于中国。日本文字是由中国汉字经过发展而形成的，与汉字有很多相似之处。

其次，日本在体制等精神方面一直在仿效中国。日本一些编年史等体裁的书籍学习中国的史书，在君臣观念、正统观念等方面受到儒家传统的深刻影响。

最后，佛教作为中国文化的一部分被传入日本。日本受到佛教的影响很深远，不少僧人将中国文化、文学、工艺等带入日本，深受日本人民和广大佛教徒的尊敬。

（2）中华优秀传统文化对东南亚国家产生的影响

在东南亚，很多国家的文化与中华优秀传统文化有着深厚的渊源。我国与越南、泰国、马来西亚、缅甸、柬埔寨、印尼、文莱等国家保持着友好的关系。越南和泰国的礼俗就是受到了中国传统文化的影响，菲律宾的饮食和新加坡的生活习惯等都或多或少有着中国文化的影子。儒家思想在不少东南亚国家的国民教育中扮演着重要角色。

我国古代航海事业的发展有利于我国和世界各国建立友好往来关系。唐宋时期，对外交流较多，东南沿海的人们向东南亚流动，对文化的传播起到了一定辅助作用。

（3）中华优秀传统文化对西方产生的影响

首先，中国古代器用技术对西方产生了广泛影响。从公元6世纪开始，中国的四大发明传入欧洲，中国的瓷器、丝绸、养蚕等在推动西方文明发展方面起到了关键作用。可以说，中国古代科技在一定程度上开启了西方近代文明。

其次，中国园林艺术对西方产生了深刻影响。每一种艺术形式都包含了独特的结构特点，中国园林艺术具有很大的魅力和极高的欣赏价值，它代表着中国精神和中国气质。很多欧洲国家学习和借鉴中国园林艺术，这种艺术形式影响了他们的生活方式和情调。

此外，中国的文学作品在欧洲有一定的影响力。在欧洲很多国家的剧作家眼里，中国戏剧有劝善的作用，中国小说、诗歌、戏剧也被翻译成了英文和法文等语言，传播了中国思想。

最后，中国学术思想对西方产生深远影响。西方人从16世纪开始翻译儒家经典，将儒家经典翻译为拉丁文和法文，传入欧洲。

值得一提的是，人们应该理性看待中华传统文化的世界影响。一方面，中华传统文化具有世界性意义。作为世界文明进步的一部分，中华传统文化为中国和世界各国的发展贡献了很多力量。儒家的人文思想和道家的顺应天道的伦理观是中华传统文化的代表，这些思想蕴含着深厚的能量。当今社会，人们的生活越来越世俗和功利，物质文明和精神文明没有做到同步发展。人的精神追求缺失、精神世界空虚，人与人之间的关系冷漠、势利。经济建设飞速发展的今天，中国的文化建设明显处于落后状态，关注伦理和人心的优秀传统文化可以为现代人走出困惑和迷茫提供智慧启迪，指导人类文明发展。另一方面，一个民族的文化是世界文化的一部分，当今世界进入高科技信息时代，各个国家、民族间联系日益密切，我们不能闭关自守，需要立足国家、放眼世界，开辟一条有中国特色的现代化道路。世界文化这个整体和不同民族文化的分支之间是对立统一的关系，它们共同为人类文化发展涂抹绚丽的色彩。不同民族的文化具有不同的智慧与闪光点，中华文化也应该取长补短，提升文化性格，紧跟世界发展潮流，拓宽视野，走向世界舞台。

总之，以国为家、家国一体、先国后家，是中国传统文化的重要内容。学习中华优秀传统文化可以帮助青年培养"天下兴亡，匹夫有责"的情怀，对国家统一、民族团结、民族发展具有长远意义。在为实现"中国梦"努力奋斗的道路上，年青一代的学子们肩负着为国家繁荣作出贡献的责任。他们应当加深对祖国的认同感和对本民族的自豪感，热爱国家，成为信心十足、充满自尊和自强意志的杰出中国人。

儒家以"仁"为思想核心，以"义"为价值准绳。"仁爱共济""立己达人"是儒家思想中非常重要的价值观念和道德追求。他人和自己不能分割，只有每个人把自己的事情做好，整个社会才可以好。当代大学生需要学习中国传统文化中"仁爱共济""立己达人"的道德思想，做一个讲文明、有素质的中国人。修养人格是儒家思想的重要组成部分，讲人格修养，首先要讲"正心"，即要修养自身的品性。"正心"的关键在一个"正"字。正就是端正，端正内心的同时坚持一心一意，在做人和求学的过程中坚持"笃志"，持之以恒、坚持不懈。"正心笃志"和"崇德弘毅"在今天指的是心理素质的陶冶和培养，这对年轻人来说很有意义。现代年轻学生应该自觉继承弘扬中华优秀传统文化，强化遵纪守法、勤奋向上的意识，树立高尚的道德品格，做守诚信的中国人。

高校有责任把大学生培养成知书达理、讲理知仪、文质彬彬的接班人。

四、文化、传统文化和中华优秀传统文化

社会在不同的时代具有不同的特点，它的产物——文化也具有时代性。社会在发展进步，各种新文化形式不断出现，但无论多么丰富，主流传统文化的地位不能动摇。因而传统文化必须与时俱进。事实上生活中处处可见传统文化的痕迹。比如，民间故事、历史传记被制成影视剧；综艺类节目结合中华优秀传统文化，用不同的形式呈现；学校开始重视国学经典的教育。从娱乐休闲到正规教育，从低龄学童到高素质人群，传统文化展现出时代性，渗透到社会的方方面面，让很多人体验和领悟到传统文化的精华。中华优秀传统文化是中华民族的精神标识和特有的思维方式，它为中华民族伟大复兴提供了精神动力和智力支持。优秀传统文化集合了传统美德、人文精神等积极因素，作为高校教育管理工作者，我们需要正确对待传统文化的优缺点，努力实现优秀传统文化的创新型发展，为社会主义现代化建设和发展提供精神养料。中华传统文化具有包容性，随着社会的发展还需要具有世界性，从而具有当代性和现代性，这样才能最大限度地激发中华传统文化的力量。优秀传统文化的传承需要适应时代发展，与现代社会相协调，在扬弃和创新中推动社会的发展，成为解决实际问题的文化，让民族精神发扬光大。

一个民族的特质包括其独特的价值观念、思维方式、精神追求等，这些从文

化中可以反映出来。文化的民族性展现出该民族的风格和气派，它让一个特定的民族与其他民族不同，表现出特有的文化心理和文化结构，具有超越时空、地域的意义。文化的民族性在历史进程中沉淀、稳固，具有相对稳定性，同时不断更新和发展。因此，在考察传统文化的过程中需要关注文化的连续性，肯定本民族文化的历史内涵，不能割断历史，不能用片面的眼光看文化。我们需要保持文化的民族性，传承传统文化的优良品德，解决好面临的问题，正确理解其价值。中华传统文化的形式与内容在继承和发展中不断革新，但有一些基本价值观念是不变的，比如爱国主义思想、自强不息的精神和兼容并包的胸襟等。中华民族精神孕育于中华传统文化之中，反映了民族特有的民族性，体现了民族的气派和风格。当今时代，各种文化和思想的碰撞对各个国家的文化和思想产生了影响。我们应当维护中华传统文化的民族性，努力发展中华传统文化的民族性，合理运用中华传统文化资源。

文化由人类创造，涉及衣、食、住、行、文等方方面面，文化所具有的群众性可以反映出群众的声音，为大众服务。传统文化中既有精华，也有糟粕；既有群众性的优秀文化，也有脱离群众的糟粕部分后。摒弃糟粕部分，传统文化中具有群众性的部分就是优秀传统文化。中华传统文化本质上就是一种关于人的学问，这种学问深刻影响着中国社会。传统文化尊重人性，关注人和伦理道德，提倡严于律己，实现价值。从秦朝以来，集权的封建专制制度历经2000多年，这期间中国文化多元化发展，各民族文化互添活力，增强了中华传统文化的凝聚力和生命力。中国人提倡"天人合一"，在人与人、人与事物、国家与民族的关系中追求"和"。在"和"中实现国家的进步以及个人的幸福。对"和谐"的追求，体现出优秀传统文化对"和而不同"的认可，这就是对人民意愿的尊重，就是群众性的体现。

精神力量可以转化为物质力量，进而产生更大的影响，精神力量对个人的成长发展、对国家的繁荣进步起着举足轻重的作用。中华优秀传统文化是中华传统文化的精华，在很长一段时间处于世界领先地位。诸子百家的典籍、唐宋文人的诗词等，都是人类创造的优秀文化成果。中华优秀传统文化属于中华传统文化中具有活力的部分，它充满了创造性，不断适应着社会的发展，成为中华文化的瑰宝。

文化、传统文化和中华优秀传统文化之间存在主体相似性。文化、传统文化、中华优秀传统文化之间最大的联系就是主体相似性。文化的核心是人，传统文化、中华传统文化也是如此。人创造文化，也享受文化，同时也受制于文化。人始终是文化、传统文化、中华优秀传统文化的创造者、享受者、变革者。

文化、传统文化和中华优秀传统文化拥有时代联系性。文化在经历时间的沉淀之后才被称为传统文化。不是全部的传统文化都值得传承和弘扬，"取其精华，去其糟粕"，才有了阐释中国道路与制度、凝聚中国力量的中华优秀传统文化。

文化、传统文化和中华优秀传统文化拥有长久性。文化、传统文化、中华优秀传统文化对社会的影响都是长久的。相对于现在来说，传统文化是已经发生和存在的，是长久的。中华优秀传统文化是具有中国特色的优秀理念、传统、人文情怀的集合，展现出了中华民族独特的思维意识，它的影响更为深远。在当代，中华优秀传统文化是建立在坚持和发展中国特色社会主义理念之上的。

从背诵古代诗词到学习孔子、孟子的观点，我们一直在学习中华传统文化，如今的大学生不仅学习和了解了本国的文化，还开始涉猎其他民族的文化。这时，我们已经不是通过肤色、外貌来理解一个民族，而是通过语言、文化进行辨认。中华优秀传统文化是经历磨难和沉淀形成的，我们如果想实现对其的超越和新的构建，就必须遵循科学方法，反思当下，努力实现转型。优秀传统文化经过革命、建设、改革后被传承和弘扬，如今，优秀传统文化在治国理政中的应用，将其发展到了新阶段。

第二节　中华优秀传统文化思想精髓

习近平总书记在多次重要讲话中都提到应弘扬中华优秀传统文化，他指出，中华优秀传统文化是中华民族的精神命脉，是涵养社会主义核心价值观的重要源泉，也是我们在世界文化激荡中站稳脚跟的坚实根基。

中华优秀传统文化历史悠久、博大精深，历经5000多年岁月的洗礼，是我们坚定文化自信的重要思想来源，其中诸多优秀元素均具有助力马克思主义中国化、滋养社会主义核心价值观、涵养新时期治国理政思想等方面的积极作用。优秀传统文化的核心理念和优秀思想不胜枚举，学者研究的归类方法也不尽相同。下面主要从以下几个方面对优秀传统文化思想精髓进行总结。

一、天下兴亡、匹夫有责的爱国情怀

"天下"，古代多指中国范围的全部土地。《尚书·大禹谟》中的"奄有四海为天下君"一句，已经提到了"天下"的观念。明末著名思想家顾炎武首次提出

"保天下者，匹夫之贱，与有责焉耳矣"。国学大师梁启超将顾炎武的话提炼为"天下兴亡，匹夫有责"的八字句，其意为国家兴盛或衰亡，每个人都有责任。

从远古时期开始，我们的祖先就开始以祭祀的形式，秉持着感激之情向大地、粮食、社树和壮丽山川示礼。一开始，古代先民将祭祀土地和粮食之神的礼仪，称为社稷。随着时间的推移，人们对国家的归属感日益增强，逐渐认识到国家的重要性，便将对故乡的深情厚爱移情为对祖国的热爱。他们开始用社稷代指国家，使其成为国家的象征。

几千年以来，东方这片肥沃的土地一直是我们祖先的家园，不同的族裔互相交流、一起生活，建立了紧密的经济、政治和文化联系。人们对建设祖国、维护祖国的语言、习惯、历史和文化抱有非常深厚的情感。通过了解国家的历史、参与社会和文化事务，人们逐渐形成了强烈的祖国归属感，并由此发展出了强烈的爱国情怀。

中华民族能够繁荣发展，离不开爱国主义这一精神支柱，人们对自己的祖国心怀深厚的感情，他们愿意为祖国的事业孜孜不倦，甘愿为之献出自己的力量和生命。从"我自横刀向天笑，去留肝胆两昆仑"（《狱中题壁》）的谭嗣同，到一二·九运动中发出"华北之大，已经安放不得一张平静的书桌了"的北平爱国学生，这种强烈的爱国情怀绵延传承。

在中国广泛流传着苏武牧羊的故事。这个故事所体现的就是苏武那种不畏生死与艰难的爱国精神。汉武帝天汉元年（公元前100年），匈奴单于为与汉和好，遣返了被扣留的汉使。作为回报，苏武以中郎将的身份，护送拘留在汉的使臣归胡，并带去贵重的礼物。不料，单于收下礼物后，认为是汉朝示弱，马上变了态度，变得骄横狂妄起来。就在苏武准备返回汉朝的时候，他手下的官吏张胜，擅自参与了投降匈奴的长水校尉虞常劫持单于之母到汉的图谋。事发，苏武一行人归国受阻。单于派大臣卫律审讯苏武，威逼苏武投降。于是苏武便拔剑自刎。卫律大吃一惊，亲自抱起苏武，急忙召唤医师进行抢救，苏武半天才慢慢活过来。匈奴的首领非常钦佩他的节操，日夜派人去问候苏武，并用爵禄尊位来诱惑他，但苏武始终不肯屈服。苏武伤愈后，单于又派人前来劝降，被苏武严词拒绝。卫律见无计可施，只好如实向单于禀报。单于听了，对苏武更加敬重，仍想办法让他投降。于是将苏武囚于大窖里，断绝供给饮食。下雪的时候，苏武睡卧在大窖里，吃雪止渴，吞咽毡毛充饥，过了几天，居然没有死。单于又把他迁移到北海（今贝加尔湖）去放牧公羊，并宣称只有等公羊生子时，苏武才能回国。苏武到北海后，没有人供给他粮食，就用野鼠穴里藏的草籽勉强维持生命。苏武牧羊时，手中始终拿着汉节（汉朝使臣所持信物），就是睡觉时也紧紧握在手中，以至于节上所缀的牦牛尾饰物也都脱尽了。苏武在匈奴被拘留了19年。昭帝即位后，匈奴与汉和亲，汉朝听说苏武还活着，就派使者向匈奴要求把苏武放还，匈奴也敬佩苏武的节义，终于把他释放了。苏武出使时还年轻力壮，而返回汉朝时，须发都白了，老母已逝，妻子也已改嫁他人。苏武出使匈奴，长期被拘留，他却坚贞不屈，忍受了无数的痛苦折磨。他的事迹千百年来广为传诵，苏武成为有民族气节的代表。"未入麒麟阁，时时望帝乡。寄书元有雁，食雪不离羊。旄尽风霜节，心悬日月光。李陵何以别，涕泪满河梁。"（《题苏武牧羊图》）苏武被拘匈奴19载，受尽磨难而终得归汉的传奇经历，不知激励了多少中华民族的热血男儿。

把为祖国奉献生命视为至高无比的荣誉，并以此激励自己的家人，为祖国献身，这种精神在近代爱国志士林觉民身上得到了充分的表现。林觉民是黄花岗72烈士之一，24岁就被残害，匆匆与爱妻及腹中孩子诀别，从此长眠异乡。林觉民的《与妻书》不仅委婉曲折地叙写了自己对妻子的深情，而且深刻地表达了自己对处于水深火热中的祖国深沉的爱，表现了一位民主革命战士的崇高精神。这封信紧紧围绕"吾至爱汝"而又不能不"忍舍汝而死"这一矛盾复杂的感情，写得缠绵悱恻而又豪情满怀，是爱的颂歌，更是一首正气之歌。

抗日战争时期，中华民族面临着国破家亡的威胁。在这种危难情景下，中国国民迅速觉醒，展现出了前所未有的爱国激情和热情，体现出了中华民族的凝聚力和战斗力。全国上下齐心协力，筑起了一道钢铁长城，共同抵御日本侵略者的进攻。1942年1月4日，《新华日报》（中共南方局机关报）发表了一首名为《出钱劳军歌》的歌曲，由郭沫若创作词，贺绿汀谱曲。歌词呼吁有能力的人要参军，有经济实力的人要资助军队；无论是前线还是后方，都要齐心协力，共同抗击敌人。另外，《新华日报》上还刊载了主题为"全力支援前线"的社论。上述事件的背景是长沙第三次会战，彼时城防部队浴血苦战，西郊的居民为他们捐赠了10000斤猪肉和200担蔬菜送到城中，民兵齐心协力，振奋精神抗击侵略者。"出钱出力打敌人"正是湖南救亡运动大合唱的主旋律。在亡国灭种的危急关头，湖南人民在救亡的旗帜下，积极行动，慷慨解囊，贡献"居全国之冠"。

在前期与日军的作战中，一个严峻的事实是人家有飞机大炮，而中国军队完全是凭血肉之躯抵抗敌人的钢铁炸弹。不仅地方军队，就是中央军的将军们，都发出无奈的感慨。宋希濂在武汉会战所率的72军，全是德式装备，在兵对兵、将对将时可以凭勇气将敌人打垮，可面对敌方飞机的轰炸，便无法扩大战果，只能徒唤奈何。像陶峙岳所率地方部队拨归中央军指挥后，在淞沪抗战中，凭着几条枪，能坚守27个昼夜，简直就是奇迹。因此，夺取制空权，成为中国军队的梦想。没有飞机，成为全国人民的心病。"航空救国"也就成了抗战的举国行动。买飞机要钱，募款就是"航空救国"的第一要务。"献机"运动轰轰烈烈，曾是湖南救亡运动的鲜明特色，当时出现了各种"号"飞机："剧人号""湘商号""湘工号""记者号""湘妇女号""儿童号"……这些飞机的名字不断出现在新闻媒体上，其对应的款额也汇入了航空委员会账户。捐献者取的这些机名，并不能找到对应的飞机，只是表示一方、一行或一群人的爱国情怀到了某种程度。1940年后，湖南"献机"的爱国热情掀起高潮。1940年8月，为了资助演剧募捐活动，戏剧界举行了大规模的平（京）、湘、楚话剧联合演出，并购买了"剧人号"飞机。1940年9月，中国共产党领导下的进步人士成立了抗剧八队，为了筹措"剧人号"飞机的经费，他们在湘潭的"百代剧院"首次演出了戏剧作品《国家至上》，这场演出引起了观众的极大兴趣，不少人积极参与。1940年10月，袁振基先生在湘乡县倡导"一县一机"运动，还发布了名为《告该县民众书》的宣言。该宣言发出后，湘乡居民积极捐资相助。长沙商业协会和工人组织在响应捐助的呼吁方面表现积极，募献了名为"湘商号"和"湘工号"的飞机。接着，湘潭动员委员会积极筹集善款，然后捐赠了一架名为"湘潭号"的飞机。1940年11月21日下午，衡阳市民齐聚一堂，庆祝第一届防空节。为了支援抗击敌人的战斗，当地居民之间发起了募捐活动，捐购了"衡阳号"飞机。衡阳妇女组织也号召全市女性参与捐款购买"湘妇女号"飞机。1940年12月16日，长沙邮务工会发出请求，希望全国邮务总工会号召邮工们捐献飞机，他们达成共识，将原本计划用于元旦聚会的资金，转而用于飞机购置。1940年12月，邵阳桃花坪商店陈正廷、朱锡圭、李柴松号召开展"工友号"飞机的捐购活动。唐鼎新作为蓝田商人，出资发起捐献飞机活动，并将飞机命名为"店员号"。

和平年代，也有一个个为国尽忠、无私奉献的爱国勇士。黄旭华老人是中国工程院院士、中国第一代核潜艇总设计师，被誉为"中国核潜艇之父"。1988年，中国的核潜艇到南海进行第一次深潜试验。这个试验的危险有多大呢？就比如说，潜艇上面扑克牌大小的一块钢板，在潜入水下数百米之后，它承受的水的压力是1吨多。整个艇体长100多米，有任何一小块钢板出了问题、任何一条焊缝出了问题、任何一个阀门泄漏，造成的结果都可能是艇毁人亡。深潜的当天，南海的海面风平浪静，但是水底却是惊心动魄。当潜水艇按照既定程序慢慢下沉到既定的深度时，海底能够听到的只有巨大的水压在不停地压迫艇体发出的"咔嗒、咔嗒"的声音，让人心惊胆战。黄老在这样寂静的、极为紧张的气氛当中，镇定自若地根据各个部门汇总来的信息，做出各种决策和进一步的判断。当潜水艇又上浮到安全深度的时候，深潜试验正式宣告成功，艇上的所有人沸腾了，拥抱、握手、欢呼。当年参加核潜艇科研项目时，工作要求保密，面对这样的要求，黄老毫不犹豫地答应了，就此隐姓埋名30载，没有回家。非不为也，实不能也。黄老曾被家里的兄弟姐妹们埋怨为不要家、忘记养育他的父母的不孝儿子。面对亲人的误解，黄老轻声但笃定地回答："对国家的忠，就是我对父母最大的孝。"①

面对2020年爆发的新冠肺炎疫情，一直坚守在一线的钟南山再次接受采访："劲头上来了，很多东西都能解决的。大家全国帮忙，武汉是能够过关的，武汉本来就是一个很英雄的城市。"②说完这句话，老爷子难掩内心的痛楚，哭了。"为什么我的眼中常含泪水，因为我对这土地爱得深沉。"犹记得，疫情刚刚爆发的时候，他还告诫全国人民没事不要去武汉。可84岁的他不还是拖着年迈的身躯，紧急搭上了去武汉的那趟列车吗？中国从来都不缺乏善良的人，从不缺少爱国者。2020年的开端，因为新冠病毒的爆发，天空都显得格外阴霾，可我们团结的热血，也更加凝固。

武汉金银潭医院的院长张定宇身患绝症，根据医院诊断，幸运的话，能活10年以上，而不幸的话，只能活五六年。在明知自己的身体状况，也听说妻子被感染的情况下，他仍在抗疫一线连续奋战了30多天。面对疫情。中华儿女团结一致，社会各界都伸出援助之手。以蒙牛为首的企业、韩红等影视明星带头募捐，华侨华人和留学生也做出了伟大贡献。中国驻纽约总领馆透露，纽约区的侨团和学者们慷慨解囊，捐赠的物资总价值接近4000万美元，其中包括700万只口罩、21.7万套防护服。另外，还有近20批民间捐赠提供的物品通过中国驻洛杉矶总领事馆推荐方式捐赠回国，总重超过30吨，总价值高达360万美元。很多同胞在捐款捐物时选择了匿名，还有4位年轻人以"中华儿女"的名义留下了捐款。③

民盟盟员、怀化义工联合会会长王鸿福，除夕前一天组织部分盟员和义工到怀化高铁站针对易感染的老弱人群发放防护口罩，除夕晚上8点又带着爱心企业

---

① "中国核潜艇之父"黄旭华：对国家的忠，就是对父母最大的孝 [R/OL].（2022-1-3）[2023-11-20］. https://baijiahao.baidu.com/s?id=1720897681542983873&wfr=spider&for=pc.
② 谈及武汉钟南山院士为何几度哽咽？背后的故事令人心酸 [R/OL].（2022-2-14）[2023-11-20］. https://baijiahao.baidu.com/s?id=1658493847631893382&wfr=spider&for=pc.
③ 美国在中国抗击疫情中表现如何？ [R/OL]. 人民日报（2020-2-27）[2023-10-29］. https://baijiahao.baidu.com/s?id=1659648503451582614&wfr=spider&for=pc.

捐赠和自掏腰包购买的近2000个KN95防护口罩，送到一线值班人员手中；民建会员、老百姓大药房董事长谢子龙发出倡议，老百姓大药房全国22省5000余家门店保障货源，绝不涨价；民进会员、湖南永霏特种防护用品有限公司总经理李文辉带领同事放弃休假，始终坚守在工作岗位，为备战疫情积极协调口罩、防护服等防疫物资；大年初一晚7点，农工党党员株洲市中心医院副护士长邓建斌、株洲市二医院神经内科副主任张乃文、湖南师范大学附属湘东医院呼吸科主任凌芳，随湖南医疗队紧急驰援湖北……

安徽六安的一个小伙子，抱着几大盒口罩来到派出所，对民警说了声："你们辛苦了。"随后丢下口罩就往外跑。民警未能追上，望着小伙子远去的身影，他们只好抬起手，向他敬了一个礼，以示谢意……"位卑未敢忘忧国"，这7个字，大概也是所有中国人，在此刻能触碰到的、最强有力的柔光吧。

从古至今，爱国主义都是激发中国人民齐心协力追求共同目标的灯塔，发挥着推动历史不断前进的作用，是中华民族的共同信仰。通过审视中华民族爱国主义的发展历程，我们可以清晰地发现，人民在爱国价值观的指导下，能够不断提升个人素质和理性认知，并获得弘扬民族精神和开创历史的动力。即使历经劫难，我们依然能够保持民族血脉不断，充满信心和勇气。透过爱国主义的历史发展，可以看到中华民族的价值追求得到了强调和体现。

我国博大精深的优秀传统文化中蕴涵了许多积极向上的爱国主义精神，"国家兴亡，匹夫有责"，是中华民族历经坎坷而巍然屹立于当今世界的重要原因。爱国主义是一个民族发展的力量支撑，是各民族团结一致的思想来源，正是这种爱国主义思想维护了中华民族的团结，培养了一大批爱国民族英雄，实现了中华民族几千年的昌盛。这种爱国主义情怀正是中华儿女应该学习和需要具备的品格。赋予爱国主义新的时代内涵和活力，可以影响新时代下高校大学生思想政治教育的发展，能够深远地促进爱国情怀的传承。

二、刚健有为、自强不息的奋斗精神

它是中国文化的核心精神之一，是中国人积极的人生观和价值观的精髓。孔子在春秋战国时期就倡导了刚健有为的理念。他非常注重"刚"的美德，赞赏守节不屈的特质，认为这是刚毅品质的体现。刚毅和有为是密不可分的。那些有志向和道德品质的人，必须具备坚韧不拔的精神，同时还应该拥有历史使命感和对时代的责任感："士不可以不弘毅，任重而道远。仁以为己任，不亦重乎？死而后已，不亦远乎？"(《论语·奉伯》)这便很精准地强调了知识分子要有担当道义和不屈不挠的奋斗精神。

"天行健，君子以自强不息。"(《易经·乾卦》)天体运行，健动不止，生生不已，人的活动乃是效法天，故应刚健有为。这句话一直以来都是中华民族坚韧向前、创造美好未来的动力源泉，激发了无数华夏儿女奋斗不止。从神话故事里的"精卫填海"和"愚公移山"，到孔子《论语·述而》呼吁人们"发愤忘食，乐以忘忧"；从越王勾践发愤图强到汉使苏武忍辱爱国；从屈原被逐却作《离骚》到司马迁受刑后作《史记》，中华民族坚忍的民族品质和积极向上的生活态度可见一斑。这些都已成为支撑中华民族奋勇向前、不惧艰险的精神支柱。

"刚健有为"的传统智慧，把"厚德载物"的崇高品德和自强不息的奋斗精神完美结合了起来，从古至今，它激发着无数的有志之士，不辞辛苦、努力奋斗，最终把一个积弱积贫的落后国家建设成了繁荣昌盛的幸福乐园。千百年来，刚健有为、自强不息的思想融入了中华民族的骨髓血液，它激发着一代又一代的有为之士，为了国家的利益，抛头颅，洒热血，鞠躬尽瘁，死而后已。

有这样一个地方，那里很美好，天空一碧如洗，白云擦过耳边，时而天地澄澈，时而云雾茫茫，人们可以尽情地在那儿发自拍、发定位、晒朋友圈；那里很荒凉，天空中找不到鸟儿飞过的痕迹，可以尽情地望空、发呆、思考人生；那里也很凶险，海拔近5000米，走上几步可能就会腿脚发软、眼前发黑、心里发慌。所以，可能要带上氧气瓶，穿上羽绒服，揣上巧克力，喝上几瓶功能饮料，吃上一顿丰盛的早餐。然后坐上缆车，穿云入雾到达山顶，去征服最后的那几百米。有的人想到了，这个地方是雪山。是不是很美好？当然很美好。但是，如果什么都没有呢？如果没有羽绒服、没有氧气瓶、没有巧克力、没有早餐、没有缆车，自己饿了吃什么？渴了喝什么？累了在哪儿休息？缺氧怎么办？这些在现代人看来都不是问题。但是多年前，那群衣衫褴褛、骨瘦如柴的战士，背着沉重的装备，又是怎样一步一步从山脚开始丈量那些人迹罕至的雪山？是什么让他们承受着缺氧、严寒、饥饿，依然一往无前？是什么让他们坚信希望一定在前方，胜利一定在前方？有人说，是敌人的追击和后面的炮火吗？不，我们知道，他们有别的选择，他们可以彷徨、可以犹豫、可以退缩，甚至可以逃离。那是不是前方高官厚禄的许诺和丰厚的粮饷？不！当然也不是。因为他们很多人都不知道自己能否活着走下雪山，事实上他们中的很多人都没有见到将来的美好。那是什么呢？我们找不到别的答案，只能是一个词，那就是信念。就因为这份理想信念，红军踏过了雪山草地，抗日联合队伍杀出了白山黑水，我们在茫茫戈壁上建起了航天城，我们把人间天路修到了青藏高原。从百废待兴到河清海晏，也就短短的几十年。所以，信念有什么用？信念就是希望，信念就是力量，信念让我们变成了不一样的我们，信念让中国走到了现在。

著名语言大师、相声表演艺术家侯宝林，只上过三年小学。曾经，他费尽周折到北京的各个旧书摊去搜寻自己渴望得到的一本明代笑话书，但最终却没有实现心愿。之后，他获知北京图书馆收藏了那本书，于是在寒冷的冬季里，他勇闯狂风暴雪，坚持18天前往图书馆手抄，抄录10万字后才总算完成。凭着"不达目的不罢休"的坚强毅力，他终成为一代相声艺术宗师。

袁隆平，江西德安人，中国工程院院士，他倾其一生研究杂交水稻，在身患疾病、环境炎热、虫害干扰的艰苦情境下，研发了"三系法"籼型杂交水稻，成功培育出"二系法"杂交水稻。因他的贡献，我国一直在杂交水稻领域保持全球领先地位。即使在生命的最后阶段，他也没有停止研究工作。此外，袁隆平还积极关注全球粮食短缺和饥饿问题，多次前往印度、越南等国，向当地人传授杂交水稻技术，推动当地粮食生产。袁隆平一生，为保障我国的粮食安全和全球的粮食供应做出了非常重要的贡献。

当前是中华民族历史长河中各族人民团结一致、坚定不移地向前迈进的新时代。当今社会强调追求奋斗与价值实现，新时代的中国人民以积极奋斗和追逐梦想为荣。正如习近平总书记强调的，"中华民族是一个敢于构筑梦想，更是一个擅长圆梦，让梦想成真的民族，中国人自古就懂得梦想不惮于远大，关键取决于行动，再远大的理想、再瑰丽的梦想，都需要一步一个脚印去实现。"[①] 在追求理想和秉持乐观主义的同时，我们应注重勤奋实干、自律自觉。中华民族的现实理想主义是一种强大的力量，使得各族人民具备坚韧的性格。即使面临着艰难险阻、严峻考验，我们也能始终保持着希望的信念、自信的勇气和不屈的毅力。因为有远大的梦想，所以能怀抱着雄心壮志。只有通过不懈的努力，才能达成更高远的梦想。

三、民惟邦本、仁者爱人的民本思想

"民惟邦本，本固邦宁"一语，出自《尚书·五子之歌》，大禹的五位孙子在被逐的路上回忆皇祖的教诲，表达对困境的不满情绪而写的文章，该文开篇写："皇祖有训，民可近，不可下。民惟邦本，本固邦宁。"翻译为现代汉语即为：我

---

① 印象ONE.扬爱国奋斗之风，担伟大复兴之责[R/OL].（2018-8-31）[2023-10-29].https://www.sohu.com/a/251118260_243631.

们的祖先大禹教导我们，对待人民应当亲近友好，不能轻视、忽略对他们的礼节。国家的根基在于人民，只有保障人民的安定和幸福，君权才能稳固，社会也才能太平。尽管这可能并非夏禹的确切措辞，但它确实表达了中国最初的以人民为本的思想。

中国一直强调以人民为中心的思想传统，但随着历史的演变，其内涵也逐渐演化，大致可归为三种不同的类型。

第一类，在夏商周三代的时期，被"天命"论支配的民本思想。这一阶段百姓的思想被尊重起源于"天命"的要求。夏商周的皇帝们相信，天赋君权，但天命要求顺从民意。如果统治者不尊重人民的意愿，不关心人民的权益，那么天命就会转向另一个有民心支持的领袖。夏禹、商汤、周武三王的民本思想，在《尚书》中的《五子之歌》《汤誓》《泰誓》三篇文章中可被体现出来。

第二类，是"君以民为本"和"国以民为本"的思想。这个时期从孔孟开始，一直延续到清朝末期。虽然在孔子、孟子时代以及秦汉以后的2000多年间，君主专制的"天命"思想仍然占主导地位，但在民众与政府之间的互动中，人民的力量得到了明确的强调。孔子在《论语》中提出了"民无信不立""修己以安百姓"等思想主张，确立了儒家强调以民为本的传统思想。《孟子·尽心章句下》强调"民为贵，社稷次之，君为轻"，并《孟子·公孙丑上》提出"得乎丘民而为天子"的观点，形成了"民贵君轻"的仁政思想传统。

第三类，是"民主君客"，为新民本主义的一种范式。明清时期，中国儒家的民本思想经历了重大转变，演变成了具有推动民主启蒙性质的新民本论。黄宗羲是明清之际最具代表性的思想家，他的政治思想命题包括"天下为主，君为客"和"天下之治乱，不在一姓之兴亡，而在万民之忧乐"（《明夷待访录·原君》），强调了以天下万民为中心的治理标准，提出了"民主君客"的新民本思想范式。

通过总结回顾中国民本思想发展史，我们可以得出以下重要启示：首先，民本思想强调人民是国家的根本，国家的安宁福祉建立在人民的基础之上。因此，执政者应当高度重视人民的力量，充分认识到人民对于政治权力的支持和反对具有至关重要的影响力。其次，传统的民本思想的主要宗旨是通过施行以仁政和德治为核心的措施，把人民的利益放在至高无上的位置；国家的主权归属于人民。从这个角度来看，当权者应该认识到，人民的支持是权力的基石，必须深入了解民意，并且积极推行顺应民心的政策。只有这样，国家才会真正安宁稳定，繁荣昌盛也指日可待。

在多次重要讲话中，习近平总书记均引用了"民惟邦本，本固邦宁"的政治名言，彰显出他持续推崇的执政理念。如，习近平总书记在北京大学师生座谈会上就强调，民本思想是中华文化核心理念的至高思想。他说："在中国，民本和法制思想自古有之，几千年前就有'民惟邦本，本固邦宁'的说法。"在总书记的讲话、文章、论述当中，像"治国有常，而利民为本"这样的中国古代的利民思想，经常被提及。人民始终是习近平总书记心中的牵挂。在二十大报告当中，"人民"二字出现了超过百次，可见"人民"这两个字的分量，在习近平总书记的心中，是重于千钧的。

习近平总书记在省部级主要领导干部专题研讨班上强调："前进道路上，全党要坚持全心全意为人民服务的根本宗旨，树牢群众观点，贯彻群众路线，尊重人民首创精神，坚持一切为了人民、一切依靠人民，从群众中来、到群众中去，始终保持同人民群众的血肉联系，始终接受人民批评和监督，始终同人民同呼吸、共命运、心连心。"这段论述再次强调要把人民放在至高的地位，并显示了习近平新时代中国特色社会主义思想对人民的看重。它清楚阐明了在新的历史进程中，党必须始终坚持以人民为中心的原则，为新时代的发展提供了根本遵循。

怎样服务民众？就是要努力创造更多造福于人民的事情，多顺应人民的利益。随着中国特色社会主义的发展，我国社会面临的主要矛盾已经发生了变化，变为了人民日益增长的美好生活需要和不平衡不充分的发展之间的矛盾。那么如何应对主要矛盾的转变？重大举措之一我们已经成功实现，即全面建设小康社会。我们党始终以全心全意为人民服务的宗旨为出发点，贯彻精准扶贫、精准脱贫、全面小康的方针，这一切充分体现了习近平总书记的民本发展思想。

第三节　中华优秀传统文化历史演变

一、中华优秀传统文化的产生

（一）地理条件

任何文化的形成和发展，都是在特定的地理环境下进行的。地理环境是自然环境，包括地貌、气候、河流、土地、矿产和生物资源等，这些环境与人类社会紧密相联。地理条件是社会发展必需的物质基础，以物质生产为中介，深刻地影响着人类历史的发展进程。

一个民族、国家所处独特的地形地貌、山川河流、气候冷暖等地理环境，对其文化的形成和发展会产生重要的影响。学习中华优秀传统文化，首先必须对其赖以生存的地理环境有一个整体性的了解和把握。

早在100多万年至几十万年前，我们的祖先（中华民族）就已栖息于北半球的东亚大陆，该区域的总面积大致为500万平方千米。作为中华优秀传统文化的摇篮，东亚大陆为中华优秀传统文化大厦的构建提供了较为宽广的物质基础。这是其他古老文明的发祥地所难以比拟的。中华民族的栖息地不仅领域广大、腹里纵深、回旋天地广阔，而且地形地貌、气候条件纷繁复杂，形成了一种恢宏的地理环境。中华优秀传统文化赖以生存的地理环境的特点，可概括为以下几个方面。

1. "负陆面海"半封闭性的地形地貌

中国作为一个幅员辽阔的泱泱大国，早在2000多年前，大陆的轮廓已基本确立。经秦汉唐宋历代先民的开疆拓土，特别是元明清时代的融合发展，终于奠定了今日中国东西跨越60多个经度、南北达50个纬度、方圆近1000万平方千米的泱泱大国。中国大陆"负陆面海"是指陆地纵深，东西纵横数千千米，南北跨越数千千米，东端和东南沿海有长达2万余千米的海岸线。

中国大陆的北部是广漠无垠的草原。东北部是西伯利亚原始森林和北极冰原，往往被视为难以穿越的畏途。中国大陆的西北部直抵帕米尔高原东麓，从陕西关中出玉门关是纵横数千千米的荒漠和绵延起伏的山地戈壁、雪峰，由砾石层构成的干旱的戈壁和荒漠的地貌加上险恶的气候，让古代中国通向西方的道路充满险阻。从西汉开始，古人历经千难万险打通了从中原腹地通往西域的道路，史称"丝绸之路"。

中国大陆南部与东南亚山水相连。南部在古代开发较迟，地广人稀，加上热带丛林瘴疠盛行，被视为苗蛮之地，在隋唐以前与中原的交通极为不畅。中国西南耸立着号称世界屋脊的青藏高原，平均海拔在4000米以上。辽阔高原和直插云霄的冰川雪山，阻隔了中国与南亚的往来。

中国大陆东部是浩瀚的太平洋，自北部黑龙江东部沿海至东南沿海有延绵2万多千米的海岸线，从先秦开始沿海交通大多局限于近海，未向海洋纵深发展。中国大陆地域广大，回旋余地开阔，适合人类生存的地域为500多万平方千米。然而，因为"负陆"，所以有各类自然屏障与外界阻隔，虽然"面海"却又未向海洋纵深发展，故而导致中华优秀传统与其他文明中心缺乏交流互动，形成了一个半封闭性的状态。

2. 三大阶梯的地势

中国地势的特点是西北高东南低，自西而东层层下降，形成落差显著的"三级阶梯"地形。我国西部的地形多为崇山峻岭，分布着较高海拔的高原和广袤的内陆盆地。相比之下，东部地势较为平坦，由一些丘陵平原和相对较低的山区组成。东南部则为大片宽阔而渐缓的陆架向海延伸。中国大陆上的高原、平原、大山、大川，构成了许多独立的地理单元，使中华优秀传统文化具有多样性、包容性和开放性。

第一阶梯，是以"世界屋脊"著称的青藏高原。在"三级阶梯"中最高的一级雪峰林立，许多山峰超过 7000 米，平均海拔 4000 米以上，气候以高寒为特点。与南亚往来的交通被高山阻隔，古代交通不发达，只能绕丝绸之路与南亚进行交往。中国内地通往西藏腹地的交通也很艰险，到了唐代，翻越重重雪峰、峡谷的唐蕃古道才得以开通。

第二阶梯，是青藏高原至太行山、秦岭、巫山、雪峰山的区域。上述范围包含了内蒙古高原、塔里木盆地、准噶尔盆地等地，地貌形态种类繁多，一般海拔在 1000 至 2000 米之间，只有四川盆地是例外，海拔低于 500 米。长江、黄河、澜沧江等亚洲大河都发源于此。该阶梯的气候一般为干旱或半干旱性气候，尤其是西北内陆受山岭阻隔，无论是东部还是南部的暖湿气流都无法到达该地区，是中国最干旱的区域。因纵横数千千米的荒漠戈壁和连绵起伏的山地、雪峰，加上险恶的气候，西北内陆自古有"风灾鬼域"之称，使古代中国通往西方的道路充满险阻。

第三阶梯，由东北平原、华北平原和长江中下游平原三大平原，以及江南大面积的丘陵低地、河流三角洲等地带构成，是地势最低的一级，平均海拔在 500 米以下。该区域内受东南季风影响显著，气候湿润多雨。从黑龙江东部沿海至东南沿海有 2 万多千米的海岸线，海上交通在先秦就已兴起，之后日益发达，只是大多局限于近海，与国外的交往受到浩瀚海洋的阻隔。

3. 复杂多样的气候

我国处于北半球，大部分地区属温带和暖温带，南北两端的少部分区域伸入热带和亚寒带。中国大陆最典型的气候为大陆性季风气候，同时气候类型种类繁多。中国毗邻地球最大的欧亚大陆，面朝太平洋，呈现出典型的季风气候。冬季时，内陆地区较海洋地区更为寒冷，从而形成了高压区。风从内陆地区吹向海岸地区，风的方向是从南往北。在夏季，海洋的气温通常比大陆低，这会导致大陆形成低气压区，从而吸引海洋上的风朝着大陆吹过，风的方向由北向南。由于季风的周期性变化和地形等因素的影响，国内的气候呈现出明显的四季交替、雨季和热季同步的特点。除此之外，寒潮和台风等也非常常见。中国的气候类型主要是大陆性气候，该特征随着地理位置从东到西、从南到北的变化而变得更加典型。大陆位置越偏东南方向，年降雨量越多。中国大陆作为一个巨大、封闭的地理单元，三个阶梯形如一把躺椅。中华民族在这个躺椅上依山傍水，面朝海洋而内向大陆，休养生息5000年，形成的中国传统文化是农业文化而不是海洋工商文化。

4. 无天然屏障阻隔的辽阔大陆和广袤疆土

中国大陆辽阔，疆土广袤，河流众多，湖泊星罗棋布。长江是中国最长的河流，同时也是全球第三长的河流，仅次于非洲尼罗河和南美洲亚马逊河。长江流域中下游地区是我国重要的农业区，气候温暖湿润，土地肥沃，丰富的水资源像乳汁一样哺育了一代又一代华夏儿女。中国的第二大河——黄河，流域面积75.2万平方千米。黄河是中华文明的发祥地之一，被称为"母亲河"。

中国疆域广大，气候复杂多样，为众多民族及多元文化的形成创造了条件。中国大陆覆盖了五个气候带，包括亚寒带、温带、暖温带、亚热带和热带。同时，中国大陆的地形也非常多样化，各地降水差异明显，有湿润、半湿润、干旱、半干旱之分。例如，在中国的西北内陆地区，通常一年四季都非常干燥，风沙经常出现，而且白天和晚上的温差也很大；黑龙江省位于东北地区，夏季气温并不高，且持续时间较为短暂，而冬季则十分寒冷，且时间漫长；长江中下游、淮河流域冬冷夏热、四季分明；南部的台湾、海南、广东、广西、云南南部等没有冬天，四季暖热多雨，树木常青；青藏高原的气候极为寒冷，空气稀薄，每年都会有大量积雪。中国拥有的多元化气候，为农、林、牧、渔等诸多产业的繁荣创造了有利条件。

辽阔丰腴的中国大陆养育了勤劳、勇敢、伟大的中华民族。在中华民族这个大家庭里，生活在东亚农耕区的汉族是其构成主体，还有生活在周边的人数少于汉民族的少数民族，统称"四夷"——东夷、西戎、南蛮和北狄，主要是按他们活动地域的方位命名的。虽然汉族和少数民族人口多寡有殊、文明程度不同，但他们经历了从对垒、冲突到最终融合的过程，互相影响，互相学习，互相依存，共同缔造了中华民族这个大家庭，共同创造了伟大的中华文明。中国大陆"负陆面海"、疆域辽阔、资源丰富、气候宜人的地理环境和气候条件，助力中国先民创造了独具特色的中华优秀传统文化。

文化形成的过程是人化自然的过程。在人化自然的过程中人类既是创造活动的主体又是对象世界的客体，整个活动过程受外部自然环境的影响和制约。中国大陆特定的地理环境，对独具特色的中华优秀传统文化的形成起了非常重要的作用。

　　半封闭性的地形地貌，造就了中华优秀传统文化的相对封闭性和独特性。中国大陆三面环山、一面临海的地理环境，使其成为一个相对独立的地理单元。中华民族的勤劳和智慧加上相对优越的地理环境，使得国家长期保持着全球最为富庶和强大的地位，这导致古代中国人产生了自我陶醉和自我封闭的思想。与古代中国不同，东地中海文明区的埃及、巴比伦、希腊等文明之间的交流却非常频繁。孕育了古埃及文明的尼罗河和孕育了巴比伦文明的两河流域相距很近，不存在难以逾越的地理障碍，它们之间文化交流历来频繁。埃及的象形文字就受美索不达米亚图画文字的启发，二者在农业及手工业技术、数学、天文历法知识等方面也多有交流。东地中海文明与南亚文明之间的交流也很频繁，虽然隔着伊朗高原，但它们之间的通道纵横，人员、物资和精神产品自古多有往来。在两河流域曾发现古印度哈拉巴文化的印章，表明这两个古老文明早在公元前2000年就已建立起实质性的联系。与此形成鲜明对比的是，中国大陆北临茫茫戈壁和原始森林，西方是万里黄沙与高山雪峰，西南矗立着有"世界屋脊"之称的青藏高原，东临浩瀚无际的太平洋，与外部世界相对隔绝。这导致了以中华文化为主体的东亚文明与其他文明的联系，大体发生在公元纪年以后。与上述几个文明区之间的频繁交流相比，我们整整晚了3000年。从文化发生学的视角来看，任何一种文化的特性都是由该文化的发生期决定的。中国文化在经历发生期时，与外部文明是隔离状态，文化为独立发展。因此，中华民族是一个具有创造性的民族，其文化具有鲜明的独特性。当然，从历史发展的角度看，不能否认中国文化广采博纳、兼容并蓄的包容精神，但那是在中国文化的发生期以后，才渐次与其他文化相交流。与异文化的交流、碰撞虽然对中国文化的影响相当深刻，但并未使其发生实质性的改变。由以上可知，中国文化的独特性虽然不能排除其他诸因素的影响，但不难看出中国地形地貌复杂、通行穿越困难等造成的与其他文明区域相对隔绝的状态，无疑是其中至关重要的因素。

　　多样化的地形和气候条件，成就了中国传统文化多样性的文化形态。中国的土地面积十分广阔，从东到西跨经度超过60度，从南到北跨纬度超过50度，南北之间的气温差别高达50摄氏度，东西年降水量相差几千毫米。地形和气候条件客观上存在的多样化，决定了各地域生计方式和文化形态的多样性。中国的地理环境复杂，南北温度和湿度的递进变化，使得淮河、秦岭以南的中国南方成为适宜种植水稻的地区；在秦岭、淮河以北，直至秦汉长城沿线以南的中原地带，农业以种植粟为主；在秦汉长城以北的北方地区，人们以畜牧业为主要生计。中国大陆内有众多的河流纵横交错，山脉纵贯全境。由于这些地理条件的影响，中国大陆被分隔成了许多各自面积不同的区块，各区块在文化上也存在差异。还需要明确的是，在中国文化史上，这种地形多样性导致的文化多元倾向，与文化大一统倾向相辅相成，共同构成了中国文化的特点，这在思想学术领域中表现得最为突出。此外，中国大陆地形、气候条件的区域性差异，客观上也成为多民族共居、多种经济成分并立、多种文化类型共存的物质基础。平原地区由于自然环境相对优越，吸引了不同民族的聚居和交流，使得各种不同的文化风格相互融合并发展，文化的发展呈现出多元一体的特征。

中国传统文化之所以能够相互交流、融合并得以传承，正是得益于土地的广袤。中华民族繁衍生息的大陆虽"负陆面海"，却是一块极为辽阔的大陆，其面积与整个欧洲大陆相差无几。由于疆土广袤，其内部平原广阔，特别是黄河、长江流域平原毗连，没有明显的天然屏障可以阻隔，因而在政治、经济、文化以及军事上都较海洋民族易于统一。先秦时的《尚书·禹贡》把当时的版图划分为冀、兖、青、徐、扬、荆、豫、梁、雍九州，这是上古以来中华先民所能着力开发的地区，面积300万平方千米左右，在同期的世界文明古国中，其疆域辽阔是罕见的，为中国文化的传播延续提供了充足的空间和回旋余地。辽阔的疆土必然带来多地区、多民族的迁徙、交融，从而也带来不同文化的交流、融合。当历史上强悍的游牧民族南侵，中国纵使丧失了首当其冲的黄河流域，仍有广大退路可供回旋。其他古文明地区一旦沦亡于外族的入侵，即一蹶不振，唯独中国能对边族潜移默化，始终保持自己文化的独特风格和完整体系，并使之绵延不绝。在古代中国历史上，几乎每一次社会动荡变迁都为不同文化的交流和整合提供了条件。

从古代中国不同朝代古都的迁移中也可窥见一斑。不同时代的王朝有规律地经历了多次迁徙，大体上是自东向西，之后由西北向东南，最后到元明清时的北京，先后形成闻名于世的七大古都——安阳、西安、洛阳、开封、南京、杭州、北京。与古代中国不同，其他古老国家的都城大多较为稳定，甚至单一，如埃及的开罗、古罗马（现意大利）的罗马、印度的新德里、英国的伦敦、法国的巴黎等，即使有过短暂迁都的记录，不久又回到原地。古代中国之所以如此，得益于其所具有的地理位置上的优势，也与经济重心的开拓以及民族、文化的融合有关。

（二）经济条件

物质资料的生产是一切社会活动（包括文化活动）得以开展的前提和基础，

其本身也是文化活动的重要组成部分。学习中国传统文化除了要掌握它的内在逻辑，还要把握它得以运行的经济动力，探究依托特定的自然条件和地理环境，中华民族发展了怎样的物质生产方式，为中国文化发展提供了怎样的经济基础。中国大陆拥有得天独厚的自然条件和地理环境，其负陆面海的地形特征孕育了以农耕为主的华夏民族经济生产形态。农耕经济是古代中国立国的根本，也是中华优秀传统文化赖以发生和发展的经济基础。

1. 农耕经济

中国农业起源于第四纪冰川后期。大约在一万三四千年以前，我们的先民就顺应气候转暖的自然变化，开始了农业耕作。考古发现已证实，华夏民族早在六七千年前，已步入以种植业为主的农耕时代，逐渐告别以狩猎和采集为主的生计方式。距今大约6000年的仰韶文化遗址、河姆渡文化遗址已见谷类和稻谷遗痕。距今大约4000年到5000年的龙山文化遗址和屈家岭文化遗址，出土了粳稻等谷物及石锄、石镰等农具。

3000年前的商周时期，进入了有文字可考的青铜时代。殷墟甲骨文中出现黍、稷、麦、稻等农作物的名称，并有农事活动记载。这一时期铜、石生产农具并用，农耕业达到新的水平。

秦汉以后形成大一统的中央集权制，把"上农除末，黔首是富"[①]定为基本国策，各朝以奖励农事的政令鼓励百姓发展农业。耕地的范围随着农业生产的发展，以及统治者移民拓边屯田政策的推行而不断扩大。

中国以农耕为主的生计方式，发源于黄河流域中下游和长江流域。黄土是一种质地细腻且松软的土壤，在黄河流域非常常见。因其独特的特性，黄土适合种植抗旱作物，如粟和稷，也便用木、石和铜等材料制作的农具。古代中国的政治、经济和文化中心在黄河中下游地区形成，这是由于该地区的农业生产是最先发展起来的。

随着铁质农具和牛耕等的广泛运用，生产能力不断提高，中国农业生产正逐渐向南方转移，尤其是拓展至了长江流域等土地富饶、水资源充足的地区。中国在秦汉时期实现统一，这为南方农业的繁荣奠定了基础。在接下来的数个世纪里，北方饱受数不尽的战乱之苦，边境问题也日益复杂，黄河流域的农业生态环境也随之急速恶化。许多中原地区的农民被迫离开故土，不得不前往南方，分散至长江中下游和东南沿海地区。

中国南方的自然环境条件得天独厚，为农业经济的快速发展提供了充足的资

---

① 曾国藩.经史百家杂钞（上）[M].长沙：岳麓书社，2009：261.

源。长江中下游地区自隋唐时期起迅速发展，成为京师以及边境城市的主要农产品和纺织品供应基地。得益于"西北甲兵"和"东南财赋"，唐朝以后的历代帝王在政治上的统治相对稳定。

农耕经济在中国古代社会经济生活中居于主导地位，贯穿于中国传统社会的始终。中华优秀传统文化的特性，深深地植根于农耕经济基础之中。农耕经济对中华优秀传统文化的影响，具体体现在以下几个方面。

（1）中华优秀传统文化民本主义和集权主义共存

民本主义与集权主义在中华优秀传统文化中是相互矛盾但相互促进的，这种局面的形成起源于农耕经济在社会经济中的主体地位。在中国古代，物质资料的主体是由农民生产的，为了维持社会秩序、促进有序发展，集权君主就必须保障农民的生计。这不仅体现了对下层百姓遭遇的同情怜悯，还体现出已经提到了政治高度，将"民"确立为"邦"之根本，认识到"民意"是决定安邦治国的决定力量。《孟子》提出"民贵君轻""政得其民"的观点，强调了民众的地位和作用，"民为贵，社稷次之，君为轻。是故得乎丘民而为天子，得乎天子为诸侯，得乎诸侯为大夫。"荀子论证了君民关系，"君者舟也，庶人者水也。水则载舟，水则覆舟"（《荀子》）。这是民本主义的实质。

与民本主义相伴相生的，是集权主义。古代中国农耕经济所需求的社会安定，使得统一全国成为一种必然，因此需要坚定支持君主集权。为了抵御外敌、维护社会安宁和有序运行，需要建立大一统的集权政治，也就是所谓的东方专制主义。

在中国古代，几乎所有的学派和思想家都在不同的程度上对君权抱有尊重。春秋战国时期的法家，是绝对君权论的始作俑者。在君主领导下的臣子没有自主的个人身份，他们的感受和行为都受制于君主的意志。在2000年前的秦汉时期，中央集权的君主政体就被确定。君主集权也成为中国古代农业社会的典型特征。

（2）中华优秀传统文化安土重迁和务实品格的形成

古代华夏先民定居在中国大陆沿江沿河的肥沃平原上，放弃了游牧狩猎的生活方式，定居下来以农耕为主要生计方式。农业社会的特点是地著、安居，国人的观念中对土地产生了深深的眷恋，土地成为根本。除少数行走的商贩和宦游的士子外，大多数汉族人尤其是农民，日出而作，日落而息，终生固着在土地上。汉民族养成了一种"安土重迁"的习惯，一般不愿离开故土，除非极端严重的战乱和灾荒。而且一个人无论离开故土有多远，死后都要安葬于故乡。

中华优秀传统文化的安土重迁，发挥了巨大的凝聚功能，使国人对故乡、民族、国家产生了强烈的归属感和认同感。楚辞、汉赋、唐诗、宋词和明清小说等文学作品中，无不洋溢着无数士人对乡土的无限眷恋之情。

由于长期从事农耕生产，中华民族形成了朴实而厚重的集体心态，并且深具务实精神。通过从事农事劳作，华夏儿女领悟到了一条简单却真实的道理：不劳则无获。说了许多空洞的话语对解决问题没有实际帮助，实心做必有收获。久而久之，中华民族重实际而黜玄想的精神，越来越根深蒂固。古代中国基于实用基础之上的农学、天文学、医学等领域十分发达。

农耕经济对中国人务实品格的影响，还有其他的突出表现。例如，中国人在对待各种宗教的态度上，自始至终未陷入迷狂，世俗的、入世的思想始终压倒神异的、出世的思想。

（3）中华优秀传统文化对凝重迟滞与崇尚中和的追求

在农业社会，所采用的是农业劳动力和主要生产资料（土地）高度结合的生产方式。劳动者被固定在土地上，既是生产劳动的需要，也是统治阶级的需要。在农耕生产方式下，人们仅注重基本生存需求，缺乏对促进产能增长、提高生产率的积极探求，因而社会进步受到了阻碍，发展几乎停滞。

这种农业生活环境下，人们很容易形成习惯，认为一切都是恒定不变的，表现出死板固执、守旧保守的行为方式。传统文化所体现的价值观往往追求稳定和持久，强调保守和稳健的态度。然而，这也经常导致社会缺乏创新和前瞻性，缺乏开拓精神。在普通百姓的思想中，人们渴望保持政治稳定，盼望家族永世长存，追求经久耐用的物品，这也表明他们高度注重"持久"和"稳定"的观念。

农耕民族的这种凝重迟滞，与游牧民族以战争掠夺、军事征服为荣耀的心理不同，也不同于以商品交换、对外拓展和海外殖民为意向的民族。古代中国士大夫们留下的各类典籍中，可以发现许多美好的理想和奇妙的玄想，比如"礼运大同""庄生梦蝶"等，却从来没有过扩张领土的狂妄想法。因此，古代中国人平实、求安的文化心理，中国传统文化的厚实凝重性是农业社会特征的具体体现。

在这种情况下，我们的先贤们提出了中庸之道，用于规范自身的行为，适应自然规律和农业社会的秩序。中庸思想作为中国传统文化的重要内容，蕴含的人生智慧，源自农耕经济的土壤。它作为中华优秀传统文化的基石之一，是儒家思想不可或缺的核心内容。作为一种高层次的哲理，中庸之道主张深刻理解矛盾之间的相互作用，并倡导平衡处理，以温和的方式促进社会的和谐。中庸之道用于政治，可抑制兼并，均平田产、权利；用于文化则可在多元文化交汇时，讲究异中求同，求同存异，兼容并包；用于风俗便可不偏颇，不怨尤，入情尽理，内外兼顾；用于人格则可盛行温、良、恭、俭、让的君子之风。这与工商业发达的古希腊社会，人们推崇的自我表现、竞争交易之风形成鲜明的对照。

（4）中华优秀传统文化变易观与循环论的形成

农耕生产的春耕夏耘、秋收冬藏，反复提示着人们事物的变化发展与生生不息。与农业生产四季反复变化相一致的变易观便应运而生，并且与恒久观念相辅相成，在中国源远流长，影响深远。

中华优秀传统文化变易观的思维方式与循环论紧密相连。中国农业文明成熟较早，农业生产随着四季更替循环而周而复始的现象，是中国传统文化循环论产生的基础，并长期影响着中国人的思维方式。在政治生活中，朝代的兴衰更替和治乱交替往复，以及人世间的各种变化和离合，都进一步加强了人们对循环的认识。五行之间相互促进，互相制衡，循环往复，构成了一个完整的体系，这也是循环论的重要表现。

（5）中华优秀传统文化兼容并蓄与和谐大同观念的形成

中国疆域辽阔，各区域的地理环境和自然气候条件各异，形成了不同的生计方式和各具特色的区域文化——秦晋文化、吴越文化、齐鲁文化、楚宋文化等，这些区域文化长期吸纳着周边少数民族的优秀文化，使中华优秀传统文化有了多样性和兼容并蓄的特点。

在古代中国农耕经济发展的同时，始终保留着多样化的经济成分。从横向看，不限于农业生产，还涵盖手工业、商业等多种经济要素。从纵向看，"三代"时期，中国的经济主要基于原始的合作式农业自然经济模式。从秦汉时期到明清时期的经济，其特色在于将农业和家庭手工业相融合。自近代以来，则出现了农业和工商业并列发展的经济模式。中国传统文化之所以具有包容性特征，与农耕经济的多元化结构密不可分。在古代中国，战乱和天灾造成了人口流动，促进了不同派别和思想文化的交融。中国传统文化的豁达包容和多元一体的气质，在这种交织中得以体现。

中国传统农耕经济与传统文化中的和谐理念紧密相连。农业经济的影响使人们养成了守家、和平、注重相处、遵循规律的生活观念，并从中衍生出了防守自卫的民族心态。中国优秀传统文化的关键特征之一是追求和谐，和谐也在中国传统价值观中占据着不可或缺的地位。这种理念贯穿于整个社会生活的各个方面。个人可以追求和谐，家庭、社会、国家甚至世界也可以追求和谐，即"天下为公"，实现"大同"。

2. 农耕经济、游牧经济的对垒与融合

除农耕经济外，中国的北方草原自古生活着游牧民族——匈奴、突厥和蒙古族等，都是以游牧为主要生计方式的马背上的民族，他们世代逐水草迁徙，毋城，郭常处耕田之业。北方的游牧民族经常南下甚至入主中原，例如，在公元5世纪期间，拓跋部族成功掌控了对黄河流域的统治权。13世纪，蒙古人创立了元朝。17世纪，满族人创立了清朝。农耕经济与游牧经济作为两种不同的经济类型，在中国历史上曾经发生过冲突，但更多的是融合与互补，共同构成了中国传统文化的经济基础。

（1）农耕民族与游牧民族的对垒

农耕民族和游牧民族之间存在生产方式及文明发展水平的差异，必然会导致冲突的发生。游牧民族将生产和军事组织有机地结合在一起，他们通常通过游牧和狩猎来生产并进行军事演习。在长期艰苦的自然条件和不安定的生活磨炼之下，游牧民族形成了强健体魄和剽悍性格，具备所向披靡的巨大威力。以游牧为主的生计方式，决定了他们获取必备生活资料的不稳定性。当自然条件恶化，水乏草枯之际，饥饿的游牧民族就会南下劫掠，给居住在中原农耕地区的民族造成极大的危害。假若游牧部落内出现了懂政治、有魅力的领袖，其经济抢夺行为便会膨胀成大规模的战争。游牧民族甚至可能会占领中原，在所建王朝的农耕经济中混入游牧经济的成分。

稳定的农耕生产体系，是实现经济发展的基础。面对游牧民族不规律的入侵，农耕民族无法长期与游牧民族在军事上竞争。尽管汉武帝、唐太宗和明成祖等曾经试图向北方发起远征，但这些努力并没有对古代中国的军事格局产生实质性的影响。这种情况下，内陆的农耕民族始终保持防守状态，而游牧族群落后却拥有主动权，会主动发动攻击。

由于游牧民族的威胁，农耕民族不得不耗费巨大的人力、物力和财力，在长达2000年的时间里历尽艰辛，多次修筑万里长城。长城始建于春秋战国时期，当时所建长城因防范对象的不同，分为"互防"和"防胡"两种。秦统一中国后，"互防"长城不仅失去了本来的意义而且还成为统一的障碍，因此被拆除，"防胡"长城的重要性则更为突出。为驱逐匈奴，秦始皇下令修筑长城。秦长城西起甘肃岷县，经黄河河套以北的阴山山脉，东止于今朝鲜平壤西北清川江入海处。汉代长城东起辽东，经阴山、河西走廊，直达新疆罗布泊以西。

我们今天看到的是明长城遗迹，东起鸭绿江口，经辽东沿燕山山脉巍然耸立守护北京，然后斜穿黄河河套，直抵甘肃嘉峪关。令人惊奇的是，长城的走向与400毫米等降水量线趋于一致。这说明长城作为边界线，将耕地较为富足的地区和适合游牧的干旱区域分隔开来。它承担着保护先进的农耕文明和中原文化的任务，护卫了先进的农耕文明。

（2）农耕民族与游牧民族的融合

农耕民族和游牧民族之间除了存在军事对抗以外，还通过迁徙、交流、联姻和贸易等方式来实现文化和经济的相互补充和民族融合。

当草原上水草丰茂，游牧民族日常生活所需能得到满足时，两个民族之间便以和平方式，大体沿长城一线和各关口，向对方更广阔的地域延伸，进行经济、文化等的交流。例如，游牧人以畜产品同农耕人交换粮食、茶叶、布帛和铁器等，来获得日常生活必需品。这种物资交换形式后来被称为"茶马互市"。

从一定意义上讲，农耕民族与游牧民族之间的战争，也促进了文化交流和民族融合。游牧民族从农耕民族那里学到了生产技术、政治制度和文化，促进了本民族的社会发展，也促进了中原农耕文化向周边扩展和多元文化融合。例如，南迁的北魏鲜卑人孝文帝热爱汉文化，积极实行以三长制、均田制为内容的汉化改革，使北魏社会迅速发展。

尽管游牧民族的文化水平不及农耕民族高，但是他们的勇猛、精通马术、气质豪迈、具有流动性等特点为稳重文雅的农耕文化提供了非常好的补充。例如，汉唐时期通过开辟丝绸之路吸收游牧民族的文化就是发展本民族文化的生动事例。

此外，元朝时，蒙古人入主中原后，元世祖忽必烈将首都迁至农耕区的大都（今北京），表现了对汉文化的归依。之后的女真、满族等游牧民族和半农半牧的民族，在接触农耕文化后无一例外地被同化。这一结果说明农耕文化是具有强大的吸纳性和包容性的文化，对异文化具有巨大的同化作用。农耕经济与游牧经济作为中国大陆的两种经济类型，历经数千年相互融合、互为补充，使农耕文化更具绝对优势，更加气势恢宏。

二、中华优秀传统文化的发展

（一）先秦时期

先秦时期，从夏商立国到战国，是中国文化的真正开始。中国文化孕育发端于上古时期，殷商西周时期初具形态。到了春秋战国时期，出现了百家争鸣的文化现象，掀开了中国文化史上最光彩夺目的篇章，为中华优秀传统文化的发展奠定了基石。该时期的文化，体现出了人不断解放自身，走向文明的进程。

1. 上古

中华民族作为一个古老的民族，经历了若干万年的原始社会，该段时期被史学家称为上古时期。我国古代文献中保存着该时期的历史传说，中国文化孕育和发端于该历史时期。

要了解中国文化的源头，首先要了解中国人的起源，因为中国文化是中国人创造的。所谓文化是在人与自然的互动中产生的，是和自然相对立的人文化。人和自然之间，是对立统一的关系。人类在适应和改造环境的过程中，既改造了自身，也形成了独特的文化。只有通过参与文化创造活动，人才能真正成为完整的人，进而获得真正的自由。人的本质在于永远处于创造之中，创造只会在不断劳动的过程中诞生。换言之，中国文化的起源与中国人的起源是紧密联系在一起的。中国很早就有盘古开天地、女娲抟土造人的神话传说，还有记载了中华民族人文始祖炎帝、黄帝创造赫赫业绩的文献史料，最能说明中国人起源的是，20世纪以来考古发现的早期人类大量的遗址和实物资料。

人类体质的发展，大体分为猿人、古人、新人三个阶段。据考古学家们研究证实，人类起源发展的三个阶段在中国大陆都有据可考。在华夏大地上，至少200万年以前就留下了中华民族祖先的遗迹，他们的足迹遍及全国各地。1998年在安徽繁昌县孙村镇发现了250万年前的人类遗址，1965年在云南元谋发现了170万年前的人类化石，这是中国境内最早的人类活动的历史证据。从孙村人、元谋人，经过蓝田人、北京猿人、山顶洞人等阶段，表明了在人类进化的各个阶段中国都没有缺环，可以建立较为完整的进化序列。在漫长的历史长河中，人类不仅完成了从猿到人的转变，在该转变过程中也创造了文化。中国文化，就是在中华民族先民通过劳动改造自身的同时悄然开始发展的。

文化一经在古代中国大陆上产生，就呈多地域分布状态。大约在公元前7000年，中国文明进入新石器时代。农业是该时期最重要的发明，使人类生活由完全依赖自然赐予，过渡到改造自然进行生产，建立了生产型经济。从此，人类结束了因采集和狩猎而需不断迁徙的生活方式，转变为定居，以种植植物为主。这是人类征服自然、改善自身生活的一个里程碑，是人类文化创造上的巨大进步。

新石器时期的文化遗址遍布全国各地，已经发现了7000多处，它们之间既有内在联系和统一性，又带有区域性特点，可以分为不同的文化群落。这表明，在古代中国大陆，原始文化出现了多地域分布状态。在黄河中下游地区有仰韶文化遗址、大汶口文化遗址等；在长江中下游地区有马家窑文化遗址、龙山文化遗址（湖北）、屈家岭文化遗址等；在以燕山为中心的燕辽地区有红山文化遗址等。

随着氏族部落之间的交往、斗争和融合，各文化之间也出现了融合。

若加上旧石器时代文化遗址在内，中国上古文化遗址分布则更广泛，分布在黄河流域、长江流域、珠江流域、东北、西北、华中等地区。旧石器时期的人类为生存与大自然斗争。该时期，在中国大地上开始了工具的制造和使用，这是由猿到人转变的关键，也是原始物质文化的开端。语言的产生、火的使用都是该时期伟大的文化创造。北京猿人已能使用和保存火。这些早期的人类活动已经包含有意识性的内容，它们不仅标志着人与动物的最后诀别，而且也标志着人类文化的起始。

除考古发现外，通过神话传说和民俗学研究也能发现我国上古文化分布广泛。到国家形成之前，在黄河和长江流域主要有三大文化部落——华夏部落、东夷部落和苗蛮部落。三大部落之间连年征战，最终华夏部落获胜，确立了华夏文化在中华民族多元文化中的主流地位。华夏部落在黄河中游地区活动，最初，他们在黄河中游地区的渭河流域繁荣发展。之后，他们逐渐沿着黄河两岸拓展势力范围，扩张至山西、河南和河北等地方。华夏部落分为两支：一支为姬姓，其首领是黄帝，号轩辕氏；一支为姜姓，其首领是炎帝，号神农氏。传说中黄帝是一个既能发明创造，又能带兵打仗的神。东夷部落在黄河下游和江淮流域地区活动，最初的定居点位于山东南部，后逐渐向周边地区扩张，北至现今的山东北部和河北南部，西至河南东部，南至安徽中部，东部则延伸至海岸线。夷人以制造弓矢出名，从"夷"的字形看，"夷"就表示一个背着弓的人。蚩尤是夷人中的首领，神通广大，能呼风唤雨，与黄帝打仗，最终被黄帝打败。苗蛮部落在江汉流域和长江以南地区活动，在今湖北、湖南、江西一带。伏羲和女娲是部落的首领。相传伏羲制作打猎捕鱼的工具，女娲炼五色石补天。三大部落在步入文明前夕，发生了一系列的兼并战争。先是炎、黄两部联合打败蚩尤，完成了炎黄诸部与蚩尤部落的融合。之后，黄帝又打败了炎帝，黄、炎两部融合，黄帝成了华夏部落的代表。之后华夏部落又击溃了苗蛮部落，统一了中国，中华民族文化的主流地位得以确立，对后世文化产生了深远的影响。

四五十万年前的北京猿人已经能够制造和使用工具，制造的工具有木器、骨器，而更多的是石器。北京人开始使用火，是一项具有划时代意义的文化创造。因为火的使用标志着人与动物的最后诀别。火是一种化学反应现象，虽然不同于石器、木器、骨器等一般的工具，但是作为猿人进行物质生活的重要手段，火的使用从本质上讲也属于工具的范围。北京猿人的主要生计方式是狩猎和采集，在共同劳动的过程中，产生了语言。距今约10万年的丁村人、距今约1.8

万年的山顶洞人等将原始文化向前推进了一步。原始社会末期的炎黄时代，中国文化的主体和核心——华夏文化形成。统一中国的华夏文化对之后中华优秀传统文化的发展产生了深远的影响，可以说，炎黄时代是中华优秀传统文化的开端。

基于炎帝和黄帝时代对中华优秀传统文化产生所作出的重大贡献，我们以炎黄时代文化为代表，来分析上古文化对中国文化的贡献。粟和稻是中国史前农耕文化的主要谷物品种。以黄河流域为中心的北方地区，主要谷物是粟，据说是炎帝亲自从野生植物狗尾巴草培育出来的，适于干旱的黄土地带生长。秦岭、淮河以南的长江中下游地区，主要谷物是稻。稻是野生稻培育出来的，适于温暖、湿润、水源充足的南方种植。渔猎是那时仅次于农业的生计方式，先民们使用的渔猎工具有弓箭、石矛、鱼叉、鱼钩、渔网等。作为副业的家畜饲养在炎黄时代有了很大发展，各地都饲养猪、狗、牛、羊、马和鸡等。猪和狗是中国史前驯养的主要家畜，且猪的驯养最多。

在炎黄时代，与农业生产相关联的农具也有了大的发展。炎帝发明的农具有耒和耜。炎黄时代还出现了陶刀、石碾。宝鸡北首岭遗址出土农具共7种128件，农具有石、蚌、陶、木多种质料，最多的是石质生产工具，木质农具数量也不少。

炎帝还是陶器的发明者。炎黄时代的陶器和玉器、不仅满足了生活的需要，而且还有很高的艺术欣赏价值。例如，黄河流域出土的尖底瓶、山东一带出土的像现代高脚杯样的器物等。有些陶器的造型直接取之于动植物，例如，黄河流域的葫芦瓶、山东一带的兽型器等模仿动物的神态惟妙惟肖。彩陶的出现更反映了当时制陶技术的提高。彩陶纹饰动物图案的出现反映了原始宗教的图腾崇拜。例如，华山周围一带出现的鸟和鱼结合的纹样，极有可能是仰韶文化的图腾。玉器主要是礼器，反映了当时的原始宗教观念。玉器中的礼器类主要有璧、琮、璜等，都是举行祭祀仪式的用品。

中华优秀传统文化的人文精神也发端于炎黄时代。在较早的文献中，我们能看到炎黄时代的历史是人的历史。炎帝、黄帝都是有父母子孙的现实社会的人，而不是神，他们的发明、创造和取得的成功、胜利，有赖于人的积极进取。这种相信人的力量，依靠自身的努力，为他人、为社会谋利益的精神是中华优秀传统文化的优良传统。

2. 殷商西周

原始社会的人们开创了制造简单生产工具和生活用品的文化活动。随着原始思维的发展逐渐形成了原始宗教观念——自然崇拜、图腾崇拜、祖先崇拜等，但是，这些原始宗教观念尚不具备系统化、理论化的特征。直到殷商西周时期，中华优秀传统文化的基本形态才得以形成。

在夏商西周时期，从文字的发明到青铜器具的使用，从宗法、礼乐制度的创建到人本精神的确立，中华优秀传统文化迈出了重要的一步，为之后中华优秀传统文化发展奠定了基础。

（1）"天命神权"的神本文化

公元前21世纪，中国历史上第一个国家政权——夏朝建立，中国文化也迈出了重要一步。商兴起于黄河中下游的一个古老部落，是继夏朝之后的第二个奴隶制国家。初始阶段，商人主要以游耕为生计方式。与此相适应，商人的都城一再迁徙。盘庚迁都于殷（今河南安阳市）后，商也称殷，又称殷商。商朝在殷都传位八代十二王，历时270多年。在长期定都的条件下，商朝的文明水平有了显著提高。

殷商出现了甲骨文，其单字约在3000以上。后人所谓的"六书"——象形、指事、会意、假借、形声、转注六种构字法，在甲骨文中都已具备，这表明中国文字已进入较成熟的阶段。有了成熟的文字，就有了中国最早的文献。

殷商时期，青铜冶铸业得到了长足发展，标志着生产力水平的提高。安阳殷墟出土的铜器，不仅数量多、品种多，而且制作也很精美。据考古发现，商周时期不仅出现了大规模的冶炼铸造作坊，而且采用了与后世铸铜合金成分相近的配置标准。青铜在该时期作为制造生产工具、生活用具和武器的重要原料，在各个领域取代了石器和陶器，被铸造成各式各样的复杂器物。在各种青铜器中，最重要的是礼器，又称为"彝器"。例如，鼎最为重要，一度成为国家政权的象征物。

殷商时期，人们仍然无法回答长久积聚在心中带有世界观性质的重大问题，例如，命运观念、天命观念等等。因此，在原始思维主导下，商人崇尚神灵并重视巫术，形成了浓郁的神本文化。商人观念中的神，地位最高的是"天"或"帝"，将原始人对自然和祖先的崇拜观念在此演化成"天神至上"的观念。将"天"视为宇宙中最高的主宰，天命神权成为商统治尊奉的宗教世界观。在天命神权的神本文化支配下，商朝在生产、征伐、封邑等重大事宜上都要通过卜辞征求"上帝"的意见。除了上帝崇拜，商人还有祖先崇拜。相对于"上帝"来说，祖宗神居于第二位。商人认为商的先公死后可宾于帝，以沟通上帝和人世。商时占术盛行，祭祀活动十分隆重，有的规模盛大，这也体现了天命神权的神本文化特征。

殷商文化的天命神权特色，是在人类的思维水平较为原始时诞生的。随着时间的推移，人们在社会中不断累积经验，身心健康不断改善。这导致他们逐渐从信仰神权转变为更加自信的状态。以人为本的文化逐渐替代了天命神权的神本文化，商周之际的社会大变动便是转化的契机。

（2）"以德配天"的文化维新

周是渭水中游的一个古老部落，作为偏处西部的小邦，曾长期附属于商。公元前11世纪周灭了商，建立了周朝。周朝建立后，进行了一系列的文化维新，对之后中国文化的发展具有重要的意义。

宗法制度的确立是周朝"文化维新"的重要表现之一。宗法制兼具政治权力统治和血亲道德制约双重功能。周朝利用宗法制度，建立了一个从天子、诸侯、卿大夫到士的金字塔式的严密统治程序。周朝是中国历史上第一次形成的，以华夏族为主体的统一王国，其奴隶制国家机构和政治制度臻于完善。

周朝统治者继承并发展了殷商的"天命神权"思想，形成了一种完整的宗法奴隶制的意识形态。周朝统治者仍信奉"天"是宇宙中最高的主宰，但又不完全信赖天命，引进了"德"的概念来解释王朝更替、人世盛衰等社会现象。周朝统治者总结了夏亡殷灭的历史教训，更加重视民心。天命虽然重要，但要得到民心就须施行德政。周朝统治者提出了敬德保民、以德配天的思想，成了儒家主张"德治"的思想渊源。周朝的以德配天思想具有重要的理论意义，改变了人完全屈服于神的状态，意味着人可以参与对世界的主宰。这标志着殷商以神为本的文化开始向以人为本的文化过渡。

西周时期形成的阴阳、五行思想对中华优秀传统文化产生了深远影响。《易经》是形成于西周初年的一部卜筮之书，该书试图用代表两种不同性质原理且不同排列组合的符号，来概括自然界和人类社会的复杂现象，这是哲学思维的开始。五行是人们日常生活中不可缺少的物质材料，五种物质材料既是人们生存的物质基础，也是构成世界的物质基础，这表明原始朴素唯物主义思想开始萌芽。

"制礼作乐"是周朝"文化维新"的又一重要表现。在周朝，实施了一套以等级关系为核心的礼制，并结合情感艺术系统（乐）实行，即所谓的"礼乐制度"。周代的文化、制度和行为观念主要通过礼制来规范，礼制不仅包含了各种典章制度，还规范了政治、经济和家庭等各个方面的行为。

从思想文化的角度来看，西周所倡导的"以德配天"理念的重要性具体体现在以下几个方面：一方面，这一理念使得周初的统治者更深刻地认识到其权威来源和依据问题，虽然被历史的束缚所限制，他们仍然视皇天、（上）帝为信仰，但他们已经领悟到民意才是实际的决定力量。另一方面，基于"以德配天"的核心信念，周朝人合理推导出了一系列治国理念和措施，其中最为重要的包括"无逸"和"民彝"思想。"无逸"强调了治理者不应该放松警惕,应该全力以赴地治理国家,并在自己的生活中保持严格的自律。"民彝"是为百姓制定的遵守规则的制度。此外,以德配天的核心是维护人民的权益和实行善政,所蕴含的珍视人民、引导人民的思想是非常宝贵的。这一思想随后引导儒家发展出了完整的仁政体系,成为中国古代政治思想的主推流派。

3. 春秋战国

(1)"百家争鸣"得以产生的社会条件

竞相兼并的战争引起了孤立、不变的生活方式的破裂,从而促进了文化传播的规模不断扩大。在不同元素之间的对立、融合和渗透中,文化重组得以实现。动荡不安的时代中,中华优秀传统文化散发出璀璨的光彩。

①士阶层的崛起

各国国君为了富国强兵竞相礼贤下士,甚至一些官僚、贵族也招贤纳士,养士之风盛行。精力投入于争夺领土的诸侯对人才的需求,更加促进了士人的声望。起初被认为是贵族阶层中最低贱的阶层——士阶层,摆脱了沉重的宗法制约束,成功获得了自主地位。士人的兴起,意味着一个致力于精神创作的文化精英群体已经形成,他们以知识劳动为分内之事。

②文化教育的大发展

殷商西周时期,巫史掌管文化教育,维护贵族阶层垄断文化的特权,只有贵族子弟才有受教育的权利,一般人被排斥在"官学"之外,没有受教育的权利和机会。在王公贵族、诸侯大夫门下从事各种文化活动的"士",不得不流落民间。到了春秋战国时期,社会大裂变致使文化教育得到普及和较大发展,打破了以往少数贵族垄断文化知识的格局,由"学在官府"走向"学在民间"。

与此同时,原先深藏在宫廷的文化典籍也流传于民间,成为一般平民的读物。"官学"的崩溃,必然促成私学的兴起。在这样的历史条件下,孔子首创私学,使大批新兴地主、商人和农家子弟也有了受教育的机会。这对于冲破"学在官府"——贵族垄断文化的局面,促进学在民间的文化下移,推动历史前进具有积极的作用。

③宽松自由的学术氛围

在这个时期,各个诸侯国家之间互相竞争、争夺霸权地位,还没有形成统一的观念。学术氛围自由开放,让文化人有机会进行自主的、有创造性的思考与创作,这为道术"天下裂"的出现创造了必要的条件。由于周天子失去了共主地位,宫廷文化官员开始转移到低层或转移到其他国家,从而促进了"百家争鸣"的兴起。

在战国中期，还出现了像稷下学宫这样盛况空前的学术文化活动中心。稷下学宫建立于齐桓公时，在齐国都城临淄（今山东淄博）稷门附近，到齐宣王时达到了鼎盛时期。许多著名学者都在稷下学宫讲过学，荀况曾三为学宫"祭酒"，成为当时最有威望的学术领袖。稷下学宫有相当长久的学术传统，是当时最有影响的学术文化活动中心之一。云集在此的各派学者可以各抒己见、自由辩论、相互吸纳、相互批评，这对促进战国时期的百家争鸣和学术繁荣起了非常重要的作用。

以上几个因素的同时出现为中华民族的精神与传统文化的发展创造了良机。在这种文化背景下，"百家争鸣"随之兴起，写下了中华优秀传统文化史上光辉灿烂的一页。

（2）百家争鸣及各学派特征

百家指的是各种学派和思想流派在文化领域中的繁荣发展。各个学派都因诸多因素（如社会地位、思维方式和学统承继等）而呈现出独特的风格和个性特征。

①以"仁"为核心的儒家学说

孔子是春秋末期伟大的思想家和教育家，也是儒家学派的创始人。其学说体系的核心为"仁"，仁既是连结儒家学说各范畴的媒介，又是各个范畴和言行的总纲。孔子认为仁者"爱人"，"夫仁者，己欲立而立人，己欲达而达人"（《论语·雍也》），"己所不欲，勿施于人"（《论语·颜渊》），提出"志士仁人，无求生以害仁，有杀身以成仁"（《论语·卫灵公》）。

儒家学说体系的核心为"仁"，体现在政治观上为，反对国君横征暴敛，用残酷的手段统治人民，提倡"为政以德"，用德化的方法使人民对统治者俯首帖耳；体现在社会伦理观上，将仁具体化为主体修养的品德，来规范主体的行为，调节人际关系；体现在宗法观上，主张孝悌为"仁"之本，使仁植根于宗法血缘基础之中。

儒家思想在贵族分封制宗法社会和封建大一统宗法社会之间发挥了至关重要的桥梁作用，促进了文化传承和社会变革。虽然在动荡的变革时期，儒家学说的广泛应用显得过于困难，但当新的社会秩序得以稳定之后，人们再次意识到它的重要性及必要性。自先秦以降，儒家学说不断发展，最终成为中国传统文化的主干。

②以"道"为本体的道家学说

道家以老庄为代表，属于先秦时期的重要思想流派，与儒家齐名。

老子是道家学派创始人、春秋末期的哲学家，庄子是战国时期道家的主要代表人物。道家学说将道作为最高的原则,并将其贯穿到宇宙观和认识论中,形成了独具特色的思想体系。

道家学说有着尊重规律的科学精神、朴素深刻的辩证思想,认为"祸兮福之所倚,福兮祸之所伏""有无相生,难易相成,长短相形,高下相倾,音声相和,前后相随"(《老子》)。也就是说,事物相互对立的两个方面,既相互联系、相互依存,在一定条件下又可以相互转化。

道家学说也有周行循环的形而上学观念,知足不为的消极人生态度,保守倒退、"知其不可奈何而安之若命"(《庄子·内篇·人世间》)的宿命论。这种宿命论作用在政治上就表现出"无为而治""道常无为而无不为""侯王若能守之,万物将自化"(《老子》)。无为就是顺其自然,在政治上不尚贤,"不贵难得之货,使民不为盗"(《老子》)。为达此目的,老子主张实行"愚民"政策。他号召统治者在统治人民时要实施"虚其心,实其腹,弱其志,强其骨,常使民无知无欲"(《老子》)的政策。老子最理想的社会政治制度是"小国寡民"的原始社会。

③墨子及墨家学派

墨子是墨家学派创始人,也是战国初期的思想家。墨家思想反映了下层劳动群众,特别是小手工业者的性格和需求。墨家的政治主张有兼爱、非攻、尚贤等。在《墨子》一书中,"凡入国,必择务而从事焉。国家昏乱,则语之尚贤、尚同;国家贫,则语之节用、节葬;国家熹音湛湎,则语之非乐、非命;国家淫僻无礼,则语之尊天、事鬼;国家务夺侵凌,则语之兼爱、非攻。"也就是说,只要"兼相爱,交相利",社会上就不会有以强凌弱、以贵傲贱、以智诈愚和互相攻伐的现象了。"三表"是用来验证认知对错的标准,"上本之于古者圣王之事""下原察百姓耳目之实""观其中国家百姓人民之利"。综合考虑事务的事、实、利,根据间接和直接的经验,"三表"绝对否定了唯心主义的先验论,主张应当消除个人主观偏见。

④其他各学派

春秋战国时期,除儒、道、墨三家之外,法家、名家、阴阳家在当时影响也较大。法家是主张法治的一个学派,在战国时期诞生。后来,它成为秦朝主导全国政治的重要思想体系。韩非子构建了完整的法家学说,包括法(政令)、术(策略)和势(权势)等多个方面。韩非子主张变法革新,加强君权,反对世卿世禄制和血缘宗法制;主张发展经济,富国强兵。治国上,他提倡采用严苛的刑罚,同时在文化政策方面强调法律教育、以吏为师,实施文化专制主义。法家所推行的政策,为建立与加强统一的封建国家提出了理论根据。尽管儒家思想自西汉时期开始盛行，但仍然可以发现法家思想也在不经意间发挥着影响力。以严刑酷法为主要手段的法家思想与以教化为主要特色的儒家思想交互为用，对封建统治巩固和延续起了重要的作用。

春秋战国时期的诸子百家学说，对之后中国封建社会的政治、经济和文化产生了深远影响，尤其是儒家和道家思想对中国传统文化主干的形成起了奠基性的作用。中国文化的多元性得以展示，离不开诸子百家在文化探索和创新方面的贡献，这也大致确定了中国文化的基本取向。

（二）秦代至六朝时期

公元前221年，秦朝结束了多年的征战，统一了全国，创建了中国历史上第一个中央集权的封建专制国家。秦朝的统治没有持续多久，很快就在农民的大规模起义中崩溃瓦解，最终被刘邦创建的汉朝所取代。秦汉不仅致力于思想文化的统一，还加强了与外界的文化交流。接下来的中国历史，进入了分裂、动乱的三国魏晋南北朝时期。在那个时代，最明显的特征是打破了过去秦汉以来一统的文化格局。经过境内、境外各民族之间的文化交流与融合，中国文化出现了更为丰富多彩、生动活泼的多元发展局面。

1. 秦汉

秦汉大一统局面的形成，标志着中国文化共同体的形成，在中国文化史上具有划时代的意义。

（1）文化统一与思想统一

秦汉统治者建立了统一的国家后，为了加强和巩固中央集权制，致力于思想文化的统一。

①文化统一

战国时期，因诸侯割据造成了各诸侯国文字、律制和度量衡的不统一。秦始皇完成了整个中国的一统后，消解了各个地区的分歧，引领了全民族走向一致的文化建设。其实施的重要文化统一措施如下：一是统一文字。命令李斯等大臣负责整合和统一文字，以周朝大篆为基础，融合了齐鲁等地独特的蝌蚪文笔画，创造出了另一种名为"秦篆"的全新文字。秦篆字形极为流畅，笔画简练规整，整体呈现出圆润匀称的外观。秦始皇将秦篆作为官方文字在全国范围内推广使用。二是统一车辆形制。秦始皇下令车辆采用统一的六尺宽长，允许车在全国范围内通行。三是统一度量衡。为了解决战国时期不同国家货币和度量衡制度混乱不统一的问题，秦始皇颁布了度同制。四是地同域。废除自周代开始实施的封邦建国制度，打破地区隔阂，统一包括东海、陇右、阴山和五岭在内的广阔领土，并通过大规模移民、边境开发和中原文化的传播，实现了不同地区人民的统一。

秦始皇在加强专制君主集权政治的同时，也促进了秦国各地区之间在经济、文化和心理上的共同性，为中国传统文化的发展形成了坚实的基础。

②思想统一

在秦汉时期，不仅文化得以一统，思想学术也同样得以统一，这对于之后中国文化的发展产生了深远的影响。公元前213年，秦始皇为了加强专制统治，采纳了李斯的建议，颁布了"收天下书不中用者尽去之"的焚书令和挟书律[1]。次年，卢生、侯生等方士、儒生私下指责秦始皇专任狱吏、贪于权势，秦始皇大怒，将"犯禁者四百六十余人，皆坑之咸阳"，这就是历史上有名的焚书坑儒事件[2]。在特定的历史条件下，秦始皇采取统一思想的措施是必要的，但是焚书坑儒毁灭了大量的古代文化典籍，造成了中国文化史上的一次空前浩劫。

（2）恢宏的文化精神

秦汉王朝的规模宏大，气象壮观。秦国、罗马和孔雀王朝是三大世界级国家。汉朝的疆域比秦朝更广阔，在当时，只有罗马可以与之匹敌。秦汉帝国之所以强大，受益于新兴地主阶级活跃的建设朝气，同时在统治阶级掌控下的文化风气也引发了开拓创新的热潮。秦汉文化中，宏大和壮丽的精神追求成为当时社会风气的主旋律，从长城万里绵延、阿房宫宏大壮观，到秦始皇陵兵马俑规模巨大、气势恢宏，这些都是展现秦汉文化辉煌成果的重要表现。

中国文化共同体在开拓进取、包容广阔的时代精神影响下，不断推动工艺、学术创作迈上新高度，同时也促进了中国与世界各地文化的交流与互通。在文学上，汉赋、乐府诗和散文成绩斐然，不但盛极一时而且留下了许多名篇佳作，成为一种富有特色的文体楷模；在史学上，《史记》《汉书》两部巨著的诞生具有划时代的意义，开创了中国史学的新纪元；在数学上，有了《周髀算经》《九章算术》等著作，有了勾股定理的最早记载；在天文学上，有了我国现存最早的天文著作《五星占》，还有最早的太阳黑子记录，张衡发明了浑天仪、候风地动仪等仪器；在医学上，有了世界上最早的全身麻醉法"麻沸散"，世界上最早的健身操"五禽戏"，产生了《神农本草经》《伤寒杂病论》等医学著作，出现了张仲景、华佗等著名医家，建立了传统医学的体系。

在秦汉时期，中国优秀的传统文化通过多方位、多层次的文化交流，在东、

---

[1] 吕思勉.中国简史[M].西安：三秦出版社，2020：57.

[2] 谢无量.中国哲学史[M].北京：应急管理出版社，2022：9:1.

南、西三个方向与外部世界进行了广泛的沟通和交流。汉代创办的丝绸之路是最著名的文化沟通渠道之一，它让中国丝绸及其他主要产品进入了西域和欧洲市场，同时也引进了西域、印度等地的文化成就。这种中外交流的经济和文化活动越来越频繁，为中华传统文化注入了绚丽多彩的元素。

2. 魏晋南北朝

在魏晋南北朝时期，长时间的战乱和割据已经达到了四个世纪之久，破坏了封建帝国的集权政治和经济体制。随着时代的变迁，儒学主导的文化模式已不再盛行，多元化的文化发展格局变得更加鲜活生动。

（1）玄学兴起

在魏晋时代，涌现出一种被称为"玄学"的文化思潮，它是在特定历史背景下，将儒家和道家的思想相互融合而成。

东汉末年，统治阶级的腐败与儒家学说所宣扬的"仁政""礼治"等社会伦理规范截然相悖。在意识形态领域，居于支配地位的儒家学说被烦琐解释而"经学"化，已无力为东汉统治集团作粉饰。黄巾起义所宣传的平等思想，也从根基上动摇了封建的等级观念。社会剧烈动荡，封建统治集团面临严重危机。

严酷的社会现实有力地宣布了儒学的"不周世用"和思想的虚伪，统治阶级需要一种新的意识形态替代汉代儒学，于是玄学应运而生。玄学家们特别推崇《老子》《庄子》和《周易》，将其奉为"三玄"。玄学产生之初，与儒学发生过较为剧烈的冲突。玄、儒二学虽然相互排斥，却也有相互吸收的一面。玄学以道家思想解释儒家经典，援道入儒，儒道兼综。玄学保留了儒学维护上下尊卑的纲常名教，摒弃了董仲舒的天命论，融进了道家的"道""无"，以"无"作为宇宙的根本准则。

此外，作为一种本体论哲学，玄学在魏晋时期有助于人们形成理想人格。受到其"贵无"思想的影响，魏晋士人对现实极为不满，采取了远离政治、自命清高的态度。他们要么讨论一些玄远高深的抽象哲理，隐喻时政；要么徜徉山水之间，追求一种怡然自得的恬然生活；要么放浪形骸，有违礼法。

玄学主张在真实生活和情感中体验到"无限"的感觉，这一追求将玄学与美学紧密联系在一起，成为魏晋美学的核心。

（2）道教创立

早期道教主要有两个分支：一是于吉、张角创立的"太平道"，因信奉《太平经》为经典而得名；一是张陵创立的五斗米道，因信奉者出米五斗而得名。东汉熹平年间，张角曾利用太平道组织和领导了黄巾起义。道教从张陵开始，正式奉老子为教主，以《道德经》为主要经典。东晋的葛洪、北朝的寇谦之、南朝的陆修静和陶弘景，逐渐将道教改造成了为地主阶级门阀士族服务的贵族宗教。经过魏晋南北朝的改造，道教作为一个完整意义上的宗教已基本定型，隋唐时又有较大发展，成为与佛教相抗衡的一大宗教流派。

道教作为一种重要的宗教流派，包含了一般宗教所具备的特点；道教作为中国原创的宗教，蕴含着独特的文化元素和民族特色。道教的教旨是神仙思想，以长生成仙为目标。道教的养气健身术、房中术、炼金服丹术等，都体现了在宗教观念上同传统的哲学流派、思想息息相通，体现了中华民族重现实、重现世的民族性格。道教还试图将儒学的伦理道德理念融入教义和规范之中，与玄学对待儒学的态度基本上是一致的。

道教与道家之间的关系需要明确的是，道家是道教的主要思想渊源，但是道家不同于道教。道家是老子开创的学术派别，而道教则是一种宗教。道教在形成过程中，为了提高其地位便假托老子为教主，奉《道德经》为经典，故而容易模糊两者的界限。

道教观念中有反映下层人民要求生存权利以及平等互助的思想，道教文化中对古代医学、化学、药物学、养生学等都有自己独到的见解，并提供了许多有价值的材料，对中华文化的发展产生过重大的影响。

（3）佛教传播

魏晋南北朝时期，随着道教的兴盛，佛教也开始从南亚次大陆逐渐传入魏晋文化中。

佛教作为外来宗教，起源于印度，在两汉之际（公元1世纪）传入中国。到魏晋南北朝时期，佛教才得到真正意义上的传播和发展，对中国文化的影响也才日渐广泛和深远，并在传播过程中逐渐融合中国文化而出现中国化。

从两汉之际到南北朝，佛教在我国的传播、发展大致经历了三个阶段：第一阶段，自传入至三国。该时期佛教多与谶纬迷信相混同，并未得到士大夫阶级和上层社会的重视，朝廷不允许汉人出家当和尚。第二阶段，两晋时期，佛教依附于玄学。该时期玄学之风大兴的氛围和西晋黑暗腐朽的政治环境，为佛教的发展提供了土壤。总之，玄学与佛教发生了紧密的交融，以至于其已几乎完全融合于佛教的体系之中。第三阶段，南北朝时的佛教逐渐摆脱玄学，走上独立发展的道路。

佛教与玄学之所以能很好地融合，重要原因之一就是玄学的"贵无"论与佛教"一切皆空"的思想相通。当时中国流传的佛学主要是般若学。般若学的基本特点是视世界万物为因缘和合所生，没有固定不变的自性。由于般若学的"空观"与玄学的以"无"为本的哲理意趣相接近，所以佛教与玄学迅速调和。在理性主义文化环境的影响下，佛教也纳入了思辨求理的文化，同时，玄学的追随者也借助佛教的般若心经思想，提升本身的玄解，这使得佛教更加普及。佛教文化的流传对中国文化产生了深远的影响。

（4）儒、玄、道、佛的冲突与整合

魏晋南北朝时期，形成了中国传统文化史上儒、玄二学和道、佛二教相互冲突、相互融合的多元激荡的文化奇观。

在魏晋南北朝时期，儒、道、佛、玄思想互相竞争、排斥、吸收、融合的情况格外激烈。这导致了意识形态结构的变动不稳定，并促进了文化融合运动的发展。同时，北方各少数民族如匈奴、鲜卑等入主中原，与汉族进行文化交流与融合，使得魏晋南北朝时期的文化呈现出了丰富多样的面貌。在文化相互交融、融合的过程中，中华优秀传统文化得到了广泛而深入的发展。

（三）隋代至元代时期

魏晋南北朝时期，儒、玄、佛、道多元文化相互冲突与融合，推出了气势恢宏的隋唐文化。隋唐时期的宏伟壮阔造就了该时期史诗般的文化。以安史之乱为转折点，中华优秀传统文化出现了大的流转，由大气的唐文化转向了精致的宋文化。唐文化具有开放、外倾、色调浓艳的特点，宋文化则具有相对封闭、内倾、色调淡雅的特征。

1. 隋唐

公元581年，隋文帝灭亡陈国，结束了数百年来社会动乱、四分五裂的局面。公元590年，隋文帝统一南北，结束了南北对峙的局面。此后，隋朝和唐朝积极经营少数民族地区，扩张疆域，建立了多元民族的统一封建国家，中国古代社会进入了盛世时代。在隋唐时期大一统的环境下，各民族之间的文化交流日益密切，中外经济文化交流也空前扩大，同时还继承了魏晋以来汉族的传统文化。可以说，该时期的文化发展充满了兼容并蓄的宏大气派。

（1）隋唐文化发展的社会历史条件

隋唐建立初期，统治者比较开明，社会矛盾趋于缓和，实行开明专制，采取儒、道、佛三教并举的政策。提倡儒学，用儒家的忠孝伦理规范人们的行为，增强社会的向心力；大力推崇佛、道二教，作为安定社会、净化风气的有力手段。在隋唐时期，政府设立机构趋于完善，确立了旨在集权的三省六部制，为封建王朝的延续奠定了制度基础。科举制度的实施使得人才的选拔不再因为家世而有所偏袒，而是以人才的才学为评判标准。它进一步加强了封建制度的稳固性，并成为后世广泛参考的制度。

隋唐时期经济的繁荣和国家的强盛使得其总体实力胜过其他国家，这一情形推动了中外文化之间的互动交流，吸引其他国家纷纷派遣使者来华学习，长安成为中外文化汇聚的中心，中国文化被传播到世界各地。在那个时期，中国文化达到了最为辉煌的顶峰，吸引了来自世界各地的使者前往学习，而长安则成为国内外文化交流的中心。因此，中国文化得到了全球的广泛传承和传播。与此同时，隋唐文化也以博大的胸襟吸纳异域文化，异域的宗教、医学、音乐、舞蹈等涌入中国，丰富了隋唐文化的内容。中外文化交流达到了中国文化史上的高潮。

隋唐时期，经济繁荣、社会稳定促进了科技发展，科技发展又反过来促进了经济、文化的繁荣。该时期科学技术取得的成就有：恒星位置变化的发现，以及地球子午线的实测在世界天文学史上具有重要地位；雕版印刷术的发明在人类文化传播史上意义重大；孙思邈的《千金方》为中国医学之经典；大运河的开凿促进了南北经济、文化的交流；赵州安济桥是现存世界最古老的、跨度最长的单孔石拱桥；唐都长安城的对称布局、棋盘格式的规划和建设，成为古代建筑史上的杰作；唐三彩更是中外驰名的瓷器极品。所有这些，都为中国古代经济、文化和科技的发展谱写了新篇章。

（2）兼容并蓄的宏大气魄

在国力强盛的隋唐时期，世俗地主阶级知识分子充满活力，带动了文化的气派向着积极探索、包容并纳的方向发展。例如，唐太宗以及其儒生官僚群体，实行了开明的集权政治制度，积极推动了文化创意的多样化发展。他们在意识形态方面实行了三教并存的政策，没有独尊某种文化。唐朝时期的文化人受到相对宽松的待遇，学派间享有自由辩论的空间，诗人们也鲜有创作禁忌。

唐代文化展现出广阔的胸襟与包容的精神，在汲取外来文化方面尤是如此。长安的国际化程度很高，在增进中外文化交流方面扮演着至关重要的角色。隋唐时期，中国与中亚和西亚地区以及尼泊尔、印度等国家在文化上保持了紧密的联系，彼此之间产生了深厚影响。唐朝通过汇聚南亚的佛教知识、医药学、历法及语言学，中亚的音乐舞蹈，西亚和西方国家的伊斯兰教、祆教等不同宗教，以及医疗技术、建筑艺术和马球运动等文化，成功打造了在文化多样性方面独具特色的帝国。

（3）灿烂辉煌的文化成就

隋唐时期，社会政治、经济和科技的空前发展为文化繁荣提供了沃土。加之外域文化精华的不断注入，成就了隋唐文化的丰硕成果。

诗歌取得了最辉煌的成就，成为我国古典诗歌发展的极致。唐朝是一个全民诗情迸发的国度，全民总动员，社会各阶层诗歌创作热情高涨。文人创作的诗篇也通俗易懂，可以传诵于市井。

唐朝是我国古典诗歌创作的巅峰时期，在这期间，涌现了众多天赋出众的诗人。这里不仅包含了许多知名的诗人如李白、杜甫、王维，还有一些年少有为的天才诗人如杨师道、王勃，还有女性诗人如上官昭、李季兰、薛涛。唐朝诗歌的流派丰富，风格各异，均达炉火纯青的地步，成为后世效仿的典范。

隋唐时期的史学也盛况空前，成就非凡。在唐代，官修史书制度得以确立，设有专门的史馆，史书编撰工作取得很大的成绩，二十四史中有八部是在该时期完成的。史学著作中有了新的创作——《史通》是我国第一部史学评论著作，奠定了我国古代史学理论的基础；《通典》创立了一种新的史体——政书体，开创了我国政治、经济、礼乐、刑法等典章制度分类专史的先例，推动了中国史学的发展。

中国书法在唐代也达到了高峰。该时期的篆、草、行、楷都在前人的基础上创造出新的风格，以楷书的成就最为突出。中国书法界的欧阳询、虞世南、颜真卿、柳公权这四位大家，将唐朝的楷书推到了极致的境界。其中，颜真卿和柳公权被称为"中国书法史上的一代宗师"。

另外，唐朝的绘画也达到了很高的水平。初唐的阎立本是著名的人物写实画家，盛唐的吴道子被誉为"百代画圣"。唐代绘画全面发展，山水画、花鸟画成为独立画科，与人物画争芳斗艳。唐朝的雕塑艺术被广泛应用于石窟、寺观、宫廷、陵墓的雕像以及陶瓷、玉石等工艺品中，均达到前所未有的发展水平。

在唐代以韩愈、柳宗元为核心开展的古文运动，创造出一种适合于反映现实、表达思想的文体，并迅速流传。唐代的传奇小说、乐舞等都有丰硕的成果。

2. 两宋

宋朝分北、南两宋。公元960年，北宋王朝建立。1126年，金人攻破汴京，从此开始对北方长达100多年的统治，同时还爆发了靖康之难。宋室南迁，中华优秀传统文化重心也随之南迁。宋文化独特的气息，可以在那个时期的哲学、文学、艺术以及社会风俗种种方面得到体现。

(1) 理学的兴起

宋代文化的最主要特征之一就是理学兴起。魏晋隋唐以来，儒、道、佛三教既相互排斥，又相互吸引、相互融合，到了宋代凝聚为新的思想结晶——理学。换句话说，理学是在儒学基础上批判地吸纳了道教、佛教的思想而建立的新儒学思想体系，是儒、道、佛三教合流的产物。宋代理学的代表人物有二程（程颢、程颐）和朱熹。

理学是中国历史上重大的新理论建构，在学术主旨和学风上有显著变化。理学家们改变了汉唐以来附注训诂的烦琐学风，注重义理，不拘泥于古训。理学把纲常伦理看作万事万物之所以如此的"天理"，强调人们对"天理"的自觉意识。理学的基本性质和要义，就是为封建伦理纲常寻找本体论基础。宇宙本体为道德修养的最高境界和原则，主张积极入世并在现实中达到崇高的道德境界。因为理学盛行，儒学在中国封建社会后期再次获得了至高无上的地位，成为最完备、最复杂的理论体系，对后世产生了深远的影响。理学认为道德自觉是培养完美个性的关键要素，这一倾向深化了中华民族对正直和品德的坚持，以及积极承担社会责任、使命的文化性格。

与此同时，还要认识到理学中被系统化、绝对化和永恒化了的三纲五常，三纲五常成为维系和巩固封建社会后期等级尊卑秩序、强化封建专制主义的精神支柱。

(2) 雅俗文化共生

与社会政治、经济格局变迁相呼应，两宋文化在类型和样式上浸润着该时代特有的风貌——雅俗文化共生。雅文化是细腻的士大夫文化，与理学强调对知性的反思、注重个体内心的微小变化的趋向相符；俗文化是勃兴、热烈的市民文化，与繁荣发展的商业经济、熙熙攘攘的城市生活的情调相适应。

①以宋词为代表的雅文化

士大夫文化的细腻与精致，通过宋词得到了很好体现。两宋时期，词高度繁荣，词是该时期文学的标志。词起源于市井歌谣，后经文人发展而趋于雅化。宋词最初继承晚唐五代婉约绮丽的词风，适宜描写深刻、细腻的思想和感情，因此传世的宋词大都典雅委婉、清新秀丽。

宋词强调音律和语言的融合，用词精简玲珑，擅长描写独具空灵之美，表现深沉细腻、精湛巧妙。

柳永《雨霖铃·寒蝉凄切》的"杨柳岸，晓风残月"以及《蝶恋花》"衣带渐宽终不悔，为伊消得人憔悴"，秦观《浣溪沙·漠漠轻寒上小楼》的"漠漠轻寒上小楼，晓阴无赖似穷秋。淡烟流水画屏幽。自在飞花轻似梦，无边丝雨细如愁。宝帘闲挂小银钩"，境界虽小而狭，但形象精致，含义微妙，此种细腻、精美是宋词的总体风格。

宋词雅、宋画也雅。到宋代，士大夫以自觉的群体意识投入绘画，把绘画纳入文人生活圈，便产生了文人画的观念和理论。文人画强调诗、书、画一体，偏爱画竹、画梅、画菊，以寓示士大夫的高风亮节，抛弃了绘画中"形似"手法，高度强调神韵。

②市井文化的勃兴

宋词、宋画和理学共同促成了一个华美而广阔的精英文化领域，与此同时，市井文化也开始崭露头角，与精英文化并行发展。市井文化是在热闹繁华的市集活动和熙攘拥挤的街巷中，由富有生命力的市民文化所形成的一种野生文化。

宋代市民阶层的兴起，得益于中晚唐城市经济的不断发展。知名的画作《清明上河图》就是以一个角度展现了当时兴旺的城市社会生活。在五米长的画卷中，张择端栩栩如生地展现了清明节时汴京东南城内外热闹非凡的景象。他真实地描绘了城市里各行各业的人们在勤劳工作和日常生活中的样子，真实地描绘了当时社会的生活状况。在忙碌的城市生活中，人们不再关注涵义深刻、情感细腻的艺术表现，而更加钟情于具有鲜明情调和热烈氛围的艺术风格。因此，市民文化刚一诞生，就拥有广泛的受众，展现出了生气勃勃的野性。

为了满足崛起的市民阶层娱乐的需求，一些新的文化样式应运而生。一些繁华的城市中，固定的游艺场所被称为"瓦舍"，其内部分出的多个表演区域被称为"勾栏"。在瓦舍勾栏中，官兵和平民们聚在一起，气氛异常热烈。不同门类的艺术表演逐一上场，包括说书、皮影、剑舞等多样形式。多样的城市文化共存于同一社会文化下，呈现出蓬勃生气。

（3）发达的教育和科技

中国文化在宋代趋向精致、成熟，古代教育和科技在宋代亦发展到极盛。两宋时期发达的教育主要有两个特点：首先，学校教育制度正在逐渐减少等级身份差异。在国子学、太学、四门学、宗学等教育系统中，太学、四门学皆收庶人子弟，这为低阶官员甚至是出身贫寒但才华出众的人提供了发展的机会。其次，地方学校开始蓬勃发展。在北宋末期，各地的州县都建立了教育机构。发达的教育使宋代人才辈出，整个社会的文化素养大为提高，发达的教育为宋代文化的繁荣提供了基础和条件。

中国古代科技发展在宋代达到鼎盛。中国四大发明中的火药、印刷术和指南针是宋代科技最辉煌的成就,被马克思称为"预告资产阶级到来的三大发明"。百科全书式的人物沈括,创见迭出,他的《梦溪笔谈》对古代科学技术经验进行了总结,是一部卓越的百科全书。除此之外,宋代的地质学、农学、医药学等学科也硕果累累。其他朝代,无论是从科学理论研究还是技术的推广应用方面来说,都无法超越宋代取得的成就。

3. 辽夏金元

自宋朝建立之始,就被外患所困扰。唐朝时期,唐太宗李世民以"天可汗"之名巩固了在附近游牧民族中的威望,并与邻近政权如辽、金等长期对抗。直到元朝建立,大河上下、长江南北在中国历史上第一次统一于一个草原游牧民族之手。该时期的中国文化,在跌宕起伏的大变动中经受了血与火的锻铸,拥有了包容万千的生命活力。

(1)游牧文化与农耕文化的交融

辽、夏、金和元分别是以契丹族、党项族、女真族、蒙古族为主建立的政权。宋朝长期受到契丹、党项、羌、女真和蒙古族等势力的包围和不断侵袭,产生了双重文化效应。游牧民族所产生的游牧文化与汉族农耕文化在撞击和交融过程中各自都发生了变化。

一方面,两宋处于辽、夏、金以及后来蒙古族势力的进攻包围之下,宋文化中流淌着北宋遭到侵略而生的焦虑和南宋失去国家而生的伤痛,这种情感贯穿于文化各个方面,为其注入了豪迈悲壮的气息。在那个充满沉重忧患和悲愤情绪的时代,李清照、辛弃疾等杰出的词人写就了深刻之作,而王安石则在这样的文化背景下提倡改革。

另一方面,汉文化也深刻地影响了契丹、党项、羌和女真等游牧民族,激发了他们的文化发展,促使其形成了具有本民族特色的独特文化。辽采用了与中原汉族相似的官制,并招聘了大量来自汉族地主阶层的知识精英,其朝廷和民众都高度尊重儒家思想。《史记》《汉书》等著作都有契丹译本,深受喜爱。贾岛的诗已经被用作教育儿童启蒙的读物,而苏轼的诗更受辽国人士的推崇和欣赏。西夏政府在官制、兵制、服饰和礼仪等方面都以北宋为蓝本进行了模仿,《孝经》《论语》《孟子》广为流传。在宋仁宗的统治期间,西夏就开始引进中原优秀人才、阅读中原士人的著作、实施中原的司法制度。他们尊崇儒家思想,视其为正宗道统。除了研读儒家经典,他们还涉足《老子》《荀子》等其他学派著作。

在金国,儒学也同样被视为道统,金朝也实行中原的典章和汉朝的考试制度,甚至金中都的规划和建筑设计完全复刻了汴京城。蒙古族以游牧民族气质入主中原，统一中国，但终归被源远流长、博大精深的汉文化所同化。元世祖忽必烈在汉族儒学士大夫的影响下，采用了一系列措施来改变漠北的旧有习俗，整个统治体制遵用汉法，宣扬程、朱理学，对之后的明清文化格局产生了重要影响。

（2）对外开放与中外文化的交汇

元朝时期，中国是当时世界上最强大、最富庶的国家之一，声誉远及于欧、亚、非三洲。元帝国水、陆交通非常发达。当时水路用的船舶，从设备、运载量到航行技术都是最先进的。陆路方面，建立了完善的驿站系统，从元大都和其他城市到中亚、波斯、黑海和黑海之北的钦察草原以及俄罗斯和小亚细亚各地，都有驿道相通。古老的丝绸之路也重新繁忙起来，成为通往西方的重要通道。

发达、便利的交通，促进了中外政治、经济、文化的交流。西方各国的使节、商人、旅行家和传教士往来中国络绎不绝。公元1275年至1291年，意大利旅行家马可·波罗（Marco Polo）遍游中国各大城市，并在元朝做官。回国后，他向西方称述了中国的昌盛和繁荣，完成了《马可·波罗游记》激发了西方民众对中华文化的憧憬和渴望。

元朝对外部世界的开放，使异邦的先进科技流入中国古代科技界。波斯、阿拉伯的天文历法、医药、数学、尼泊尔的建筑艺术等传入中国。例如，天文学家郭守敬，汲取了阿拉伯先进的天文学知识，由此研发了《授时历》。该历法每年的长度是365.2425天，与国际标准公历完全相同，地球公转一周的时长差距仅26秒。

中国文化向西方传播的速度得以加速，得益于蒙古人在西征中的活动。火药是中国的重要发明，先后传入了阿拉伯和欧洲。此外，包括俄罗斯和欧洲在内的许多国家也受到了中国印刷术、历法、数学等方面的影响。

随着国内各族群体之间的交流日益频繁，以及中外文化交流的不断深入，少数民族群体、外来移民也得到了充分的展示才华的机会，为丰富中国文化做出了重要的贡献。世界文化的总体面貌，因此更为辉煌灿烂。

（3）元杂剧的崛起与兴盛

杂剧是元朝文学的代表。元杂剧是在宋、金以来民间讲唱文学的基础上，综合了宋词的成就，并发展了金代诸宫调，融合讲唱、舞蹈、表演等多种艺术形式而成的一种新的戏剧。元杂剧最初盛行于北方，后来流行于南方。元杂剧的崛起与兴盛，既是我国历史上各种表演艺术发展的结果，也是时代的产物。

元朝民族矛盾、阶级矛盾尖锐，人民反抗民族压迫和阶级压迫的斗争，需要战斗性和群众性强的文艺形式加以表现，而元杂剧恰恰适应了这一需求，故应运而生。此时，受科举制度的冲击，文人群体也发生了变化，只有少数文人依附元统治者成为官僚，大多数文人和广大人民一样受到残酷的迫害，部分文人与民间艺人组成书会，投身于元杂剧的创作。此外，元代城市经济的快速发展、南北各大城市的勾栏瓦肆繁盛，为杂剧的兴盛提供了充裕的物质条件。

元代出现了大批优秀的剧作家和剧本，当时知名的杂剧作家达79人。关汉卿是元杂剧最杰出的代表，他毕生写过很多种剧本，保存下来的有18本，其剧本中《窦娥冤》《鲁斋郎》《拜月亭》《单刀会》等是人们喜闻乐见的作品。著名的元杂剧作家还有马致远、王实甫、白朴、纪君祥等人，马致远的《汉宫秋》、王实甫的《西厢记》和纪君祥的《赵氏孤儿》都是数百年来脍炙人口的名作。

（四）明清时期

中华优秀传统文化的发展演变，经历了一个由生长到全盛再到衰落的过程。从文化形态上来看，明清时期不仅宣告了封建文化的没落，同时又是寻找和建构新的思想文化体系的开始。

1. 文化专制

明清两代，是中国漫长的封建社会的晚期，也是中国君主专制制度登峰造极的时代。该时期，民族矛盾、阶级矛盾十分激烈，社会结构、社会分工也发生了重大变化，文化专制也空前严酷地钳制着思想文化界。其突出表现是文字狱盛行，统治者大施淫威。由于用字不当，许多儒生和士大夫遭受了惨重的打击。明清时期的统治者一方面实施文字狱，制造恐怖；另一方面则不断消灭异党，巩固专制。明朝政府设置了特务机构——锦衣卫、东厂等，由皇帝信任的宦官统领，对文人、士大夫进行重点侦缉和迫害。

明清统治者一方面大肆制造文字狱，另一方面则推崇程朱理学作为巩固统治的工具。明洪武三年（1370年）设科举，规定以八股文取士，考试专以四书五经命题，且以朱熹的注为依据。因此，明初学术界，程朱理学一统天下，被推上至尊地位。清政府将程朱理学推至支配人们思想意识形态的地位。康熙极力标榜程朱理学，他编写了《性理精义》，笼络了一批程朱派的学者，给他们封官晋级，称之为"理学名臣"。

乾隆年间，以《四库全书》的编撰为借口，清高宗全面清查了可能危害封建统治基础的非正统学说。乾隆帝还一手操纵了长达19年的禁书活动，在禁令的强大威慑力下，文人士大夫噤若寒蝉。可以说，这是继秦始皇焚书坑儒后，中华优秀传统文化经历的又一次寒冬。

2. 早期启蒙思潮

明清时期文化专制主义的影响加强，程朱理学在思想文化领域占据了主导地位。但是，随着资本主义的萌发，思想界也悄然兴起了一股启蒙思潮。例如，王阳明曾以"狂者"自居，他的"致良知"之说，体现了反对传统烦琐哲学的精神，同时又孕育着异端思想的胚芽。"致良知"之说，虽带有主观唯心主义色彩，但强调人的主观能动性，反对对个人思想和欲望的外部束缚。王阳明的"致良知"学说，强调人的主体性，并批判了传统的统治思想。这一思想成为明朝后期人文思潮的哲学基础。

明清时期，一些知识分子对于封建社会后期所谓的正统文化中的程朱理学展开了辩论和探究，其中的三大思想家——黄宗羲、顾炎武和王夫之反对空谈，将"经世"思潮推向了鼎盛。经世思潮的特征主要表现为：一是对封建专制主义的强烈抗争。二是彻底清算空谈误国的恶劣学风，对程朱理学展开了全面的批判。三是主张经世致用，认为学问须有益于国事。明清时期的启蒙思想家们，虽然对封建专制制度进行了猛烈的批判，但由于历史的局限以及当时中国资本主义还处于萌芽状态，还没能提出新的社会改革方案。

明清时期的市民文学，作为城市经济发展和资本主义萌芽时期社会现实的反映，深刻地揭露了封建制度的弊端，揭示了封建社会必然走向崩溃的历史命运。市民文学的经典著作众多，如《儒林外史》等。总之，早期启蒙思想的萌芽，不仅是对封建制度的批判，实际上也宣告了封建文化的没落，昭示着中华优秀传统文化由中古形态向近代形态转型的开始。

3. 集大成文化

明清时期，中国传统文化发展到了高度成熟期。随着儒学走向衰败、西方近代思想文化的传入，思想家、科学家们对西学产生了浓厚兴趣。他们不仅对中国传统文化、科学技术进行了理性反思，而且在自然科学领域取得了斐然成绩。随着民族交往与融合的进一步加深，大规模的民族文化交流开始出现，中华优秀传统文化更加丰富多彩，中国传统文化发展进入了大规模的全面总结期。

在图书典籍领域，明清时期的统治者投入了大量的人力和物力，收集、挖掘、研究和编辑了几千年间数量庞大的典籍。如《永乐大典》被认为是世界上最古老、最庞大的百科全书；《康熙字典》被认为是世界上最早的字数最多的字典；《四库全书》被认为是世界上装订成册的书页数量最多的丛书。

明清时期在史学方面，也有很大的发展。除了官修的《明实录》《清实录》《元史》《明史》等，杂史、笔记、地方志、学术史等也都颇有成就。

明清时期，杰出的科学家们创作了一批有关医学、水利、农业、天算等的科学巨著。例如，徐光启的《农政全书》收录了历代的农业科学技术资料，记载了当时的农业种植技术，还为读者详细介绍了欧洲的农田灌溉，是中国古代在农业方面最全面、最系统的书籍；宋应星的《天工开物》辑录了纺织、染色、制盐、榨油、造纸、烧瓷、采煤、冶铜、炼铁和制造军火等手工业生产技术，在国内外广受好评，日本甚至由该书发展出了"天工学"。在建筑艺术方面，明清时期的人们建造了一大批气势宏伟、精致雅美、规模宏大的、标志着明清卓越建筑艺术水平的杰作，如北京故宫、圆明园、热河行宫和长城等。除此之外，徐宏祖的《徐霞客游记》、方以智的《物理小识》和梅文鼎的《古今历法通考》都是封建社会晚期科学领域中具有最高水平的作品。

在文学方面，小说和戏剧最为瞩目：文学家们写就了四大名著《水浒传》《三国演义》《西游记》和《红楼梦》；昆曲、秦腔以及徽调改造的京剧都很流行；汤显祖的《牡丹亭》、孔尚任的《桃花扇》等，都是脍炙人口的传世之作。

在学术研究方面，清朝乾嘉年间的学者们对文献进行了前所未有的大规模整理和考证，考据学成为该时期学术的主流，形成了注重考据的学派——乾嘉学派。考据学派的出现，为中国传统学术文化的传承以及向前推进奠定了基石。

第四节　中华优秀传统文化传承意义

一、坚定文化自信的基础

增强文化自信，我们需要在历史文化长时间的发展中汲取经验，注重本民族的文化传承，保护传统风俗习惯，坚守中国本位立场，坚持中华民族优秀文化的基础，维护中华民族灵魂的家园。可以说，我们的文化根基稳固程度以及文化自信的牢固程度，由我们对传统文化进行深入理解和广泛认同的程度所决定。我们需要尊重传统文化，不能摇摆不定或不加分析地全盘否定它。要知道，优秀传统文化是我们增强文化自信、团结奋斗的思想基石。

巩固文化自信的基础，是推崇和宣扬优秀传统文化。在过去几十年中，我们见证了社会对传统文化态度的巨大转变，经历了20世纪80年代末的文化大讨论以及国学流行的时期。21世纪以来，传统文化也正在推广中大力发展。这一进程逐渐帮助我们克服了文化否定情绪。如今，我们能够更加理性地看待传统文化，并意识到它与现代化的关系并非矛盾，反而可以相互促进和推动。因而，我们必须努力将我国特有且富有魅力的传统文化传承发扬，并与前沿的马克思主义和社会主义文化融为一体，助推先进文化的振兴。

通过学习中国文化的历史发展进程，我们可以深切体悟中华文明的精髓，深刻理解中华民族的演变历程，并更好地了解民族精神和民族历史。现代中国不是孤立地存在于历史时间中的，而是伴随着中华民族历史的延续与现代衍生存在。为增强文化自信，我们可以深入探究中国的历史和文化，从根本上打好基础，并以此为依托制定更为合理的发展政策。我们需要继承优秀传统文化的精髓，同时为其注入新的活力，进而推动我们当代文化的发展和建设。

科学思维的运用帮助我们揭示了传统文化与现代社会相辅相成的契合之处，它不仅帮助我们树立了对文化的自信心，也让我们更深刻地认识到了文化的重要性，从而加深了对文化自信的坚持。我们应当把弘扬传统文化的价值放在全面巩固文化自信的核心位置。只有认识并弘扬传统文化的价值观和道德审美，才能始终铭记我们的文化价值观，从而在文化竞争中保持初心。同时，我们还要积极参与全球文明对话，并对其保持平等、开放的态度。

二、强化民族认同的法宝

民族认同感，是指一个人对自己所属的民族感到认同和自豪，展现出对本民族的文化、历史、传统和价值观的认同和接受。这种情感涵盖了对自己所属民族的身份的认同，即确认"我是这个民族的一员"；还包括对自己所属的民族身份的赞同，即确认"身为所属民族的一员，我感到自豪"。"认同"和"赞同"相辅相成，一起构成了民族身份认同的情感基础，增强了民族凝聚力。民族身份认同的情感基础越坚实，民族团结和凝聚力就会更加强大；反之，民族团结和凝聚力便不强。传统文化是加强民族认同的关键因素之一，它潜移默化地影响着我们对自身身份和价值观的理解。当今中国追求中华民族伟大复兴，这个目标需要我们更注重增强每个中国人的归属感，从而形成能凝聚人心的、达成共识的民族凝聚力。中华优秀传统文化是汇集包括海外华人华侨在内的中华儿女共同精神归宿的文化宝库。保持和弘扬中华优秀传统文化，意味着不断地强调和确认民族的文化个性和中华儿女的民族认同。这项任务意义深远而且富有挑战性，需要我们不断努力。

中国文化博大精深，是世界文化大花园中一朵盛开的奇葩。中华民族的核心精神在于爱国主义，还包括团结一致、爱好和平、勤勉勇敢和不断进步等优秀品质。中华儿女对于祖国深切的归属感也由此而来。中华优秀传统文化是融入中华民族基因血脉的坚实力量，是中华民族生生不息、继往开来的精神支柱。在新时代，我们要创造性转化、创新性发展中华优秀传统文化，在扬弃继承、转化创新中弘扬和发展中华优秀传统文化，使其与现代社会相适应、与人们精神文化需要相契合，推动构建中华民族共有精神家园，助力社会主义文化强国建设。

中华民族上下5000年历经风雨洗礼愈挫弥坚，优秀传统文化如影随形，始终为中华儿女个人的思维方式和成长发展提供精神领航。坚守中华优秀传统文化的行为准则，能够在新的时代背景下塑造中华民族的优秀品格，穿越事业发展征程中的迷雾惊涛破浪前行。中华优秀传统文化蕴含的核心价值内涵丰盈，经久不衰，在当代依然焕发出勃勃生机和独特的魅力。中华优秀传统文化注重把人的精神生活纳入社会理想，融汇成底蕴深厚的价值观念和文化传统，代代传承，绵延不绝，成为中华优秀传统文化独特的信仰支柱和精神追求。

在社会理想、发展理念、价值观念、思维方式和审美品位等方面，我们中国人有很多相似之处。这些共同点提供了重要的基础，帮助我们整理思路、建立认知。党的十八大以来，我们完成了全面建成小康社会的伟大目标后，也明确表达了实现中华民族伟大复兴、实现中国梦的愿景。正如习近平总书记所说的，"中国梦是一种形象的表达，是一个最大公约数，是一种为群众易于接受的表述。""中国梦"一词的提出让人们自然地想到历史上繁荣时期的治世，比如"文景之治""贞观之治""开元盛世"和"康乾盛世"等，因而受到了广大民众的认可、热情欢迎和支持。它在推动思想观念的整合和共识的凝聚方面扮演了至关重要的角色。当前，"中国梦"这一理念已经深深烙印于中华儿女心中，成为大家共同追求的目标。党的二十大报告指出，"全面建设社会主义现代化国家，必须坚持中国特色社会主义文化发展道路，增强文化自信，围绕举旗帜、聚民心、育新人、兴文化、展形象建设社会主义文化强国，发展面向现代化、面向世界、面向未来的，民族的科学的大众的社会主义文化，激发全民族文化创新创造活力，增强实现中华民族伟大复兴的精神力量。"

中华民族的优秀传统文化是中华民族的基础和核心所在，它涵盖了中华民族的文化基因和思想体系，为中华民族的强盛发展提供了重要的保障。此外，它还在文化层面上为推动中国特色社会主义提供了思想支撑，是中华民族实现伟大复兴的重要精神支柱，同时也构成了中华民族在国际文化环境下保持自信的坚实基础和独特优势。在5000多年文明发展的进程中孕育的中华优秀传统文化，其蕴含的核心思想理念、中华传统美德和中华人文精神，为中华民族的快速发展提供了良好的内在支持和不断滋养的动力。只有更全面地认识中华优秀传统文化在当代社会中的重要价值和时代内涵，才能更好地塑造中国精神、中国价值观与中国实力，为中华文化的新发展注入不断的动力。我们只有全面客观地深入学习、理解中国历史，才能深刻理解中华优秀传统文化，才能挖掘出其优秀内涵，把中华优秀传统文化所蕴含的思想观念、人文精神、道德规范进行创造性转化和创新性发展，使中华优秀传统文化更好地融入日常生活、走进人民大众。中国传统文化蕴含丰富的思想深度和包容创新的特质，其价值在于促进思想上的共识，并激发智慧力量的共鸣和凝聚。

三、维护国家文化安全的保障

从广义上讲，国家文化安全是指保护国家的主导文化体系、社会意识形态、基本制度、语言文化符号、学术知识群体和宗教信仰等核心文化元素，以避免外来势力或敌对势力对其进行破坏和颠覆。这样，国家就可以拥有充分的文化自主权，在尊重本国的文化传承的同时，建立各民族之间的高度文化认同体系。国家文化安全包括政治意识形态和文化精神内涵两个方面。前者是保障国家文化安全的核心，后者是确立国家和民族认同的基础。

文化是国家和民族生存和发展的基础，它见证了国家和民族的历史成就，同时为未来的进步奠定了基础。此外，文化还推动了国家政治的稳定和经济的发展，同时还为人民提供了可靠的道德支持。本土文化的存在若受到威胁，将会催生文化和民族的危机并引发一系列风险和挑战。国家文化安全是保障国家安全的重要组成部分，同国家政治安全和国家经济安全一样具有同等重要的地位。

维护国家文化安全是一件非常重要的任务，这关系到国家在文化领域的自主权、民族团结、国家总体实力以及和谐社会的建设等方面。因此，我们需要深刻认识到维护国家文化安全的重要性，必须认识到继承和发扬优秀传统文化对于维护国家文化安全的意义。我们应该努力学习和汲取中国传统文化中的精华，同时坚定地支持马克思主义在思想意识形态方面的领导地位。此外，我们要积极培养自身创造力，助力打造独具中国风格的先进社会主义文化。应当弘扬传统美德，树立国民道德标准，以此巩固国家文化安全，使其得到长久稳固的保障。

四、培育社会主义核心价值观的资源

社会主义核心价值观中涵盖了个人、社会和国家的价值观念，这些价值观念与中国传统文化中的"修身、齐家、治国、平天下"（《礼记·大学》）思想有着共同的渊源。中华优秀传统文化的内核包括了许多值得倡导的精神，比如"天行健，君子以自强不息"（《易经·乾卦》）的人生态度，"己所不欲，勿施于人"（《论语·颜渊》）的优秀品质，以及个体独立意识、忧患意识等等。就个人而言，支持爱国、献身职业、信守诚实和友好待人的价值观，这些观点传承了儒家"君子与人为善"（《孟子·公孙丑上》）等思想；就社会而言，广泛宣扬的自由、平等、公正和法治的理念对应了儒家的"己所不欲，勿施于人"等思想；就国家而言，追求的富强、民主、文明、和谐，体现了"礼之用，和为贵"（《论语·学而》）等传统思想。可以看出，社会主义核心价值观中融合了中华传统文化的独特个性和历史文化的深厚背景，展现了中华民族典型的优秀品质和精神。

社会主义核心价值观中蕴含着中华优秀传统文化提供的丰富精神财富。社会主义核心价值观汲取了中华传统文化的精华，经历提炼、扩展和完善的过程，最终培养出自身充实的内涵。若未融合优秀传统文化的养分，社会主义核心价值观将失去源泉和基础。我们培育和实践社会主义核心价值观，需要结合中华优秀传统文化，大胆挖掘中华优秀传统文化的精髓，继承并宣扬融合爱国主义、改革创新的民族精神和时代精神。应该利用好原有的文化财富，以文化人、以文育人，培养各个领域的人才，将中华传统文化作为社会主义核心价值观的重要支撑。

社会主义核心价值观中蕴含着中华优秀传统文化提供的丰富思想道德资源。中华文化中蕴含的传统美德，是塑造我们核心价值观的重要来源。社会主义核心价值观继承了祖先们在道德和规范方面数千年来所积累的智慧。例如自强不息、厚德载物的思想，为人们提供了一条追求道德境界和实现梦想的坚定路线；"以民为本、安民富民乐民"（《尚书·五子之歌》）的思想，凸显了为政者应注重惠及民众，让人民安居乐业的价值观；"仁者爱人、以德立人"（《孟子·离娄下》）"为政以德、政者正也"（《论语》）的思想，强调了重视人民的福祉、通过道德治理实现国家繁荣稳定的观念。我们应当认真领会其道德精髓，积极倡导用道德来治理国家、培养人才，追求卓越的道德理念，积极弘扬中国优良传统美德，让这些美德在适应新的历史环境的同时得到更好的发扬和传承。

中华优秀传统文化是核心价值观的宝贵文化资源库。中国具有悠久的历史和灿烂的文化传统，积淀了众多令人惊叹的文化和精神成果，这些成果流传至今仍广受人们赞誉和推崇。中华优秀传统文化为全球文明的进步和繁荣做出了卓越的贡献。经历了漫长的历史洗礼，中华优秀传统文化以一种温润而持久的方式潜移默化地影响着我们每一个人的精神世界，贯穿于炎黄子孙的血液之中。它蕴含着丰富多彩的文化形式、思想和精神内涵，这些都是社会主义核心价值观的宝贵财富。我们应该不断汲取历史文化中所蕴含的营养，以此来传承中华优秀传统文化。可以挖掘传统文化中的成语典故、诗词格言、传统美术、民间工艺、楹联灯会等文化形式，用其彰显中国独有的特色和气质，进一步加强社会主义核心价值观的文化基础。

五、建设中国特色社会主义的支撑

中国特色社会主义是根据中国国情实施的社会主义制度，其特征是在共产党的领导下进行建设，与传统社会主义有所不同，并且与其他国家的社会主义模式也存在差异。它必须遵循马克思主义的基本原则，朝着社会主义的方向发展，也必须同时考虑中国的独特情况，不能盲目地照搬与沿袭其他国家的经验，而是应该寻找和选择适合中国国情的发展道路。也就是说，马克思主义在中国的发展必须要结合我国的实际情况，其中也涵盖了与我国传统文化的结合。

中华优秀传统文化的继承与弘扬贯穿了遵循马克思主义指导思想，紧扣社会主义建设的方向，走有中国特色的发展道路的过程。在中国，坚持马克思主义和传承中华优秀传统文化是相辅相成的过程，两者在建设中国特色社会主义的过程中都起到了不可或缺的重要作用。马克思主义中国化和中国传统文化现代化可以被视为同一过程中两个不可分割的方面。中国要使马克思主义符合本国国情，就需要将其与中国优秀传统文化相结合。与此同时，中国优秀传统文化现代化的过程中也必须融合马克思主义理论。

将中国传统文化现代化并非只是简单地舍弃传统，而是应将其纳入马克思主义研究的范畴，在新型社会主义环境下广泛并富有创意地进行发展。在中国特色社会主义的发展过程中，我们应该高度重视并发扬中国传统文化的精髓，继承优秀的传统价值观念、人文精神和文化传统，使其与当代的价值观念相契合，从而不断充实和丰富中国特色社会主义的内涵，把中国特色社会主义伟大事业向前推进。习近平总书记在党的二十大报告中指出，"全面建设社会主义现代化国家，必须坚持中国特色社会主义文化发展道路，增强文化自信，围绕举旗帜、聚民心、育新人、兴文化、展形象建设社会主义文化强国，发展面向现代化、面向世界、

第一章 中华优秀传统文化概述

面向未来的、民族的科学的大众的社会主义文化，激发全民族文化创新创造活力，增强实现中华民族伟大复兴的精神力量。"可见，文化是一个国家、一个民族的灵魂。中国特色社会主义文化发展道路是中国特色社会主义道路在文化领域的延伸和具体化，为我国文化建设指明了前进的方向，反映了党中央在新的历史方位上对文化建设的新构思。

第二章 思想政治教育概述

本章为思想政治教育概述，讲述了思想政治教育的理念与原则、思想政治教育的主体与环境、思想政治教育的内容与方法、思想政治教育的本质与吸引力、思想政治教育的文化意蕴、思想政治教育与社会主义核心价值观等六个方面的内容。

第一节 思想政治教育的理念与原则

一、思想政治教育理念

以科学的教育理念培养人，运用教育理论指导教育实践是教育界的首要任务之一。教育理念是广大教师在实践中不断总结出的宝贵的育人经验，符合时代发展趋势，具有科学性和指导性。在思想政治教育工作中需要着重培养与树立的理念如改革创新理念、全面发展理念等。

（一）改革创新理念

1. 改革创新的基本原则

（1）解放思想、实事求是

解放思想、实事求是，是毛泽东思想、邓小平理论和"三个代表"重要思想的精髓。作为以党的基本理论为指南的思想政治教育改革创新，也必定要坚持解放思想、实事求是。只有解放思想、实事求是，才能敢于研究新情况、解决新问题、创造新成果。坚持解放思想、实事求是，必须以党的最新理论成果为指导。党的最新理论成果，是在科学判断党的历史方位的基础上提出来的，是我们党艰辛探索和伟大实践的必然结论，也是指引思想政治教育改革创新的根本指导思想。坚持解放思想、实事求是，必须坚持发展的观点，积极适应国家建设的需要。这要求思想政治教育要适应新的变化，在教育内容、方法手段和管理机制等方面改革创新；坚持解放思想、实事求是，必须从我国的实际情况出发，开阔视野，放眼世界，有选择地吸收外国的有益经验，使思想政治教育得以丰富和发展。

（2）保持优势、创新发展

思想政治教育改革创新是一个复杂的系统工程，既要有创新精神，又要有科学态度。保持优势，创新发展，实际上是强调思想政治教育要在继承优良传统的基础上改革创新，这是思想政治教育发展的客观要求，是一条必须遵循的客观规律。坚持保持优势，创新发展，必须有利于巩固和加强大学生思想政治教育的基础性地位。思想政治教育是教育的基础性课题，是进行科学文化学习的前提与基础。思想政治教育的改革和发展必须有利于继续巩固和加强其基础性地位；坚持保持优势，创新发展，必须有利于充分发挥思想政治教育的作用。思想政治教育的作用是否能得到充分发挥，受制于多方面因素。思想政治教育的改革创新，就是要研究在新的历史时期，哪些因素有利于思想政治教育作用的发挥，并对这些因素进行促进和发展。

2. 改革创新的主要内容

（1）拓展思想政治教育的新领域

总体说来，思想政治教育的新领域主要是指两个方面：其一是社会主义市场经济环境中的思想政治教育，其二是指抵制腐朽思想文化中的思想政治教育。市场经济和思想政治教育之间在本质上是一致的。从市场经济建设过程来看，人们在经济体制转轨过程中产生的一些困惑，必然会反映到大学校园中，这就迫切需要思想政治教育去解决。市场经济中的利益杠杆等原则，给学生思想带来的负面影响，给大学教育环境带来的巨大冲击，都需要加强和改进思想政治教育来加以遏制。市场经济越发展，思想政治教育就越重要，解决建立社会主义市场经济体制所引发的各种问题，就是思想政治教育改革创新需要开辟的新领域。

（2）形成思想政治教育的新体系

制度建设更具有根本性、全局性、稳定性和长期性。研究和制定政策和制度，是大学生思想政治教育的重要任务，也是大学生思想政治教育的重要内容。新世纪思想政治教育的改革创新，必须把政策制度的调整与完善作为重点。要着眼于新的历史时期和社会主义市场经济环境中出现的新情况，及时进行补充、调整和完善，加快改革步伐，以形成政策制度的新体系。既要及时适应新情况，积极地实验与实施，又要坚持稳妥可靠，深入调查研究，反复科学论证，不能朝令夕改，甚至顾此失彼。要通过相关政策制度的研究和制定，逐步形成一套促进教育长远发展、思想政治教育充分发挥作用的政策制度体系。

（3）探索思想政治教育的新手段

科技含量的高低，是衡量大学教育的重要标志之一，也是衡量大学生思想政治教育水平的重要标志之一。在信息时代，必须积极运用各种先进的科学手段，加大思想政治教育自身的科技含量，把先进的科学手段运用到思想政治教育中。当代高科技的迅速发展、新的科技成果的出现，为思想政治教育提供了新的载体和条件，为精神产品的开发和传播，提供了前所未有的方法和手段。把教育信息和现代高技术结合起来，发展思想政治教育的载体；广泛利用现代化媒体，建立"网络思想政治教育"等，都是大学生思想政治教育必须拓展的新领域。

（二）全面发展理念

在思想政治教育中，我们讲全面发展教育，主要目的在于帮助学生树立全面发展教育观，引导学生思想道德素质、科学文化素质、健康素质的协调发展。根据学生全面发展教育的目的，我们可以把全面发展教育的基本内容归纳为思想道德素质教育、科学文化素质教育、健康素质教育三个方面。

1. 思想道德素质教育

思想道德素质是指个体通过接受一定的教育和参加实践活动，经过自主、理性地思考后，形成一定社会或阶级所要求的思想观念和道德准则，并自主、自觉与自愿地做出相应行为的素质与能力。一般来讲，大学生思想道德素质包括思想素质、政治素质和道德素质三个方面。思想道德素质教育是学生素质教育的灵魂，学生是实现中华民族伟大复兴的希望，他们的思想道德素质状况直接关系到全面建设社会主义现代化国家的目标能否顺利实现。在新的历史条件下，加强学生的思想道德素质教育，努力提高他们的思想道德水平，对于弘扬中华民族伟大民族精神和时代精神，在社会上形成良好的道德风尚，加快推进社会主义现代化建设具有十分重要的意义。

2. 科学文化素质教育

科学文化素质教育包括科学素质教育和人文素质教育两个方面，这两个方面又是紧密联系、相互渗透、不可分割的。科学文化素质教育的具体内容包括很多方面，从德育的角度来讲，学生科学文化素质教育的重点在于培养两种精神——科学精神和人文精神。这两种精神是科学文化素质教育的核心。

（1）科学精神的培养

科学精神是在科学行为和科学知识成果中提取出来的价值观念和行为标准，它是人们在长期和复杂的科学研究中逐步塑造和发展而来的主观精神状态。科学精神鼓舞着人类摒弃无知、追求真实和创新，从而持续推进社会向前发展。不管是在西方的文艺复兴时期，还是我国的"五四运动"时期，无不显示出科学精神的巨大作用和深刻影响。科学精神是在科学活动的过程中形成并发展起来的，因此，科学精神的内涵也随着科学活动的不断推进而不断得到充实和发展。目前，科学精神内涵丰富，最本质的要求是实事求是和持续创新。所以，在培养学生的科学精神方面，重点应放在以下几种核心精神上。

第一，坚定不移的求真精神。科学研究是一种艰苦的工作，通向未知世界的道路绝对不是平坦大道，这条路上布满了荆棘，只有付出辛勤的汗水，矢志不渝，才会获得成功。

第二，尊重事实的务实精神。科学是老老实实的学问，来不得半点虚假和浮夸。只有尊重事实，从实际出发，以实践作为检验真理的唯一标准，才能正确认识客观世界，揭示事物的客观规律。

第三，勇于批判的怀疑精神。对于所有的科学创新行为来说，怀疑始终是其核心的起点。哥白尼最初对地心说持怀疑态度，后来提出了日心说，而达尔文则是基于对上帝造人说的怀疑提出了进化论。科学的进步和发展是基于对前人学说的持续质疑和批判。

第四，勇于开拓的创新精神。科学能够创新和发展依赖于作为其精神的推动力和动力来源的创新精神。科学行为是基于已有的知识去探寻未知的东西，进而揭示和理解这个世界，其核心是具有创新性的。发现新的问题、处理新的问题、获得新的成就，这既是科研人员的职责，也是评价他们工作能力的标准。

（2）人文精神的培养

人文精神代表了一个民族或文化的核心精神和生命力，它体现在人们的思考和行为中，具体为信念、愿景、价值观、人格特质和审美取向。它是特定环境里各类精神价值的综合，是时代文化精神的核心。以人为中心，重视人的实际存在及其最终的价值，这不仅是人文精神的核心，也是人文精神产生的根本原因。在中外教育历史中，人文精神的培育与人文修养的教育都拥有着深厚的传统背景。如我国古代儒家所提倡的"君子""大丈夫"等理想人格教育，近代蔡元培先生提出的"普遍教育的宗旨在于养成健全的人格"等，都是重视人文精神培养和人文素质教育的光辉典范。人文精神是一个历史范畴，在不同的时代有不同的主题。当代人文精神培养的基本内容是根据社会发展需要和目前学生人文素质的现状来确定的，它主要包括独立人格教育、道德理念教育、人生态度教育和终极关怀教育四个方面。

第一，独立人格教育。独立的人格特质构成了培养人文精神的根基和前置条件。一个人只有首先在人格上具有独立性和自主性，不盲目地听从别人，有自己的意见和主张，才谈得上具有人文精神。畏畏缩缩、唯唯诺诺、趋炎附势，连人的尊严都丧失了，又怎么谈得上具有人文精神呢？

第二，道德理念教育。一个人不仅要成为一个独立的人，而且还要成为一个有道德的人。要教育大学生爱人如己，推己及人，设身处地为他人着想；要"先天下之忧而忧，后天下之乐而乐"，具有仁民爱物的胸怀；要热爱自然，保护环境，维护生态平衡。

第三，人生态度教育。在对人生的态度上，要教育大学生具有积极乐观的人生态度，自强不息，开拓进取。人的一生不可能是一帆风顺的，逆境和顺境总是交替出现，伴随人的一生。要教育大学生身处顺境时，不得意忘形，要居安思危；身处逆境时，不怨天尤人，要坚韧不拔，百折不挠，勇往直前。

第四，终极关怀教育。人文精神是现实性和超越性的统一。它既是一种现实关怀，体现现世性的精神追求；又是一种终极关怀，体现了人对超越有限、追求无限的一种渴望。它具体表现为理想和信念。要引导人树立共产主义远大理想，在社会主义现代化建设事业中以自己有限的生命获得无限的人生意义。

科学精神和人文精神是人类精神家园的两大支柱，二者之间是相互联系、相互渗透、相辅相成的。科学精神和人文精神都源于人们对至真、至善、至美的向往和追求，从根本上看，它们是相同的。培养科学精神应该得到人文精神的支持和协助，而人文精神的培养也应该有科学精神的适当引导。缺乏人文精神的科学精神不等同于本质上的科学精神，同样，没有科学精神的人文精神也仅仅是一种不完整的人文精神。所以，在进行思想政治教育的过程中，科学精神教育与人文精神教育的融合是不可或缺的，应当克服只重视科学精神教育而忽视人文精神教育或者只重视人文精神教育忽视科学精神教育的错误倾向。

3. 健康素质教育

健康是学生成才的重要保障，已成为人们的共识。健康的含义，包括生理和心理两个方面的内容。1948年，世界卫生组织表示，健康是身体、精神、心理和社会上的完好状态，并不是完全没有病症或羸弱的情况。因此，这里的健康素质教育主要包括两个方面，即身体健康素质教育和心理健康素质教育。

身体素质是人的素质发展不可缺少的物质基础。身体健康素质教育也就是我们通常所讲的体育。从德育方面来讲，身体健康素质教育就是要教育学生树立"身体是革命的本钱"的观念，促使他们积极参加体育锻炼，增强体质，做到劳逸结合。只有拥有健康强健的身体，才能开展其他一切活动，才能全力提高其他方面的素质。

心理素质可以定义为在认知、情感和意志中所展现的求知欲望、审美能力、团队合作、独立思考和持之以恒的精神。它是个人整体素质的一个极为重要的方面，良好的心理素质是人学会适应社会、具有良好人际关系、形成健全人格的重要保障。近年来，许多有关学生心理健康状况的调查资料显示，当代大学生心理矛盾日渐增多，由此引发的心理问题也日渐突出。学生心理健康问题越来越受到社会的广泛关注，加强学生心理健康素质教育成为大学生思想政治教育的一项紧迫任务。根据学生心理健康的基本标准和目前大学生当中普遍出现的心理问题和心理疾病，我们把学生心理健康素质教育内容分为以下几个方面。

第一，积极适应性教育。进入大学，面对一个与以前截然不同的新环境，众多学生可能会展现出不同程度的适应性问题，这有必要对他们进行有针对性的适应性教育。我们需要培育大学生适应新环境的能力，协助他们掌握解决心理问题的各种方法和技巧，以便他们能更快地适应新的生活环境，并保持心理健康。

第二，健康情绪教育。大学阶段的学生正在经历一个独特的成长阶段。当学生面临环境的转变以及来自社会和家庭的压迫时，他们很可能会遭遇迷茫、焦虑、孤单、自卑、沮丧和内心的空虚等心理问题。如果这些障碍不被及时解决，可能会对他们的健康发展和才华展现产生严重的负面影响。因此，应该教导学生理解人的情绪健康标准和自身情绪的变化特性，教会他们如何感知和表达自己及他人的情绪，掌握情绪调节的技巧，以保持一个积极乐观的心态。

第三，坚强意志教育。目前，大部分学生所处的成长环境相对较好，缺少对艰难生活的锻炼，对生活抱有过高的期望，缺乏面对困难的心理准备，不少人意志力薄弱，耐挫力差。对此，应引导学生充分认识意志的作用，激发他们以坚强毅力和顽强精神去克服困难的勇气，增强学生的心理承受力，鼓励他们持之以恒、百折不挠地向着既定目标前进。

第四，健全人格教育。人格障碍是学生心理健康中比较突出的一个问题，对学生的健康成长构成了很大的威胁，因此，人格教育是心理素质教育的核心和关键。要引导学生气质、动机、人生观等各方面平衡协调发展，培养他们适中合理的思考问题的方式、恰当灵活的待人接物态度，使他们能与社会的步调合拍，也能与集体融为一体。

第五，人际交往教育。维护大学生的心理健康，良好的人际交往是至关重要的。因此，我们需要协助大学生掌握人际交往的技巧，使他们学会与他人交流、相互帮助和分享经验。在与他人的互动中，培养大学生宽宏大量、尊重他人以及乐于助人的高尚品格。

（三）全员、全过程、全方位、整体性育人理念

全员、全过程、全方位、整体性育人理念注重强调整合学校、家庭、社会、学生个人的力量，使之共同参与到思想政治教育的育人机制中去，构建一个"由内到外、由点到面"的多元化育人路径，所有路径都依赖于自身的特长，利用有效的沟通和交流来确立全员参与育人的目的，并最后创办协同承担育人责任的联盟。

1. 学校育人

学校要进一步加强和改进学生思想政治工作，注重校园文化建设，尤其要关注学风、校风及教风的改进，不仅要做好学生思想政治教育工作，还要改善教师思想政治教育工作，从而形成齐抓共管、全员育人和全过程育人的机制。

（1）加强思想政治理论课教师在"全员育人"中的基础地位

思想政治教育不只是向学生灌输思想理论等知识，其任务重点及目标是改变学生的思想观念和行为模式，使学生由"知"到"信"再到"行"。

首先，要加强理论课教师素养培训，使思想政治理论课教师熟悉心理学及教育学知识，在学习和借鉴世界范围内学生道德教育经验的基础上，不断探索德育规律。

其次，要加强思想政治理论课程建设，丰富、更新教学内容，改进教学方法，创新教学制度，不断提高"育人"的实效性。注重开展讲座、研讨会，加强各教研机构、专家学者、教师、学生之间的交流，形成理论成果，并将之用于指导思想政治理论课教学。

（2）充分发挥辅导员队伍在"全员育人"中的骨干作用

首先，要充分重视辅导员，增加其责任感和成就感，注重提高辅导员地位和待遇。要建立辅导员选拔制、培训制、评价制、管理制等制度，通过政策保障、岗位准入、管理培训、职业规划等一系列措施达到强化辅导员职业归属感的目的。

其次，要明确辅导员岗位职责，使之对自己的工作目标、工作任务、工作权限以及责任有进一步的了解，更好地在日常管理中总结教育经验，改进工作方法，提高教育成效。

（3）加强民主作风建设，发挥行政管理人员在"全员育人"中的作用

学生事务部门和后勤支持部门等应当紧密合作，快速建立起全员参与教育的

工作架构。学校涉及的学生事务范围相当广泛，要求学校内部的各个行政管理部门，比如事务部门和后勤支持部门等，共同参与和管理。作为学生管理的核心部门，事务部门要对学生进行日常的思想引导、行为指导，同时助力他们的成长和发展；教务部门的职责是为教务和教学管理提供服务，同时也会参与学生学习和教师教学活动的规划、评估和监督等多方面的工作；学校人事部门通过制定人力资源政策和人事管理制度，对全校的人事进行协调，整体规划师资队伍等；高校后勤管理部门的本质是育人，这一特性通过为教育、教学、科研服务体现出来，其服务质量越好，教育性就越强，所以后勤管理部门要根据教育教学需要，合理安排后勤工作，如根据教学工作的季节性，放假前进行全面检查、全面清扫，假期里进行全面维护与整修，开学前做好迎新准备等。对行政管理部门而言，要注重改良工作作风，提升工作效率等。

另外，"全员育人"的理念也强调了老师和学生的平等地位。作为管理者要尊重学生、理解学生、爱护学生，以自己良好的思想道德品质教育和影响学生，使学生在与管理人员的交往中，感受其良好的品德乃至其人格的魅力，从而真正做到"管理育人"和"服务育人"。

2. 家庭育人

家庭在学校教育中的参与，构建了家庭与学校的协同效应，这已经变成了现代教育的显著特征。家庭教育具有学校教育和社会教育难以取代的作用，家庭教育是个人成长、成才的基础。将家庭、学校、社会教育结合起来，建立全社会共同育人的大教育体系，才能全方位优化育人环境。家庭、学校教育相结合的思政教育途径主要有如下几个方面。

首先，家长会是家校联系、合作的主要方式，这种家长与学校面对面交流的方式，传统而有效。家长会可以使家长和老师集中交流，增进对彼此的了解与支持。在会上学校可以向家长宣讲一些教育孩子的好方法，为家长解答一些关于教育的疑惑。家长会成功地在家庭教育与学校教育之间建立起了连接和交流的纽带，实现了学校教育和家庭教育的共赢目标，这对于孩子的健康成长来说是极其有意义的。

其次，家访是维系教师、家长、学生的又一纽带，在学校教育中起着不可替代的重要作用，家访具有电话、手机、网络等沟通方式不能取代的优点，教师与家长面对面的沟通更加亲切、直接。

最后，用现代教育理论知识，对有关学生家庭教育的情况进行问卷调查；利用个别谈心等对学生的心理健康状况进行测试等。

3. 社会育人

在大学生教育工作中，政府和社区等都承担着特定的责任和义务，他们都应该用自己独特的方法来协助完成大学生的教育任务。

第一，所有的科研机构和农村地区等，都应该根据自己的实际情况，给学生创造动手操作的机会，真正承担起教育学生的职责。

第二，所有层级的党委和政府都需要创设良好的教育环境。例如，公安机关需要对学校附近的环境进行整顿，确保学生活动场地的风气得到改善。

第三，媒体和公众也要肩负起育人责任，营造积极健康的社会环境。

4. 学生自我教育

推行"学生成长自我教育制"是一种能够有效引导学生进行自我管理和自我教育的方法。

第一，创建一个针对学生自我教育的机构。例如，可以创建社团、自律委员会等机构，来指导学生进行自我教育和自我成长，这样有利于培养学生的素养和良好的德行。

第二，实施富有活力且高效的自我教育行动。实施多种方式的自我教育行动，鼓励学生以主人翁的态度来进行自我教育，有利于培育他们的自我教育、自我约束等技能，进而实现教育的目标。

（四）开放理念

随着经济的快速发展和时代的进步，全球化已经成为趋势，各种思潮和文化也随着经济全球化而互相影响，相互碰撞。市场经济的影响，西方自由、民主、平等等多元化价值理念全面冲击大学生思想政治教育。在各种思潮的影响下，大学生思想政治教育再也无法像以前一样，期望在一个相对封闭的环境中来开展，刻意截堵各种观念思潮的入侵更是螳臂当车。为此，大学生思想政治教育必须顺应时代潮流，树立开放教育理念，积极应对挑战，把大学生思想政治教育自觉融入时代潮流之中，使之永远立于不败之地。

全球化是当今世界发展的基本趋势，各国之间相互依存度增强，为寻求更好的发展，各国以一种开放心态积极参与国际竞争与合作。在这种背景下，大学生思想政治教育要保持对别的国家、民族的新鲜感和敏锐力，不断吸取别国思想政治教育的经验。在教育内容上，要注重对大学进行开放性教育，使其对别国文明持理解、认同、尊重、宽容的态度，还要教导大学生如何从更多的角度去认识自身的能力，以及如何对待自身遭遇的所有困难。如果大学生把自己的命运、国家的未来、人类的发展轨迹以及地球的运行规律联结起来，就有可能成为"大器"。我们的目标是培育那些能够从国家发展状况的角度出发，在全人类共同进步的大背景下，奋发图强的大学生。

世界经济、文化的交融，需要共同的规则。而我国正处于社会转型期，法律法规还不健全，社会出现了一些"规范"的"真空"地带，这造成人们或不知所从，或言行不一。规范意识不强是当代大学生的一个比较明显的缺陷。因此，在大学生思想政治教育中，对大学生实施开放思想和规范观念的教育是不可或缺的。但如果没有长时间培育他们的守法观念，这一目标是无法达成的。

在进行大学生的思想政治教育时，确立开放的教育观念对于全面的思想政治教育进程来说是至关重要的。

第一，这将有助于进一步完善大学生的思想政治教育教学改革。一方面，尽管大学生的思想政治教育需要与我国的实际情况相契合，并为我国的社会主义建设提供服务，然而在全球化的大背景下，思想政治教育也必须研究与国际标准的对接。我们的目标不仅是培育优秀的中国公民，还包括培育优秀的全球公民，这也是大学生思想政治教育工作中应当树立的新观念。在大学生的思想政治教育中，民族性与世界性不是相互冲突的，它们实际上是相互推动的。民族性的强度越高，其在国际上的意义也就越大。相反，如果不与世界接轨，那么民族性的进一步加强可能会受到限制。另一方面，在大学生的思想政治教育过程中，确立一个开放的教育观念，对于思想政治教育的目标群体而言具有深远的实践价值。教育者在进行思想政治教育时，一定要基于大学生的情感和价值观，确保教育的目标、内容和路径都与大学生的个性相契合。在大学生的思想政治教育过程中，开放的教育观念和大学生的实际情况是非常切合的，这对于优化大学生的思想政治教育工作来说是具有深远意义的。生活在新时代的大学生们热衷于探索新的东西，他们善于寻找新的生活模式，并具备强烈的博弈、平等和开放的观念，同时也展现出了高度的公民责任感。在新的时代背景下，怎样掌控时代的脉搏，紧密跟随时代的发展趋势，用一种全新的姿态和积极的心态来迎接这个开放的世界，成了教育领域高度重视的议题。对于大学生思想政治教育来说，如果我们不对其内容和模式进行改革，仍然采用落后的模式，就难以在大学生的思想教育中产生积极的结果。

第二，这将有助于加速中国对外界的开放进程。在大学生的思想政治教育中，一个核心的部分是要从中国的历史脉络，尤其是近现代的历史发展中，深刻理解改革开放所带来的优势，进而笃定地走上建设具有中国特色的社会主义之路。近代以来，中国与世界呈现出了一种双向互动关系，中国取得了飞速发展。当前中国正处于走向世界的黄金机遇期，需要"开放型"的人才贡献力量，大量"开放型"人才的培养将必然推动中国走向世界的步伐。

二、思想政治教育原则

思想政治教育的基本原则指的是在进行思想政治教育时，人们一定要遵守的核心原则。这些原则准确地体现了思想政治教育的客观定律，科学地概括了教育实践的经历。这些原则还能指导老师在教育过程中如何恰当地维护好各种关系，怎样选择合适的教学方式，以及怎么提高教学的成果，从而有利于达成教学的目标。深入且精确地理解思想政治教育的核心理念，关键是要清楚多种表达方式，并明确思想政治教育的基本原则与其固有的原则和方式间的联系。

所有事物都遵循一定的规律，在这浩瀚的世界中，一切都是如此。思想政治教育的核心原则是由人们的思考方式和实际的教育实践共同形成的，它代表了思想政治教育在其演变过程中的基本、必然和长久的联系。这些原则揭示了人类在思想和政治教育方面的内在规律。在思想政治教育中，规律与原则的相互关系揭示了客观与主观、决策与被决策之间的错综复杂的联系。原则不是我们探索的起点，它是我们最终的发现。这些原则并不是直接应用于自然或人类的历史进程中，而是从其中提炼出来的。唯有在与自然和历史相契合的前提下，这些原则才会被认为是对的。如果思想政治教育严格恪守教育规律的实际需求，并科学地理解、有效地应用这些需求，同时准确地了解这些需求所反映的社会和历史背景，教育就能够实现其之前设定的目标与成果。思想政治教育的基本原则是基于对思想政治教育客观规律的个人理解而形成的，它是对这些规律的积极体现，同时，它也满足了思想政治教育的客观规律所需的基础条件。因此，思想政治教育的固有规律为制定思想政治教育的原则提供了基石，而这些原则正是思想政治教育规律的明确展现。在多数情况下，思想政治教育的内在规律不以"规律"这两个字的方式呈现。有些是用"规律"这个词来描述的，有些是通过原理来解释的，有些则是以"原则"的形式呈现的。当思想政治教育的内在规律以"原则"的方式呈现时，这些规律便成了原则，而原则亦即是规律。思想政治教育的基本原则是基于人类对已知的思想政治教育规律的理论总结，它体现了人们对这些规律的理解和把握的深度。

思想政治教育的基本原则是在思想政治教育的理论引导下形成的，本质上是思想政治教育理念在实际教育活动中的应用。在思想政治教育的理论体系中，许多观点和内容，都被视为必须遵循的基本准则。例如，当我们探讨物质和精神之间的联系、灌输的理念以及如何妥善解决两种性质不同的问题时，我们能够逐步构建出这些论题相应的原则体系。

思想政治教育的实施方式是在思想政治教育原则的引导下进行的。在思想政治教育领域，并非所有教育手段都能成为基本准则。仅有在实际应用中证明了其效果和实用性的方式，才能被视为原则。在思想政治教育中，融合各种关系和教育元素以合成教育力量，进而提升教育的成果，属于辩证教学的范畴，能够被视作原则。例如，将思想政治教育与经济业务工作相结合，或是将增强思维意识和处理具体的问题结合起来，又或是结合学校、家庭和社会的教育方法，加上具有科学依据和有效性的教学技巧，这些不仅是教学的方式，同时也是基本原则。

在思想政治教育的实践中，这些原则在不同的领域、层次和方面展现出了不同的特点。因此，针对思想政治教育的原则，既要进行科学的定义，还要进行科学的分类，这样才能更清晰地理解其层次结构。

（一）哲学原则

哲学的原则不只是人们在认知和实践中的基础准则，同时也是指导各种活动的核心原则，因此它也被视为最高层次的指导原则。

1. 实事求是原则

从认识论的视角出发，探讨了实事求是这一基本原则。实事求是原则，其实是将理论和实际紧密结合，实现理论和实际有机结合的原则。在所有的实践任务中，我们都应当将理论与实践紧密结合，确保主观和客观、认知和实践的完美融合。我们必须坚守"实"的原则，进入到实际工作中去，真实地了解情况，坦诚地说出真相，追求实际效果，真正地付诸实践，并确保其得到有效的执行。除了其他任务，思想政治教育工作也不例外。在进行思想政治教育时，我们必须遵循实事求是的原则。这意味着我们需要基于实际情况，将理论与实践相结合，并根据具体情况、个体、事件和时间来制定策略，以确保思想政治教育的实效性。更明确地说，首先，教育的内容必须是基于事实的。我们需要紧扣社会的进步和时代的变迁，结合改革开放和社会主义市场经济的宏观背景，真实地讲述事实，说出真实的观点，并指导学生树立坚定的理想观念，纠正他们错误的思维方式。其次，教育的方式应该是基于事实的。我们需要有指向性地开展思想政治教育，按照目标受众的不同，选择多样化的教育策略和方法。

实事求是是共产党成员用具有中国特色的措辞，对马克思主义的核心观点、基本要求和基本方法进行的高度总结，它是党的思想路线的精华。习近平总书记明确指出："我们之前的所有进步都是基于实事求是的原则。目前，我们要持续推动具有中国特色的社会主义事业向前发展，仍然需要依赖实事求是的原则。"习近平新时代中国特色社会主义思想的核心思想是实事求是，这一理念在新时代中国特色社会主义的各个方面都得到了体现。

2. 群众路线原则

从历史观的视角出发，对群众路线这一核心理念进行了深入探讨。从马克思主义唯物史观的视角来看，人民群众在历史进程中扮演着主导者的角色。每一次行动都是出于对群众的关心和考虑，所有事务都是在群众的基础上产生并最终回归到群众之中，这构成了我们党的群众路线。历史经验持续地向我们展示，只有当党的群众路线得到有效执行时，党与群众之间的联系才会更为紧密，这也将有助于推动我们的各项事业不断前行；反之，可能会遭遇障碍。因此，坚决走群众路线不仅构成了成功工作的基础保障，也反映了思想政治教育的内在需求，更是新环境下"讲政治"观念的集中体现。在开展思想政治教育活动的过程中，坚守群众路线的核心理念意味着我们必须全身心地服务于人民，坚定地信赖和依赖他们，高度尊重他们的创新能力，并始终按照"从群众中来，到群众中去"的原则行事，这样我们才能确保思想政治教育得到广大民众的支持。

3. 联系发展原则

从唯物辩证法的视角出发，探讨了联系发展这一基本原则。唯物辩证法明确了物质世界的普遍联系和永恒发展，这是一种系统性的研究，涉及自然、社会和思想运动变化的普遍规律，不仅是世界观，也是方法论，更是思想政治教育必须坚持的原则。唯物辩证法中，对立与统一是其核心理念。该观点认为，在全球的各种现象和进程中，都有两个既有冲突又有相互联系的对立面存在。这两个对立面在某种程度上既是统一的又是斗争的，且推动了事物的变革和进步。为确保达到教育主体与客体之间的和谐统一，我们必须对这两方面的矛盾关系进行深入的辩证分析。因此，对两者辩证关系的认识也就成了研究思想政治教育理论必须要面对的问题。遵循唯物辩证法的联系发展原则意味着老师和学生需要相互作为主体和客体，并在思想引导、情感沟通和信息反馈这几个方面构建一个双向互动的关系，且这种关系将有助于推动思想政治教育走向更加健康的发展方向。

（二）时代原则

我们所处的是一个全新的纪元，其中，改革显然成了这个时代最显眼的象征。在我国改革开放的历程中，所有的社会实践活动都必须满足时代的需求，并遵守时代的基本原则。时代原则是符合现代科学标准、展现时代发展精神并与人类思维模式相一致的原则，它们揭示了人类社会发展的趋势。

1. 服务建设原则

党的十一届三中全会，把党的工作中心转移到经济建设上来，坚持四项基本原则，并持续推进改革开放的核心策略。在推进具有中国特色的社会主义建设过程中，党的所有任务都必须紧密围绕并致力于发展经济建设这一核心目标。在过去几十年，尤其是改革开放政策实施以来，注重建设一直是中国共产党的重要方针，在思想政治教育方面取得了良好成效。建设的核心是以积极的教育方式为主导，强调积极的理念，树立积极的典范，确保前沿和美丽的事物能够占据社会主义的意识形态领域，关注新事物，展望未来，并致力于培养新一代的人才。

2. 民主法制原则

推进依法治国、建设民主政治已经成为当今时代的一股新潮流。社会主义民主是民主原则的核心，其主要原则是确保人民群众在思想政治教育中发挥主导作用，以社会主义的民主理念、民主作风和民主手段为引领，开展思想政治教育。教育者应遵守民主的原则，确保尊重学生的中心地位，并用平等的心态与之进行沟通，从而营造一个民主、平等且充满活力的教育环境。我们应当具备民主的思维、作风和手段，来实现对人的尊敬、关照和保护。同时，思想政治教育者要和学生处于同等的地位，而且要有耐心和细心，避免使用说教的方式，尽可能地研究出一个思想政治教育的主客体积极交流的方式。遵循民主法制的基本原则意味着要确立法治的核心价值观，加强对法律的认识，完善相关的法律法规，利用法律工具，将内部限制和外部限制紧密结合，持续推动思想政治教育向制度化和法律化方向发展。

3. 系统整体原则

系统论持有这样的观点：在这个世界上，每一样事物都可以被视为一个系统。系统是由多个相互影响和依存的元素根据特定的结构组合而成，它是一个具有独特功能的有机整体。系统论追求的核心目标是确保系统的总体功能超过其各个部分功能总和的上限。为了实现这个目标，我们一定要遵循系统的整体性、层次性和开放性等原则来理解和改变事物。系统方法的核心思想是基于整体系统的视角，全面而准确地研究对象，在整体与要素、层次与层次、整体与环境之间的相互影响下，挑选出整体中最适合解决问题的办法。

思想政治教育可以被视为一个完整的系统，它由教育的目标、对象、方法和评估等多个子系统组成。依照"四有"新人的总体目标，并坚持人性、公民性和阶级性的社会总体目标和个体的发展路径，思想政治教育得以开展。人们的思维意识和道德修养是在庞杂的环境中塑造和成长的。尤其在当前，由于人们生活在更为庞杂和广泛的环境中，所以将所有方式都运用在教育中变得尤为关键。与孤立的教育相比，综合教育具有更为独特的价值，它能够创造出新的教育动力。在教育过程中，我们需要充分利用所有教育元素、所有教育力量和所有教育影响，来实现教育的综合发力。

4. 预测预防原则

《礼记·中庸》："凡事预则立，不预则废。""预"实际上是预测和预防的意思。例如，在下棋时，我们需要多观察几步，这样才能更好地把握胜利的机会，这种多看几步棋的策略，我们称之为"预"。为了在新的时代背景下更好地开展思想政治工作，我们需要从国际、国内以及历史和现实的多个维度出发，深入探讨新环境下对当代大学生思维活动产生影响的客观条件和核心特征。我们还需要正确地审查和处理可能干预当代大学生思维活动的关键隐患，为新时代的思想政治工作创造良好的前提条件。在进行思想政治教育时，我们必须遵循预测预防的原则，这意味着我们需要从被动应对转向主动预防，从恶性循环转向良性的发展，从而提高思想政治教育的前瞻性和实效性。

5. 创新创造原则

创新被视为现代精神和社会发展的趋势，社会需要在创新的过程中不断前行，事业也需要在创新的推动下持续发展，所有人都应在创新的过程中不断进步。在进行创新时，我们一定要妥善平衡继承与创新之间的关系。继承不仅是基础，也是前提，如果没有继承，思想政治工作的根本就会被忽视。创新是推动发展的关键，如果缺乏创新，思想政治工作就会失去其活跃性，无法满足新的任务需求。现代思想政治教育的核心是推动人的道德现代化，它强调人的中心地位，重视每个人的主体性。创造性被视为人类主体性发展的最高境界，因此，在现代思想政治教育中，培育个体的创造力应被视为核心目标。这意味着在思想政治教育过程中，我们需要融合创新的思维，改变传统的教育观点，创新教育方式，并引导学生掌握判断、选择和创造的能力，从而让思想政治教育成为一个能够推动人们形成自主创新能力的发展型教育。

（三）本体原则

本体可以理解为本源、本质或始基，它代表了事物能够诞生和成长的根本和依据。本体原则在思想政治教育中占有独特的地位，它深刻地体现了思想政治教育的特色，揭示了思想政治教育的固有规律，满足了思想政治教育的独特性需求，并作为思想政治教育和其他事物在原则上的区别标准。此外，本体原则既为思想政治教育的目标和功能提供了服务，也对其进行了约束。

1. 灌输与疏导相结合原则

科学社会主义的奠基人一直将灌输当成工人阶级获取科学知识的关键手段。灌输论不仅是科学社会主义思想的核心部分，还是无产阶级政党实行思想政治教育的首选方法。在进行思想政治教育时，我们必须遵循灌输的原则，并以积极的教育为核心，科学地传授马克思主义的理论，帮助学生确立正确的世界观、人生观和价值观。在思想政治教育中，说理是最根本的方式和策略。说理的核心理念是遵循正面教育和积极疏导的方针。疏导，实际上就是对事物进行疏通和引导。疏通意味着广纳众言，鼓励大家自由表达自己的观点，毫无保留地发表意见。所谓的引导，即是通过谆谆教导，将学生的思维引至一个更为积极、健康和正确的方向。疏通和引导相辅相成。疏通是进行引导的基础，而引导则是达到疏导效果的最终目标。如果不进行疏通，正确的指导是无法达成的；如果没有适当的指导，那么疏通就会变得毫无意义。遵循灌输和疏导相结合的原则取决于党和社会主义制度的本质。这一原则既是基于合理解决人民内部矛盾的理论，也是思想政治教育实践经验的概括，还是强化思想政治教育的前提。

2. 解决思想问题与解决实际问题相结合原则

物质利益构成了人类生活和进步的基础，而人们对物质的需求则是推动他们进行生产和其他各种活动的核心驱动力。从根本上说，思想政治教育是通过马克思主义的世界观来启发人们准确理解个人的物质利益，并为获取到自己的利益去努力。在进行思想政治教育时，我们必须遵守这一核心原则，要关注民众的苦难，适度强调物质利益的重要性，但杜绝将其作为思想政治教育的替代品。遵守解决思想问题与实际问题相融合的原则意味着我们需要培养学生观念，关心学生的感受和需求，全身心地为学生排忧解难。对于那些可能导致思想问题的实际问题，我们必须迅速采取行动，确保工作始终处于前沿。我们还需要辩证地看待群众中出现的所有思想问题。任何因为实际问题引发的思想问题，都应该在开展思想教育时处理实际问题，并在处理实际问题时开展思想教育。

3. 教育与自我教育相结合原则

自我教育被视为教育的顶峰。在教育的全过程中，自我教育扮演着至关重要的角色。教育与自我教育的融合意味着以教育为基石，最大限度地激发受教育者在思想政治教育中的核心意义。我们要鼓励学生将教育的目标转化为个人的内心诉求，主动地对个人的思维和行动进行评估、调整和塑造，从而培育出优秀的思想和道德品质。在推进自我教育的过程中，我们需要将个体的自我教育和集体的自我教育紧密融合，同时也要将自我教育和外部的教育结合在一起。我们必须真正强化学生对自我教育热情，帮助学生熟悉社会的思想和道德标准，让他们能够清楚自我修养的准则，并教育他们要借助学习和实践的方式来增强自我教育的能力，确保他们可以主动地根据社会的规则来约束自身的行为。

4. 有意识教育与无意识教育相结合原则

通常情况下，人的思维觉醒并非自然形成的，它需要外部系统的持续注入。为了确保马克思主义的理论、科学的世界观、人生观和价值观能够深深地刻在人们的心中，我们需要坚持有意识的教育和坚持不懈的灌输。然而，人的理想信仰、道德情操和行为习惯的塑造是一个极其麻烦的过程，该过程实际上是将有意识的教育和无意识的教育结合了起来。无意识这一概念，指的是人在生活中可能没有意识到的心理活动，它代表了一种隐秘的心理方向，作为人类精神活动的核心部分，对人的思维和行动产生了显著的作用。当提到无意识教育时，其实指的是一种教育方法，这种方法并不会被学生自己所察觉。老师会根据设计好的教学内容和计划，为学生创造特定的环境，指引着他们去体验和感悟，从而让学生在不知不觉中学到知识。无意识教育和有意识教育是有区别的，它并非直接阐述哲学思想，其实是将教育的意图和目标融入有关的行为中，在悄然无声中进行教育。讨论哲学思想而非讲大道理，这有利于借助有意识的行为来给学生灌输具有教育意义的哲学思想，提高思想政治教育的影响力。

思想政治教育中，还存在着其他众多的原则。比如说，结合身教和言教的理念，身教超过言教的原则；结合物质奖励和精神激励，以精神激励为核心的原则；将表扬和批评融合在一起，以表扬为核心的原则。如果我们全方位、系统性地建立并科学地理解这些原则，就能够真正地做好与思想政治教育有关的实践活动，这有利于增强思想政治教育的积极性、实效性和创新性。

第二节 思想政治教育的主体与环境

一、思想政治教育主体

现代思想政治教育视野中，思想政治教育的主体包括思想政治教育的教育者与受教育者，本书思想政治教育的主体仅指思想政治教育的实施者，即教育者。

（一）思想政治教育主体的含义

为了准确地理解和掌握思想政治教育的主体，并深入掌握其科学含义，我们一开始需要熟悉与思想政治教育主体有关的一些核心学说。

第一，单主体说。单主体的两个观点：教育者主体说和受教育者主体说。二者都坚持了思想政治教育主体一元论，认为其主体只有一个。"教师单一主体论"主张，教育过程的核心是教师按照特定需求，有目标地开展教学活动，真正的主体是教师。"学生单一主体论"认为，教育过程是学生认识教师所传授的知识的过程，真正的主体是学生。从传统的角度看，思想政治教育的核心参与者被视为思想政治教育的实践者，他们不仅具备特定的教育技能，还会参与思想政治教育相关的认知和实践活动，即单子式主体。单子式主体的观点仅把教育者作为主体来看待，过于强调教育者的主导作用，教育者拥有绝对的权威，注重教育者对思想意识形态强制的施加，把外界刺激归结为内在动力生成的唯一的因素，忽视了受教育者以及介体、环体的积极因素，过分依赖单一的强制性的外部灌输方法，使教育对象始终处于被动接受地位，不利于教育对象自主性、能动性和自由性的培养。但现代教育理念下，教师主体论者并不是否定或排斥以学生为中心、"以人为本"的理念，也不是不注重学生主体性的发挥，而是强调在方法论上，应以学生为中心，并给以充分的理解、信任和尊重，使客体的主体性得到充分发挥。

第二，"双主体"说。无论是老师还是学生，他们都是积极的参与者，都拥有教育的主动性，所以他们都是思想政治教育过程中的核心参与者，抑或是，老师与学生之间存在相互的主体和客体关系。从开展教育的视角出发，老师是中心，而学生则是被教育的对象。从接受教育的视角出发，学生是中心，而老师则是被教育的对象。在整个教育活动中，老师起到了关键、积极和主动的角色，他们是教育过程中的核心参与者。学生不只是教育过程中的被动接受者，他们也是教育活动的实际执行者。他们不仅要吸收知识和遵循社会规则，也要积极地去理解和执行这些社会规则，成为教育活动的核心参与者。在思想政治教育的过程中，老师与学生之间建立了平等的双向交流关系。从教育的认知阶段开始，老师就应当强调学生的主体性，满足其特别的需求，将认知和认同两个阶段转化成教学活动的两个层面，从而让学生遵守规则，进而约束自己的行为。教育者与受教育者都作为思想政治教育的主体，二者构成了"主体—主体"的关系，及两个主体之间的交往关系。现代教育理论认为人的思想品德是在活动和交往过程中形成并得以表现和检验的。教育者与受教育者是平等互动的主体间关系，是完全平等的，有独立性、自主性、自觉性、创造性的主体。

第三，多主体说。这个学说主张，老师是教育的主体，学生、介体和环体也有可能是主体，所以不仅存在一个主体，而是存在多个不同的主体。多主体观点强调了学生、介体和环体在思想政治教育中的核心地位，虽然有其优点，但是，其坚信所有事物都能成为思想政治教育的主体，这其实是一种泛主体论的学说。泛主体论对真实的思想政治教育主体进行了否定，并对其主导地位进行了贬抑，从本质上讲，它是一种无主体的学说。

第四，相对主体说。这一学说主张，思想政治教育中的主体与客体是相互关联的，它们之间的界定并不明确，唯有在特定的思想政治教育背景下，才可以明确区分主体与客体。这一学说确实体现了思想政治教育主体的相对性，然而却未能充分认识到思想政治教育主体的绝对性。

上面提到的各种学说其实是源于对思想政治教育主体意义的差别化解读。作为哲学范畴的主体是有目的、有意识地从事实践活动和认识活动的人。因此，思想政治教育的核心应当是人。在思想政治教育体系中，关键的参与者包括老师和学生。老师扮演着实践和认知的角色，他们是思想政治教育的发起者和执行者，和思想政治教育的目标对象相互照应，是进行思想政治教育的核心主体。因此，思想政治教育的主体可以定义为按照特定的社会和阶层需求，对学生的思想政治道德进行有目标的教育影响的个人或组织，他们是思想政治教育的发起者和执行者。

思想政治教育主体按照不同的标准可以划分为不同的种类，一般而言，可以分为思想政治教育个体和思想政治教育群体。思想政治教育的个体包括负责、动员和执行思想政治教育活动的人。思想政治教育群体包括负责、动员和执行思想政治教育活动的集体组织。思想政治教育群体还能进一步细分为正式的群体和非正式的群体。正式群体是指那些通过正式的组织流程并获得准许的组织、团体和机构，它们拥有严格的组织架构和思想政治教育职责。思想政治教育中的非正式

第二章　思想政治教育概述

群体是基于个人的兴趣等非组织性因素自发组成的，这些团体在某种程度上承担了思想政治教育的任务。在思想政治教育活动中，上述两个组织起到了至关重要的作用。在思想政治教育活动中，正式群体展现出了其系统化的特点；非正式的群体通常展现出了多元化的特点。所以，在进行思想教育时，要最大化地利用正式群体和非正式群体的作用。特别是在现代社会环境下，各种非正式群体或组织所传播的信息或思想观点，无孔不入，人们的思想观念在自觉不自觉之中受其影响或感染。所以，思想政治教育在依靠正式群体开展教育时，要同非正式群体结合起来，在充分发挥党团组织等正式群体的思想政治教育优势的同时，把正式群体传播的思想政治教育信息和要求转化为非正式群体意见领袖的意见，然后再通过它们影响非正式群体全体成员的思想意识和价值选择。思想政治教育要坚持这种思想信息传播的两步传递法，坚持显性教育和隐性教育相结合。只有这样才能最大限度地促进正式群体和非正式群体的优势互补，增强思想政治教育的合力。显然，提高思想政治教育群体的主体教育能力需要依赖于提高思想政治教育个体的素质。在思想政治教育的主体中，每一个个体都是某一特定群体中的一部分，而这个群体的主体则是由某种特定个体构成的集体。在进行思想政治教育时，个体主体应具备较高的主动性和独立性。因此，思想政治教育的群体主体应致力于提升个体主体的教育能力，来增强集体的智慧和力量，从而提升思想政治教育的整体效果。

（二）思想政治教育主体的特征

思想政治教育主体在思想政治教育过程中具有以下几个方面的特征。

1. 阶级性

思想政治教育具有鲜明的阶级性，其在本质上是具有意识形态性的教育活动。在这个活动中，作为思想政治教育主体的教育者代表着一定社会和阶级主导的思想，是统治阶级意识形态的维护者和宣传者，因而具有阶级性。思想政治教育主体要先接受教育，努力成为先进思想文化的传播者、共产党执政的坚定支持者，并用社会主义指导思想观念教育学生，更好地担负起学生健康成长指导者和引路人的责任。

习近平总书记明确表示，"马克思主义的科学理论是我们党独特的政治特质和显著的政治优势"。他进一步强调，全党必须"始终以马克思主义在中国的现代化和现代化的最新成果为导向"，并要求全党"深入理解新时代中国特色社会主义思想的世界观和方法论，坚定并有效地运用其中的立场和观点方法，在新时代的伟大实践中不断探索马克思主义在中国现代化的新阶段"。为了建设社会主义的文化强国并增强国家的文化软实力，我们必须坚定地走社会主义先进文化的发展道路，持续走中国特色社会主义文化的发展之路，培养和实践社会主义的核心价值观，进一步夯实马克思主义在意识形态领域的主导地位，并为全党和全国各族人民的团结努力提供坚实的思想支撑。

2. 主体性

在进行思想政治教育活动时，老师所展现出来的主动性和创造性被称为思想政治教育主体的主体性。这一特质是思想政治教育参与者最基础的属性。主动性意味着老师可以按照社会的需求主动地教育学生。主体应积极主动地了解受教育者的思想状况和内在需求，充分利用客观现实环境条件，具体问题具体分析，根据教育目标和教育内容确立实践性强、操作性强的基本原则和规范，选择相应的教育途径和方法；把自身作为认识和改造的对象，进行自我教育、自我提高、自我管理，实现能力、素质、品德等方面的全面提升，才能取得良好的教育效果。

"主导"一词主要指保持、引导事物的主要方向、方面和重点的特性及具有主要引导作用的特性。思想政治教育的主导思想是，对思想政治教育的方向、内容和重点进行指导。在思想政治教育过程中，教育主体的主导性意味着教育主体一直处于主导地位。其主导性主要表现在两个方面：一是主体在与客体的双向互动中呈现的引导性，引导思想政治教育客体思想观念的内化与外化；二是思想政治教育主体对思想政治教育的促进作用，设计并引导思想政治教育各个要素的转化和相互协调，提高思想政治教育的有效性。在价值观多元化的社会环境中，思想政治教育在面对众多问题时，要找到解决之道；在处理繁杂的关系时，要进行协调；在处理众多的信息时，要对多种思潮进行甄别。在这样的背景下，思想政治教育必须坚守社会主义意识形态的主导地位，选择合适的内容进行教育，不可以被信息的波动所束缚，也不可以因误入歧途而失去其主导地位。

3. 创造性

思想政治教育的主体创造性意味着老师在进行思想政治教育活动时，要敢于尝试新方法，持续进行改革，勇于创新，并具备创新的精神和能力。开拓创新是新时代的时代精神，思想政治教育只有不断改革和创新，才能适应不断变革的时代需求，才能与时俱进地体现思想政治教育的生机和活力。任何时代和社会的思想政治教育，总是一定时代和社会的产物，是与时代和社会相适应并为其服务的。思想政治教育主体只有认真把握时代特征，研究新情况、适应新环境、创造新方法，才能增强教育、教学的吸引力、说服力、感染力，才能切实解决人们在思想素质培养的过程中的迫切需要和现实困难。

4. 超越性

思想政治教育主体的超越性是指思想政治教育主体在思想政治教育中既要立足现实，基于受教育者当前的思想和道德状态，还需要超越这一现实，教育他们主动地培育和社会未来趋势相匹配的思想和政治品质。超越性作为思想政治教育中的一个突出特点，要求思想政治教育的主体必须基于社会的实际情况，根据教育对象的实际情况，引导其实现在社会实践基础和现实思想道德基础上的思想升华和超越，培养具有马克思主义的世界观、人生观和道德观的合格的社会主义现代化建设者和接班人。思想政治教育主体是思想政治教育的实施者、操作者和指导者，要有发展的观点，要有高度的事业心使命感，坚持世界观的改造，丰富头脑，开阔视野，实现自我的不断完善和超越，立足于思想政治教育对象现实的思想状况，科学地预见未来的发展趋势，培养和塑造适应社会未来发展需要的合格人才。

5. 客体性

老师是主导思想政治教育的人，他们在某些情况中展现出了明显的对象性和客体性的特点。从哲学的角度出发，思想政治教育中的主体客体性存在取决于辩证唯物主义实践论中主体与客体的关系。主体既是实践者也是认识者，而客体则是实践和认知活动的焦点。主体对客体进行认知和改造，客体则对主体产生制约作用。在进行思想政治教育的实际活动中，教育的主体展现出了受约性和对象性的特质，这让他们成了思想政治教育的接受者。客体性体现在以下几个方面。

首先，教育的主体在进行教育活动时，会受到周围环境的限制。思想政治的教育活动是在特定的环境中展开的，它必然会受到外部环境的限制。从人与其所处环境的互动关系来看，两者是相互影响的，当人们创造出了环境，环境也会相应地塑造着人。人们在与环境互动的同时，也会受到环境因素的限制。尤其在这个更加烦杂的时代中，人们的思维和行为的塑造、成长以及思想政治的教育始终都会受到外部环境的制约。因此，老师并非能够随心所欲地发挥主观能动性，而是需要在特定条件下开展思想政治教育活动。

其次，教育主体的教育活动受教育对象的制约，并且是教育对象审视和认识的客体。思想政治教育的对象是具有主观能动性的人，是具有"主体性"的客体；教育对象有不同的类型、不同的层次，其思想道德素质有明显的不同，就是同一类型和层次的教育对象也有鲜明的个体差异。教育对象的"主体性"和个体差异，在思想政治教育的实施中起到了关键的约束作用。只有老师根据学生的实际情况展开教学，思想政治教育的有效性才能得到提升。另外，思想政治教育过程是教育者和受教育者双向互动的过程，受教育者是有思想、有情感、有意志的人，并不是完全被动地接受思想政治教育，而是通过自我审视、筛选、有选择地加以接受。在教育活动中，学生不仅直接关心老师，还会间接地观察他们能否以身作则。在这种情况下，老师就变成了受教育对象，也就是被认知的对象。

最后，在进行自我反思、检查和教育的过程中，思想政治教育的主体成了自我认知的客体。当老师作为教育的核心参与者，将自我视为认知、塑造和进一步完善的客体时，他们往往会被赋予"主我"与"客我"的双重身份"。在教育活动中，"主我"占据了主导的位置，对学生进行积极的教导、塑造和完善他们的"我"。"客我"代表了与教育主体之间的互动，这需要教育主体积极地去理解、塑造并进一步完善"我"。"主我"与"客我"这两个概念是对立而统一的，它们之间存在相互制衡、相互作用和相互依赖的关系。"主我"透过对"客我"的深入了解、反思以及自我教育，持续地提升自己的修养。

（三）思想政治教育主体的素质

1. 思想政治教育主体素质的特殊性

思想政治教育主体素质，是指思想政治教育主体在先天素质和社会实践中形成的，并在思想政治教育实践活动中长期发挥作用的素养。思想政治教育主体的素质是有效开展思想政治教育的特殊要求。如果老师能够以道德为基础来建立自己的人格、建立学术研究的方向和进行教学，并致力于传播优秀的思想和文化，那么他们就能更有效地承担起对学生健康成长的教导和引领责任。思想政治教育的核心参与者是人类精神的塑造者，他们肩负着为年轻人和普通民众提供思想政治教育的崇高使命。这一特定的任务让思想政治教育的核心参与者的劳动和其他行业的劳动有所不同，也突显了思想政治教育核心参与者所需具备的独特素质。

（1）政治素质是第一位的

进行思想政治教育是一项具有高度党性的任务。这项任务的核心目标和准则是运用马克思主义的理论框架，通过正确的思想政治观念和道德标准来教育人们，从而提升人们在政治意识和道德素质方面的水平。这意味着思想政治教育的主体必须拥有出色的思想、政治和道德素养。政治素养的重要性显而易见，因为它不仅能约束另外两个素质的发展方向，还能决定老师的整体素养倾向。如果老师拥有出色的政治素养，他们就能在实际工作中坚定地推行党的政策，准确地掌控思想政治教育的发展目标，并致力于培育学生养成社会发展所需的各种素养，这有利于更好地完成思想政治教育的使命。显然，在所有思想政治教育素养中，政治素养无疑是最为关键的。

（2）人格形象是思想政治教育者不可或缺的重要素质

思想政治工作本质上是关于人的培养和教育，其成效和威望主要源于马克思主义的科学理论以及党的方针政策，也受到了思想政治教育主体的示范作用的影响。所以，思想政治教育要使人心服口服，思想政治教育者必须将心比心，以身作则，言行一致，以德服人。以人格育人格，思想政治教育者的身教具有其他教育力量不可替代的作用。

教师的言传身教是做好思想政治教育的保障。我国历代思想家、教育家都强调以身作则、榜样的力量。《论语·颜渊》中季康子问政于孔子，孔子对他说"政者，正也；子帅以正，孰敢不正？"《论语·为政》孔子又指出："为政以德，譬如北辰，居其所而众星共之。"孔子以此告诉人们榜样力量的重要性，以德行来治理国家，就像北极星一样安坐在自己的位置上，其他的星辰便会自行在周围旋转运行。在唐代，教育家王通强调了"心化"这一核心理念。心化这一概念，指的是老师凭借自身的示范和心灵的触动来实施教育，也就是我们常说的"不言之教"。在宋代的历史长河中，王安石因其改革而声名鹊起，他在其著作《原教》中强调了思想道德教育的重要性，并将以身作则视为教育感化的根本。所以，作为老师，一定要拥有崇高的道德品质。这不仅是党和群众对老师的期望，也是确保思想政治教育活动顺利进行并实现预期效果的需求。

老师的人格特质对于思想政治教育的成效有着显著的影响。老师的人格特质会对学生在接受教育内容时的心理反应产生影响，从而阻碍或推动学生主观认识的转变。为了充分激发人格的潜能，老师一定要凭借个人的模范事迹来践行价值观，从而塑造出崇高的人格形象。经验告诉我们，当老师拥有崇高的道德品质时，他们会获取到学生的信任，从而使学生更愿意听老师分享的观点。此外，通过老师的口头教导和身体力行的结合，不仅可以让学生对前沿的理论有更深的认识，还能为他们的思维转变提供一个积极的环境。教育主体人格形象的影响作用主要表现为几点。

第一，教育者的崇高人格特质在情感层面上可以达到互相交流的效果。情感被视为人类心理中的一个特殊领域，是良好品德形成的"催化剂"。教育者高尚的人格形象能够使教育者在教育对象中赢得最广泛的情感认同，在内心深处，当教育对象与教育者互动时，他们往往会对教育者产生深厚的情感。这种高尚而积极的情感可以触动人的心灵，从而增强人主动改变思维的意愿。

第二，教育者的崇高人格特质能够对真理产生形象化的影响。思想政治教育的核心任务是用逻辑来说服人，依靠科学理论和真理的强大力量来赢得人们的心。如果把握了受教育者的动向，真理就能真正地引领人们去改变他们的主观和客观认识。真理因其深入的性质而拥有强大的说服能力。崇高的人格特质能够使受教育者从内心产生强烈的共鸣，从而形成一种巨大的精神力量，激励着他们去为之奋斗。崇高的人格特质是教育者对于真理最有说服力的解读。其影响力是任何说教或权利的力量所无法实现的。

第三，教育者所展现的崇高人格特质在行为上起到了示范效果。在进行思想政治教育时，教育者既需要有情感上的触动和逻辑上的启示，还需要有实际行动中的引导。人们在学习过程中所学到的前沿观念，与他们的行为习惯是密切相关的。唯有通过实际操作，才可以强化学会的知识。教育者所展现出来的崇高特质，本质上可以作为指引的方向。它有能力转化为悄无声息的指令，对学生的所作所为进行监督，并教会他们将知识和实践融为一体，从而在实际操作中持续地改变他们的认识。

第四，具有崇高人格特质的教育者能够为教育环境带来一种净化的效果。教育工作者所具备的吸引力不仅能够创造出优质的教育环境，还能让人们充满活力，同时也能提升人们的思维意识和认知能力。

2. 思想政治教育主体的关键素质

思想政治教育主体作为教育者，由于其工作的特殊性，其素质要求必然不同于一般教育者。要使思想政治教育被受教育者真心喜爱，有效地影响人、促进人、改变人，使人终生受益，教育主体必须具备特殊的素质，其内容主要包括政治素质、思想素质、道德素质、知识素质、能力素质和身心素质。

（1）政治素质

政治素质不仅是一种独特的品质，也是思政教师必须拥有的最根本的品质，它构成了思政教师素质的中心，并对其他各种素质产生了决定性的影响。

思想政治教育是特定阶级或团体为达成特定的政治目标，对人们进行的有思想影响的社会实践活动。政治素质是进行思想政治教育活动必须具备的政治品质，是教师的政治信仰、政治观点、政治立场、政治品德、政治鉴别力和政治敏锐性的综合体现。

第一，坚定的共产主义信念。思想政治教育主体要自觉树立共产主义信念，坚定走中国特色社会主义道路、实现中华民族伟大复兴的信心，坚持对党和人民的忠诚。对于从事思想政治教育的人来说，若缺少共产主义信念，那么他们的教育就会失去深度。当他们有了宏伟且高尚的共产主义信仰作为后盾，就能持续地保持工作的热情，并对教育领域持有坚定的信念。即使在复杂多变的外部环境中，也有能力保持冷静的思维，明确前进的方向，并朝着预定的目标不断前进。

第二，坚守正确的政治观点。政治立场描述了一个人在研究和解决政治议题时的位置以及持有的观点。思想政治教育者要始终站在无产阶级和广大人民群众的立场上，代表最广大人民群众的根本利益观察问题和处理问题。目前，思想政治教育者的政治立场应该是坚定地遵循党的基本路线，毫不动摇地走中国特色的社会主义道路，并在政治、思想和行动方面和党中央保持一致。

第三，相当高的政治水平。政治水平涉及在政治领域内的判断力、政治敏感性和能够根据实际情况妥善解决各类政治议题的能力。教育者具备较高的政治水平，才能在价值观多元化、各种社会矛盾凸显的社会现实中，坚持正确的政治方向；才能在复杂的国际形势、社会思潮中，坚持正确的政治方向。

第四，相对较高的政策水平。政策水平涉及对党的各种方针和政策的认识、理解、掌握以及应用能力。为了有效地进行思想政治教育，准确地理解和应用党的各种政策，较高的政策水平对教育工作者来说，是绝对必要的。教育工作者需要不断地学习和深入地了解党的各项方针政策，而且要在实际操作中推广这些方针政策；教育工作者还需要准确地界定各类问题之间的差异，确保在政治立场上保持坚定，在认知层面上保持清醒的态度。

（2）思想素质

思想政治教育的主体所需的思想素质，指的是教育者在扮演思考者角色时必须拥有的品质。他们应对世界观、人生观和价值观有深入的理解，而且要有鲜明的人格特质，可以进行批评和自我批评，为人们带来智慧的启示。从事思想政治教育的人，其思想品质主要涵盖了思维观念、思维方式以及思想作风等多个方面。

第一，先进的思想观念。观念是行动的先导，知识经济时代，科学技术日新月异，面对不断出现的新挑战，思想政治教育者必须主动改变自己的思维方式，以确保与时代同步前进，做新时代的合格教育者。随着时代的前进和实践的发展，思想政治教育主体应确立新的信息观念、竞争观念、时效观念、人才观念、法治观念、创新观念等。

第二，科学的思维方式。思维方式反映了人的思维品质，它在一定程度上影响了人对世界的认知能力。科学的思维方式为人类提供了科学的方法来理解和改变这个世界，因此，一个杰出的思想政治教育者应当拥有既科学又创新的思维方式。如果没有创新的思维方式，那么新的观点和设想都将难以实现，这也意味着在经济全球化时代下，社会主义市场经济发展带来的思想政治教育的新问题也将难以得到妥善的处理。从事思想政治教育的人应当拥有具备整体性、开放性和立体性的思考方式。

第三，良好的思想作风。良好的思想作风是一种良好的精神状态、精神风貌，是做好思想政治教育工作的最基本条件。良好的思想作风主要包括：一切从实际出发、实事求是的作风，民主的作风，批评与自我批评的作风，严于律己、宽以待人的作风，艰苦奋斗的作风。

（3）道德素质

道德素质指的是个体基于其天生的品质，依托后天的道德教育和个人的道德修为，逐渐形成的一种稳定的、深植于其内在信仰的特质。高尚的道德品质被视为一种教育动力。为了提高思想政治教育的实际效果，我们不仅需要科学的教学方式，还必须确保思想政治教育者拥有崇高的道德品质。作为思想政治教育者，他们是塑造和净化人类心灵的工程师，其首要任务是成为社会道德准则的引领者。思想政治教育的主体不仅要满足作为合格公民应具备的基础道德标准，还应具备以下道德素质。

第一，科学的道德认识。道德认识是对客观存在的道德关系以及处理这种关系的原则和规范的认识。科学的道德认知是良好道德行为的内驱力。作为从事思想政治教育的人，首要的任务是具备科学的道德认知，准确地把握道德在生活中的关键作用。在清楚社会主义道德理论和规范后，还需要关注社会道德关系的确立。特别是需要真正认识到社会主义和共产主义道德是最崇高的道德准则，依托这两个道德准则提高个人的道德素质。

第二，高尚的道德信念。道德信念是指人们在深入了解社会道德准则的基础上，根据其强烈的道德情感，产生对履行社会道德义务的责任感。这种责任感由内心驱动，而非外力干预。对从事思想政治教育的人来说，他们需要确立崇高的道德价值观，坚定地信仰社会主义、共产主义的道德准则和规范，还要怀有高度的责任心。

第三，大公无私、乐于奉献的道德境界。全心全意为人民服务是社会主义的道德核心和党的根本宗旨。从事思想政治教育的人，必须要在工作时，努力践行全心全意为人民服务的宗旨，一切从人民的利益出发、从社会大局出发，无条件地服从和维护党和人民的利益，大公无私、乐于奉献。

第四，优秀的道德品质。优秀的道德品质是道德认识、道德情感、道德意志、道德信念、道德行为的集合体。思想政治教育者优秀的道德品质在工作中主要表现为尊重教育对象；以身作则，为人师表；热爱真理，坚持真理，服从真理。

第五，慎独、反思、力行的道德自控能力。慎独意味着在没有他人审视的情况下，秉持良好的品德，不做触犯良知和社会道德的行为，对自己进行严肃的自我管理，坚定地保持理性和自律。反思是一种自我批评和自我纠正的思考方式，在面对自己和工作的错误时，能够进行冷静分析，并能及时加以改正。力行意味着关注实际行动而非空泛的言语，把想法付诸实践，不轻视每一个小事情，并坚持不懈地推进目标。慎重思考自己的行为，反省自己的过错，并通过行动来强化自己的道德修养，这是思想政治教育者在预防问题发生、提升品德、增强自我约束力方面的有效方法。

（4）知识素质

要想从事思想政治教育工作，必须具备综合性、专业性强的知识素质，缺乏丰富的知识将不能担此重任。所以，作为思想政治教育者，需要拥有充足的理论知识和丰富的科学文化知识。

第一，马克思主义理论知识。为了符合革命化和知识化的要求，对于思想政治教育者来说，必须要全面地掌握马列主义、毛泽东思想和习近平新时代中国特色社会主义思想。熟知马克思主义理论不仅是必要的前提，也是良好政治素质和思想素质的前提和基础。

第二，思想政治教育专业知识。思想政治教育作为一门科学，有它特定的专业要求，特别是近年来思想政治教育的学科化、专业化获得了重大发展，教育主体为了拥有思想政治教育所需的专业知识和业务素养，必须经过专业的训练。专业知识涵盖了思想政治教育史等领域，同时还涵盖了心理学等多学科的知识，这些知识与思想政治教育密切相关。

第三，辅助知识及其他相关知识。在思想政治教育中，除了专业技能，还应有一定的广义知识作为支撑，这样才能更好地体现出专业技能的作用。为了适应工作的要求，思想政治教育者有必要完善个人的知识体系，努力实现理论系统化的基本目标。具体的辅助知识如法学、逻辑学以及现代科技等方面的知识，与教育对象和一定的教育环境相关的知识。只有完善自身的知识体系，思想政治教育才能获得丰富的知识载体和支撑，才能增强教育的说服力、感染力。

（5）能力素质

能力作为对知识的综合展现，主要体现在技能和艺术的实际应用上。如果工作能力差，那么思想政治教育者就不能很好地完成工作。尤其是在知识经济条件下,知识剧增、信息爆炸成为社会发展的主要特点,新技术、新媒体的迅猛发展,对思想政治教育者的能力素质提出了更高要求。

第一,观察能力。观察能力指的是教师能够察觉到社会各种现象和学生的思想政治状态的能力。思想政治教育者必须具备观察力,在不断变化的教育环境中,观察力能够让他们敏锐地捕捉到细微的变化,还能让他们清楚更多的细节内容,有利于在复杂的环境中更加深入和有目的地组织教育活动。

第二,分析研究能力。分析研究能力指的是教育者能够通过调研所得的内容来进行深入的思考和推理,进而能够揭露事物的根本特征的能力。思想政治教育者要坚持潜心问道与关注社会相统一,静下心来读书,扎扎实实研究问题。只有认真研究重大理论和实践问题,不断提高分析问题、研究问题的能力,才能够为上好思想政治理论课奠定坚实的基础。

第三,表达能力。教师需要拥有多种表达能力,以便向学生传达信息,这些表达能力涵盖口头表达、文字表达和形象表达等能力。思想政治教育主体需要具备出色的口语表达能力,能够巧妙地运用语言艺术,在各种形式的教育活动中,善于洞察学生的内心,耐心启迪,以说服为主导;还需具备高超的文字表达技巧,善于归纳总结,以拓展思想政治教育的影响范围,提高其效益。此外,教师还应当会利用各种媒介,以多样化和富有吸引力的方式来体现教育的内容,从而使学生更加容易理解,增强教育的亲和力、感染力和时效性。

第四,组织指导能力。思想政治教育是一种经常性的群体活动,为了有效地实现思想政治教育目标,教育工作者需要灵活地运用各种方法,把各种力量合理地组织、激发和有效地协调起来,这也就要求思想政治教育主体具有一定的组织指导能力,如预测能力、制订计划的能力、组织活动的能力等。

第五,创新能力。创新能力指的是思想政治教育者并未坚守旧有的观念,而是敢于尝试新思路和新方法,持续探索、创新发展的能力。思想政治教育需要开展富有创造性的工作,只有具备创新精神的人才能不断将其发扬光大,从而促使思想政治教育工作不断进步。

此外,思想政治教育的教育者还应具备运用现代教育技术的能力、良好的自我调控能力、协调人际关系的能力,等等。

(6)生理心理素质

思想政治教育的工作者需要长期投入大量的精力和时间,既会进行体力劳动,还会在和很多学生的交流中不断消耗心力。优秀的思想政治教育者应该具备强健的身心素质，以满足新时代追求长期发展的要求。这意味着他们需要高度重视自我修养、自我塑造。

第一，健康的生理素质。若想要成功地开展思想政治教育工作，思想政治教育者必须具备良好的身体条件。良好的身体条件体现为教育者强健的身体素质、充沛的体力和旺盛的精力。

第二，良好的心理素质。思想政治教育者的心理素质指的是在思想政治教育教学中，表现出来的频繁和稳定的心理特点。现代思想政治教育的教育环境的复杂性、开放性，教育对象政治理想淡化、价值观的多元化，以及社会发展不断对思想政治教育提出的创新要求，等等。以上事实表明，为了顺利完成思想政治教育任务，教育工作者需要拥有健康的心理状态和高度的心理适应性。这种心理特征主要包括：丰富健康的情感、坚强的意志、优良的性格、广泛的兴趣等。教育者要有稳定的情绪、宽容的心理、完善的个性、良好的情绪控制力，保持积极乐观的形象，拥有丰富理性的情感，建立起对思想政治教育工作的热爱之情。教育者要培养自己广泛的兴趣，既要建立起对本专业的兴趣、对育人工作的兴趣，还要完善对某些课外知识的兴趣，从而实现自身的不断充实和完善。思想政治教育过程的渐进性与反复性要求思想政治教育主体拥有坚强的意志，勇敢面对教育过程中遇到的各种困难。

思想政治教育自身的特点决定了对教育者素质的特殊要求，各种素质之间相互制约、相互依赖、相互影响，构成了教育者的整体素质。进入21世纪以来，知识经济、信息时代呼唤高素质人才；社会主义市场经济快速发展，我国经济实力增强，社会成员的教育水平不断提高；世界经济呈现一体化趋势，各种文化、价值观交流、碰撞。为了应对当前思想政治教育的新形势和新问题，思想政治教育工作者需要具备更高的素质。在新的时代背景下，为了满足思想政治教育的要求，我们需要强化思想政治教师的素质建设，通过开展一系列的培训工作，来提升教师的素质水平。

二、思想政治教育环境

思想政治教育环境不仅是开展思想政治教育的关键因素，还是思想政治教育系统的外界条件，它可以帮助人们形成和发展自己的思想道德水平。人是思想政治教育的受众，需要依托于社会环境才能生存和成长。同样地，要想培养人的思想品德，也需要有社会环境的支撑。在传统社会中，环境呈现出相对统一、相对稳定、相对封闭的特点。随着现代社会的发展，环境因素变得越来越多元化、复杂化、开放化。同时，新的环境因素如媒介环境、网络环境也随之出现，环境的影响力正在逐渐增强。

人的思想品德的塑造和提升，思想政治教育的开展，均深受环境的影响和制约。对思想政治教育环境进行深刻的探讨，有利于改善教育的环境，让思想政治教育活动和环境因素产生良好的互动，从而提高思想政治教育的实际效果。

思想政治教育环境是一种借助思想政治教育活动来塑造人们的思想品德发展的自觉环境因素。该概念提到了思想政治教育的核心元素，即个人的思想品德，同时还确立了周边体，即自觉环境因素。此外，还展现出了把核心元素和周边体联系起来的方式，即思想政治教育活动。思想政治教育环境指的是能够塑造学生思想观和价值观的各种客观事物和条件。换言之，思想政治教育环境是学生所处的所有外部影响因素的综合，除了教育本身。思想政治教育环境指的是在思想政治教育活动中对学生及其行为产生影响的因素，其中涵盖了学生周围的环境及思想政治教育活动的外部条件。思想政治教育环境指的是所有外界因素的综合，这些因素不仅会对人的思想品德产生影响，还会对思想政治教育活动产生影响。

（一）思想政治教育环境的特点

1. 广泛性

第一，思想政治教育环境是由各层面上的环境因素彼此影响所形成的复杂多样且不断变化的系统。该系统无时无刻不在影响着思想政治教育。在空间层面上，思想政治教育环境可以被划分为多个方面，包括自然和社会、物质和精神、国内和国外等。这些方面相互协作，都对思想政治教育和人们的思想品德产生了影响。在思想政治教育活动中，不同层次的要素产生的影响不同，例如在自然环境下，思想政治教育活动的各个要素被包含在小环境中，小环境的影响最明显；在社会背景下，小范围环境对思想政治教育活动的作用比大范围环境大。不同的环境并没有在空间上被定义出明确的边界。由于人类活动范围的增加和生产力的提高，这些环境不断地进行着扩张。从时间层面上讲，思想政治教育环境的影响既来自当前的实际情况，还来自历史留存下来的环境因素。此外，由于人们一直分析古代社会以及精神文明的持续演变，这种历史因素将在思想政治教育领域的时间范围内得到更广泛的扩展。

第二，广泛的思想政治教育环境不仅体现在时空方面，而且还体现在其影响性质和影响方式的多样性上。从性质来说，这种影响可以是积极的，也可以是消极的。思想政治教育环境的影响会因思想政治教育的主体和客体的变化而产生区别。困难可能成为某些人的挑战，也可能成为某些人前进的动力。从方式来说，存在着单向影响和多向影响，直接影响和间接影响，深远影响和浅层影响，明确影响和潜在影响等。这些影响方式反映了思想政治教育环境的广泛性。

2. 具体性

第一，思想政治教育环境并非虚无缥缈的，能够以实实在在的物质和精神形式呈现出来。思想政治教育的实践基础是物质环境，这种环境是一种切实存在的客观现实，可以通过触碰等方式来了解。具体的各种载体形式，如书籍、报刊、电视等，展现了社会倡导的伦理道德和主流文化，构成了思想政治教育的精神环境。

第二，思想政治教育的主体和客体经常是处于不同的环境中的，这些环境的差异会导致人们产生不同的思维方式。比方说，在经济繁荣的环境中，人们可能会陷入享乐主义的思维，所以应该强化对艰苦奋斗精神的思想政治教育；而在经济萧条的环境中，人们的思维方式可能会变得固化，所以应当协助人们进行思想解放。

第三，思想政治教育活动的内容和方法会受到特定环境因素的约束，这些因素包括自然和社会条件，如具体的时间、空间和场所等。所以，我们需要从环境的实际情况出发，以此为基础选取恰当的内容和方法，让其充分适应时代的发展。

3. 可控性

虽然人类能够通过自主意识和行动改变环境，但是，思想政治教育主体也在约束着思想政治教育环境的发展。

第一，我们要根据特定的对象和现实情况，选取有益的环境，来增强思想政治教育的效果。如果思想政治教育对象在当前环境下无法获得预期的信息，抑或是教育效果不明显，那么思想政治教育者可以选择修改环境或者将其转移到新的环境中去。

第二，创新性也是思想政治教育环境的可控性的一方面。为了达成思想政治教育的目标，思想政治教育者通常会注重加强积极影响，减少甚至清除消极影响。因为思想政治教育环境是可控的，所以我们能够去改善思想政治教育环境，来降低对思想政治教育的不利影响。在对待环境问题上，必须树立系统观念，重视系统整体功能的发挥，注重系统的结构、层次和制约关系，科学地顺应环境，利用环境为思想政治教育服务。

4. 继承性

人类社会在生产力和社会意识方面存在着历史继承性。这表明生产力是根据以前的人们开展活动的结果所发展来的，并且在社会意识中也能体现过去的社会情况。这些情况反映在思想政治教育环境中，展现出了明显的继承特征。

第一，在思想政治教育的现实环境中，存在着历史环境中所遗留下来的一些物质和精神成分，其中包括以前的生产工具和社会公共设施。我们的心理和文化也是多年来积淀所形成的结果，一路传承至今。

第二，思想政治教育的现实环境受到了历史环境中一些积极和消极因素的影响，这些影响在环境的文化和思想方面表现得更为明显，其中的滞后性是由社会意识形态的影响所导致的。中国封建社会的传统价值观，如帝王观念、道统观念和正统观念，如今还会在一定程度上限制人们的思维。相比之下，儒家思想的"天下兴亡，匹夫有责"理念，强调了个人责任感和使命感，对于开展爱国主义教育和促进中华民族凝聚力具有重要意义。

5. 动态性

思想政治教育环境的动态性特征是由世界是运动变化的这一根本特征决定的。

第一，思想政治教育环境中的所有组成部分一直都在不断地发生改变，特别是社会环境的变化速度非常快。自从改革开放以来，政治、经济和文化等方面均发生了翻天覆地的变化，这对思想政治教育的环境产生了深远的影响。

第二，人们通过改造世界的实践活动，促使思想政治教育环境产生了一些变化。这种环境的变化一定会对学生的思想和心理产生影响。所以，在面向新环境和新教育对象时，思想政治教育工作者应当灵活地改变教育的目标，选取合适的教育内容和方法，并在开展教育活动时，维持和学生、环境之间的平衡，以达成预想的教育目的。

6. 潜移默化性

依托环境中特定的因素，思想政治教育能够在学生的潜意识中慢慢渗透，使其主动地将所要求的思想道德品质融入自己的内心世界。这体现出了思想政治教育环境的潜移默化性，即环境对个人的塑造作用。

第一，思想政治教育环境能够直接或间接地影响一个人的思想观念。通常来说，环境对人的影响是通过间接的方式产生的。思想政治教育受到了很多因素的共同影响，这些因素共同构成了思想政治教育环境。人是思想政治教育的核心，思想政治教育活动的开展需要置身于特定的环境当中。通过开展思想政治教育活动,人们的主观行为在某种程度上改变了周围的环境。然而,人也会受到环境的影响。思想政治环境系统中的众多因素,在其内部的矛盾运作过程中,有可能会影响个体的思想政治品德和素质。此外,环境对人的影响通常是在人们没有察觉的情况下发挥作用的。

第二,就环境的影响性质而言,可以分为几类,包括但不限于正面影响和负面影响、有益影响和有害影响、先进影响和落后影响。思想政治教育主体受环境影响的因素是复杂多变的,这些因素之间相互作用、相互交织,综合作用于主体,产生了显著的复合效应。

(二)思想政治教育环境的功能

1. 感染功能

思想政治教育环境对人的思想品德具有感染熏陶和潜移默化的功能。在思想政治教育的背景下,人们的思维受到的影响并不是固定的、明显的,更多的是隐秘的、不易察觉的,这意味着他们在不自知的情况下,会受到心灵的触动、情感的熏陶和智慧的启示。思想政治教育环境的感染功能是通过耳濡目染,对情感的熏陶来实现的。每个人都注定要生活在一定的思想政治教育环境中。一个良好的学习工作环境对陶冶情操、净化心灵等都起着重要作用。如果一个人处在和谐的人际关系环境、积极上进的社会环境中,这个人就会受到强烈的感染、会受到高尚的道德情操的熏陶,有助于其养成健康向上的良好品德。例如,以专业特色为基础,不少学校制作了一些优秀人物的雕像、大型宣传板或电子屏幕,这些设施能够深刻地影响到学校里的学生和老师,从而让他们在不知不觉中接受教育。

2. 约束功能

思想政治教育环境对个体的思想道德有着明确的制约和指导作用,它对学生的影响并不是直观的,而是深藏在他们频繁接触的外部环境中。从浅显的层面上看,虽然这些影响可能是隐性的,但它们常常借助诸如暗示、公众舆论等手段,给思想政治教育的目标群体带来心理负担或驱动力。约束功能是借助思想政治教育环境对学生产生的他律效应和自律效应来展现的。自律指的是在没有受到别人约束的前提下,思想政治教育的受众按照其所处的教育环境形成的公众舆论,积极地规范和调整个人的行为和言论。他律是指在思想政治教育环境的压迫下,受教育对象接受舆论的约束,以此来规范自己的行为和言论。环境、公众舆论和法律规范等因素都会对人的行为产生影响。只要是与社会规范相符的思维和行动,都能让社会广泛接受。

3. 导向功能

思想政治教育的环境对于人们思想道德的塑造和成长起到了导向作用。从物质层面到精神层面，从组织结构到人与人之间的关系，从思想政治教育者的言论和行为到他们所处的自然环境，这种功能都为思想政治教育的受众提供了一个明确的参照，而且还传达出了特定的价值观。这不仅在心理上给予了思想政治教育对象某种程度的暗示，还帮助他们从所处的环境中明白了社会所推崇的价值观和道德观。在现代社会，思想政治教育环境的导向作用主要是通过规范导向、舆论导向和利益导向实现的。所谓规范导向就是通过一定社会的法律制度和单位的纪律引导人们的思想和行为。规范导向具有较强的强制性。舆论导向是一种借助社会舆论来指导人们思维和行动的方式，关键是在大众传媒形成的媒体环境中发挥作用，这种导向并不是强制性的。利益导向指的是在追求个人和社会整体利益时，借助恰当的手段，确保自己的行为与个人利益和社会整体利益相契合，以达到最佳的效果。经济环境作为形成利益导向的外部驱动力，个体的需求则构成了形成这种利益导向的内部基石。自从改革开放政策实施以后，中国经济环境经历了显著的变迁，各种不同的利益相关方得以在社会和市场层面上进行竞争，从而塑造了多样化的价值观念。需要强调的是，合理的市场竞争应当严格遵守社会主义的方向和基本原则。社会环境的导向和思想政治教育的方向应当是一样的，市场经济的利益导向和社会主义的价值导向之间不存在绝对的对立关系。

目前，我们始终倡导用科学理论来武装人们，用恰当的舆论来指导人们，用崇高的精神来塑造人们，以及用出色的作品来激励人们。用科学理论来武装人们，意味着我们要坚定地继承和发展邓小平理论、"三个代表"重要思想、科学发展观和习近平新时代中国特色社会主义思想，以此来武装全党和全国人民。用恰当的舆论来指导人们，就是实施党的基本路线，进行恰当的舆论引导工作，坚定地与党中央保持一致，以及把群众的积极性和创造性引到完成社会主义现代化建设的一系列任务中去。用崇高的精神来塑造人们，即是在强化社会主义精神文明的建设过程中，培育具备"四有"特质的新一代人才。用出色的作品来激励人们，意味着要始终致力于为人民提供服务，从多个角度和层面满足人民的各种需求，从而激发人民的灵感，鼓舞他们的士气，并加强民族的凝聚力，实现中华民族伟大复兴的"中国梦"。

（三）思想政治教育环境的类型

研究思想政治教育环境的类型，可以更加精确地理解其独特性质，有利于探讨思想政治教育在特定环境下对其活动的具体影响。思想政治教育的环境构成了一个开放性的体系，其包含的元素既多样又复杂，能够按照各种不同的准则分类为各种不同的类别。

1. 国际环境和国内环境

从地理位置来看，思想政治教育的环境能被划分为国际环境与国内环境。思想政治教育的国际环境实际上是所有与思想政治教育相关的国际自然和社会条件的综合体现。例如，国外的地域文化、外交往来以及国际的文化和艺术交往等；思想政治教育的国内环境实际上是所有与思想政治教育相关的国内自然和社会条件的综合体现。例如，山脉、地理特征以及我国的社会经济进展等方面。随着经济全球化和网络信息技术的快速进步，思想政治教育环境已经成为一个开放的体系。人们之间的交流时间和空间距离大大缩短，加强了各国之间的互动交流。例如，美国次贷危机触发的华尔街风暴逐渐演变为全球性金融危机。特别是自我国实施改革开放政策后，中西文化的交融越来越频繁，导致西方的许多思想和价值观进入我国。一些负面的社会思想，例如历史虚无主义等，影响了我国的社会生活和进步。特别是对于青少年来说，他们正处于世界观的形成阶段，这些思潮给他们带来了巨大的冲击。

2. 宏观环境、中观环境和微观环境

从影响的范围来看，思想政治教育的环境能被划分为宏观环境、中观环境以及微观环境。

思想政治教育的宏观环境，也被称为思想政治教育的大环境，指的是那些对人们的思维、行为和思想政治教育活动有决定性影响的社会或国际背景，涵盖了社会经济体制、当前的政治环境和各类文化活动等多个方面，这些因素都在不知不觉中影响了思想政治教育的各个方面。

在思想政治教育的中观环境中，一个人的思想行为和思想政治教育所处的阶段和背后的关键背景紧密相关，这其中涵盖学校、企业等外部因素，以及大众传媒和国际互联网等能够对人的思维和行为产生深远影响的因素。

思想政治教育的微观环境和人们的日常生活实践活动有着直接的联系，并在一定程度上影响着人们的思维和行为模式。例如，家庭中的儿童生活、企业车间中的职工活动等，这些都深刻地影响了思想政治教育的各个层面，而且也对教育的主体产生了重要的影响。

宏观环境、中观环境以及微观环境之间的差异是有其相对性的，并且会因为人们活动范围的改变而有所调整。这三者之间的联系是这样的：宏观环境对中观环境和微观环境有所约束，而中观环境则直接对微观环境产生影响，而且还把宏观环境与微观环境连接了起来；微观环境构成了宏观环境施展其功能的根基，并对中观环境及宏观环境产生影响。这三个因素相互交织、相互影响，一同塑造了人们的思维方式和思想政治教育活动。

3. 现实环境和虚拟环境

从表现方式来看，思想政治教育的环境可以被划分为现实环境和虚拟环境。随着计算机网络的普及，我们才开始将现实和虚拟进行划分，而这种划分是相对的。现实环境包括了社会中各种影响因素，例如生活、工作、学习和人际交往等方面，这些因素共同塑造了人的思想品质发展，并促进了思想政治教育活动的开展。虚拟环境包括了网络空间中影响个体思想观念和道德水准的各种元素，以及影响思想政治教育活动开展的各种因素。在现实环境当中，人们之间的交际往来会受到各种限制，但是在虚拟环境当中，人们享有更大的自由。他们可以随意发表自己的观点，不用考虑时间限制和权威指导，有的人还能用虚拟的身份上网。虽然现实环境和虚拟环境是有区别的，但是两者之间并非完全隔离，它们是相互关联、互相支撑的。虚拟环境以现实环境为根基，现实环境具有丰富的实际素材，为虚拟环境的发展提供支撑。虚拟环境可以被看作是现实环境的延伸、拓展、补充和完善了现实环境。

第三节 思想政治教育的内容与方法

一、思想政治教育内容

（一）政治观教育

政治观是人们对于国家政治关系和政治活动的根本理念。以中国当前的情况来说，政治观指的是人们针对党和国家制定的路线、方针和政策表现出来的立场、态度和方法。在人们的思想政治素质中，政治观具有重要的地位。通过开展合适的政治观教育，可以帮助人们更深入地了解和贯彻社会主义初级阶段的路线、方针和政策，从而坚持发展社会主义道路的政治方向。

1. 基本国情教育

基本国情指的是国家的整体实际情况，也就是对社会和经济发展至关重要的核心要素，它们往往会影响该国持续发展的基本特征和轮廓。中国的基本国情是指其当前仍处于社会主义发展的初级阶段，并且在相当长的时间内将继续保持这种状态。简单来说，我国的显著特点包括人口众多、文化历史悠久、资源相对匮乏，社会主义建设取得了显著成就，然而经济发展却相对滞后。我国虽然已经实行了社会主义制度，但还是应当持续优化。影响我国经济和社会发展的最基础的要素是人口、文化历史和资源，它们与社会主义建设和社会主义制度共同决定了我国持续发展的根本特征和整体情况。

开展基本国情教育的目的在于引导人们深刻了解我国正处于社会主义初级阶段的实际情况，并从中汲取力量，坚定地践行党的基本路线；还在于协助人们清楚我国在经济、政治、军事和外交等领域的历史和现实情况，以及我国社会主义现代化建设的进程、目标和宏伟展望。通过与其他国家的比较，了解我国的优势资源和不足之处，加强每个人的社会责任感和使命感，从而推动国家的整体发展。

2. 党的基本路线教育

党在社会主义初级阶段的基本路线："领导和团结全国各族人民，以经济建设为中心，坚持四项基本原则，坚持改革开放，自力更生，艰苦创业，为把我国建设成为富强、民主、文明的社会主义现代化国家而奋斗。"可总结为"一个中心，两个基本点"。

开展党的基本路线教育需关注如下四点：首先，开展以经济建设为中心的教育，让受教育者认识到经济建设的重要性和地位，从而在思想和行为上做到以经济建设为中心，在思考问题和检验工作成果时，以发展生产力为重要依据和根本标准。其次，开展坚持四项基本原则的教育，使受教育者深入认识和理解何为四项基本原则，为何要坚持四项基本原则，认识其重要性，并且将其自觉转化为自己的思想和行为，坚决、彻底地反对资产阶级自由化思潮，以及马克思主义教条化倾向、社会主义模式固化倾向，并且自觉践行和发展四项基本原则的时代内容。再次，开展改革开放的教育，使受教育者全方位、深层次地了解和理解改革开放的伟大之处，认同其意义和重要性，伴随改革开放的发展和市场经济的发展不断更新和发展自己的观念，对改革开放形成正确的认识和态度，并积极参与其中。最后，开展"两个基本点"的辩证关系教育。

3. 爱国主义教育

爱国主义教育就是培养受教育者对祖国的热爱和报效国家、投身祖国建设的思想教育，它是思想政治教育的关键组成部分。爱国主义是中华传统美德，号召一代又一代的中国青年投身甚至献身于祖国的建设、发展。爱国主义教育的主要内容为：艰苦奋斗、辛勤劳动，不断丰富和发展中华民族的物质文化财富；反对民族分裂和国家分裂，维护各民族的联合、团结和国家的统一；在外敌入侵面前，团结对外，英勇抵抗，维护祖国的主权和独立；同一切阻碍历史发展和社会进步的势力和制度进行斗争，推动祖国的繁荣和进步。

爱国即爱祖国，而祖国的直接体现是同胞，国家的直接体现是政权，祖国与国家不是一回事。公民应该热爱自己的祖国，国家应该效忠自己的公民。

爱国主义的外在表现是随时代与社会发展而变化的，当下的主要表现为：热爱祖国山河、历史、文化，关心祖国前途和命运；拥护和热爱社会主义制度与现代化建设事业；热爱中国共产党与各族同胞，维护祖国独立与统一。我们要将历史教育作为重要入手点来开展爱国主义教育，特别是近现代历史教育，引导受教育者走进祖国历史，了解祖国的发展历程与现状，认同自己作为中华民族一员的身份，并为此感到自豪，形成民族自尊心和自信心；培养受教育者的责任感和荣誉感，使之自觉地将国家利益放在个人利益的前面；塑造受教育者为祖国、人民服务并勇于献身的精神，使之形成统一战线，将对祖国的热爱落实到具体的行动，投身于台湾回归、祖国统一的事业，投身于中国特色社会主义建设事业，投身于实现共产主义的远大的理想。

爱国主义精神是中华民族传承数千年的文化精髓和传统美德，是中国历史车轮滚滚向前的重要推动力。其孕育、形成、发展于中华悠久历史，又推动中华历史发展。爱国主义的具体内容因国家和时代的差异而不同，其教育内容也因此而不同。但是，我们要认识到，中国爱国主义精神的内容固然处于动态发展之中，却也有共同的内核与特点。

当下的爱国主义教育，要以当代的中国爱国主义精神为引导，使人们认识到热爱社会主义就是当代爱国主义的具体内容和要求，建设中国特色社会主义就是爱国的具体表现和时代主题；使人们对弘扬爱国主义与坚持对外开放之间的关系形成正确的认识，一方面继承和发扬优秀民族文化，另一方面借鉴和汲取外国优秀文化，对待外国的文明成果既不能盲目推崇，也不能盲目排斥，要辩证对待；要将爱国主义教育与国际主义教育结合，引导人们反对霸权主义和强权政治、维护世界和平。

4. 形势政策教育

开展形势政策教育有助于人民群众清晰、正确地认知国内国外形势，全方位、正确解读党的路线、方针、政策，找准个人与民族奋斗目标，有助于更好地为社会主义现代化建设贡献力量。

我们应当以党的中心工作为具体教育活动的中心，有重点地开展形势政策教育，带领受教育者认识到并理解和认同和平与发展是目前国际社会的主题，了解和分析国际社会形势变化以及我国对外关系的新变化，理解和认同党和政府的各个举措；引导受教育者对市场经济体制改革历程中的种种新现象和新问题，以及党对此提出的方针和政策形成理性、正确的认识。为了使人们较为准确地把握国内外整体形势变化，找准正确的前进方向，必须科学、合理地分析和说明市场经济中出现的新现象和新问题，科学、合理地阐释政府实施的新政策。这样方可使人们认同社会主义市场经济体制，并积极参与到这一体制的建设和改革之中。形势政策教育面对的是一个个具体的个体，必须有针对性，要结合受教育者的思想认识基础来安排各个教育要素。唯有如此，方能确保形势政策教育的实效性。

进行形势政策教育要教育和引导人们学会运用马克思主义的立场、观点和方法去分析形势，正确认识形势中的主流和支流、本质和现象、局部和全局、眼前利益和长远利益等，把握事物发展的趋势；要教育和引导人们明确奋斗目标和任务，正确理解和自觉贯彻执行党的路线、方针、政策，促使社会主义现代化建设和改革开放的形势继续向好的方向发展。

（二）法制观教育

1. 社会主义民主教育

民主是指一定社会的统治阶级按照少数服从多数的原则实行阶级统治的一种方式，民主问题从本质上说是国家制度问题。社会主义民主是在社会主义国家，以工人阶级为领导的全体人民在共同享有对生产资料的不同形式的所有权、支配权的基础上，享有管理国家的最高权力。具体地说，社会主义民主的内容包括：人民是国家的主人，国家的一切权力属于人民；人民有权管理国家，管理各项经济事业、文化事业和其他社会事业，监督国家机关及其工作人员；依法享有人身、言论、通信、出版、集会、结社、游行等自由的权利，在法律面前人人平等，等等。

社会主义民主是我国作为无产阶级国家的根本属性决定的，是社会主义制度的关键性政治原则，是党的重要方针。我们的现代化建设必须以社会主义民主为基础，才能够与人民群众的利益相契合。坚持和发展社会主义民主，有助于激发和强化人民群众的主人翁意识，激发人民群众参与社会主义建设的热情和积极性、自主性、创造性，从而推动我国的现代化；有助于强化党内以及党与人民之间的团结，营造积极的党风与社会风气。所以，我国要长期开展民主建设。

开展社会主义民主教育，需引导受教育者正确区分社会主义民主和资产阶级民主，正确认识两者的本质差异，以及前者的优越性，并不断完善和优化社会主义民主。其中，资产阶级民主是少数人的民主，仅限于资产阶级及其同盟内部，不属于无产阶级，对无产阶级专政；社会主义民主是绝大多数人的民主，是属于全体人民的民主。需要注意的是，社会主义民主不是短期内可以快速实现的，而是要经过一个不断发展和完善的过程。需引导受教育者理解什么是集中，并正确把握其与民主之间的关系，既要避免走向无政府主义以及极端民主化，又要避免走向官僚集中制；引导受教育者正确理解什么是法制，并正确理解其与民主之间的关系，反对和禁止一切利用假民主，即违背法制、超出法制的"民主"，违背四项基本原则的行为，和违背国家与人民利益的行为。

此外，社会主义民主教育还是一种自我教育，需帮助人们掌握并利用民主的方法，即说服教育、批评与自我批评，解决内部矛盾，转变个人思想，解决思想认识问题，提升思想政治觉悟。

2.社会主义法制教育

社会主义法制通常指社会主义国家的法律和制度，或者指社会主义民主的制度化、法律化。社会主义法制是在打碎旧的国家机器、废除旧的法制体系的基础上建立的，代表了社会主义国家全体人民的最大利益和意志。它包括立法、执法、守法三个方面，要求做到"有法可依，有法必依，执法必严，违法必究"。

"有法可依"指的是，制订和实施能够代表广大人民共同意志和利益的，能够明确和维护于社会主义事业有利的社会关系和秩序的法律和各种形式的法规等。只有在法律完备的前提下，方可使社会主义社会中的主要社会关系法律化和制度化；方可在事关国家和社会共同利益的重大问题上，形成工人阶级为领导的广大人民的共同意志，并将其上升为国家意志，取得全体公民一体遵守的法律效力，以便使人们在这些领域有章可循。有法可依是确立和实现社会主义法制的前提。

"有法必依"是实现社会主义法制的重要基石。其要求"普遍守法"，即社会内的全体公民和所有组织都必须遵守法律。为此，应当在全社会范围内普及"法律至上"的观念，使社会全体成员从心底里敬畏法律，自觉在法律范围内活动，杜绝所有法律范围之外的特权现象。同时，要求全体社会公民，尤其是国家机关与公职人员，以法律为行为准则。只有遵守法律，才能够发挥法律的作用，否则制定再多的法律也无用。

"执法必严"是实现社会主义法制的重要条件，是对拥有执法权的机关和公职人员的要求。所有行政、检察、审判机关都以法律为行为依据，不可做出法律规定范围之外的行为。执法必严并不代表在办案时一律要求按照法律条款从严执行，对案件的判定是在具体案件情况下按照法律规定所作出，无论从宽、从严，还是从轻、从重都必须依据法律规定。严格执行执法还要求各个层级之间的个人或者部门互相尊重已确定的权限范围和责任界限，一方面要反对和避免专横执法、滥用职权的行为，另一方面也要反对和避免主观主义、命令主义、官僚主义，避免权力过分集中。此外，必须严格尊重和保护广大公民的合法权益，所有执法机关和执法人员都不可侵犯公民权利，要执法有度，不可超出法律限度。

"违法必究"是实现社会主义法制的重要保障。其指的是，所有社会公民，不管其地位如何、财富如何、权利如何、贡献如何，在法律面前都没有特权；应当及时披露和依法惩处所有违法犯罪行为，追究任何违法犯罪者的法律责任。放过任何一个违法犯罪者都是对法律的蔑视，对宪法的侮辱，对法制的破坏。我们必须重点开展法律审判、执行和检察机关的建设，对三者进行合理分工，明确各自的权责范围，使之相互合作、彼此制约，切实保障审判、检察机关的独立性，避免其受到任何干扰。同时还要求各级人民代表机关、群众团体、社会舆论、广大人民群众和党的各级组织对司法机关实施经常的、有效的监督。

社会主义法制教育的重要任务就是引导人们"知法""守法"和"护法"，形成和增强法治意识。"知法"即了解法律，我们要教育人民认识、了解法律，尤其要教育其掌握宪法的基本内容、原则，自觉用宪法指导个人行为，正确辨别是否违反宪法。同时，引导人民学习宪法外的、对生活有着重要作用的基本法律，了解其内容。因此，我们要加大法律知识宣传力度，拓展线上、线下宣传渠道。除了学校，其他单位也要积极组织群众学习法律知识。官方媒体之外的大众传媒也需重视和积极宣传法律知识，全社会应当共同构建良好的法律知识学习环境。只有在"知法"的基础上，人们才能够"守法""依法办事"，实现法制教育的目的。为了引导人们自觉尊重法律、遵守法律、打击违法行为，学校应当结合校情设置法制教育课程，对全校师生进行系统的法制教育。

3. 遵守纪律教育

纪律是指一定社会组织为实现组织目标要求其成员所必须遵守的一种行为规范。它调节着集体内部的相互关系，既具有强制性又具有自觉性。其主要内容是：正确认识自由与纪律的关系；自觉抵制自由主义和无政府主义，坚持个人服从集体、少数服从多数的原则；严格遵守规定和规章制度；自觉遵守社会公德、社会秩序和国家的宪法、法律等。人不以规矩则废，因而一个人要锤炼政治素质，必须深入学习马列主义、毛泽东思想特别是习近平新时代中国特色社会主义思想，坚定道路自信、理论自信、制度自信，文化自信把贯彻政治路线、服务发展大局、体现社会价值，作为一种品行修养来加强，一种道德操守来保持，一种思想境界来提升。明白哪些事能做、哪些事不能做、哪些事该这样做、哪些事该那样做，坚持原则、恪守规矩，切实增强"守纪律如生命、讲规矩为天职"的自觉性和主动性，"其身正，不令而行；其身不正，虽令不从"。

同时，还需促进人民对纪律和自由之间关系的正确理解和把握。自由和纪律是彼此制约、彼此依存、彼此促进、对立统一的关系，两者的协同有利于构建出健康有序的社会环境。在社会主义社会中，自由建立于纪律的基础之上，没有纪律，自由就无从谈起。现实世界中，不存在超越历史的、完全自我为中心的、没有约束的绝对自由。正确理解二者之间的关系，人们将更自觉地遵守纪律。

不管是我国的现代化建设，还是培养时代新人，都要求提升人们的纪律性，使所有社会成员形成高度的组织纪律观念。所以，将遵守纪律列为长期的重要内容来进行思想政治教育是必要的。

（三）道德观教育

"道"是一切事物的本源，是创造万物的力量；德是人类根据自然规律，以及社会和人类客观需要形成的处理事物的行为方式，是顺应和利用自然发展规律，促进自然和社会的发展，以及提升自己的实践方法。把道与德相结合就是道德，它属于社会意识形态，是所有以善恶为衡量标准、依赖于社会舆论和个人内心信念来维系人与人、社会关系的行为准则和相应的心理和行为活动的集合体。

道德教育的实施可以最大化地在基础层面上发挥道德的调节作用，促进道德观念的普及和深入人心，提升人们的道德水平。尽管道德教育受到政治教育和思想教育的制约和影响，但良好的道德品质对于塑造和提高政治素质、思想素质、法律素质和心理品质具有引导和促进作用。所以，现代思想政治教育以道德品质培养为起点。

根据我国当下的发展情况，道德分为两个层次：第一层次为社会主义道德，主要内容为：爱祖国、爱人民、爱劳动、爱科学、爱社会主义，这"五爱"包含了整个社会生活，表现为职业道德、社会公德、婚姻家庭道德等。当下的道德教育以社会主义道德教育为主，旨在构建一种囊括全国人民的平等、团结、友爱、互助的社会主义新型关系。第二个层次为共产主义道德，这也是我们需要大力宣传的。现阶段的道德教育以共产主义道德教育为辅，主要针对社会中的先进分子。

总之，道德是有层次的，我们要结合与利用这种层次性开展道德教育，以取得更为理想的教育效果。

（四）心理教育

心理教育是思想政治教育内容的重要组成部分，是旨在提高受教育者的心理机能，发挥其心理潜能，促进其心理成长的教育。人的心理状况在一切教育过程中发挥着维持、调节、统合的作用。人们都是从一定的心理活动开始，经历一系列心理过程的发展和变化，才形成一定的政治素质、思想素质、道德品质、法纪观念。同时，人们的能力、气质和性格等个性差异也对此产生着影响。政治、思想、道德、法纪等以心理为起点，良好的心理状况是德性形成的重要前提条件。心理教育从良好心理素质的培养入手，最终落脚于人的健康心理品质的养成，是上述思想政治教育内容开展的基础。心理教育内容囊括了心理现象知识教育、心理健康与调适的基本知识教育、心理疾病的预防与咨询教育等。经过多年研究，我们发现人的心理有一定的规律，并且已经探索出了一些规律。开展心理教育有助于人们理解和利用这些规律，从而使其对心理现象的产生和发展进行科学合理的预测与控制，更好地进行各个领域的实践。伴随生产力的不断提升，社会物质越发丰富，人的精神生活的重要性越发突显，心理问题也随之增多，因此心理教育的重要性也日益凸显。

二、思想政治教育方法

在教育过程中，为了实现教育目的，必须采取一定的教育方法，思想政治教育也是如此。思想政治教育方法是对以往的思想政治教育实践的总结和升华，是教育者和受教育者之间的连接纽带。只有采取科学、合理、合适的教育方法，才能够取得理想的教育效果。

（一）教与罚相结合：现实与有效的教育方法

这一方法是最基本的教育教学方法，在思想政治教育中也十分常用。它主要是指一方面感化学生，引导学生形成良好的思想政治素养，做出正确的行为，另一方面以严格的规定对学生的行为做出规范，并在其违反规定后做出相应的处罚。这一方法早在古代就已经形成且被用于思想政治教育，并且一直演化、沿袭到今天的思想政治教育。

西周时期采用的教与罚相结合的教育方法表现为先感化后惩罚。当时已经有了较为完备的教育制度，学校开展"六艺教育"，其中"礼""乐"就是培养学生的道德和政治意识，并以"六艺"考核学生，根据考核结果，奖励优秀者，激励优秀者再接再厉，同时也激励未获得奖励者加倍努力；而对于不合格者，学校会先感化学生，若是学生不及时改正就会施加惩罚，可见这一时期的学校教育就已经形成了先教后罚的教育方法。魏晋南北朝时期，学校教育中沿承了教与罚结合的教育方法，奖励和激励措施已经形成了一定机制，在处罚方面也更为规范。特别是唐代学校教育构建了奖励激励制度以及惩罚制度，更加突显了教与罚相结合的特点。为维护师道尊言和保证正常的学校教学秩序，唐政府制定了一系列的学规和校纪，这是中国教育历史上第一次有明确记载的、成为固定化的、有系统的条文规定。到了宋代，学校道德教育的教与罚相结合的方法发展得更加完善，将教师也纳入管理对象范围，严格惩罚教师的失德行为。在明代学校教育中，赏罚明确的教与罚相结合的教育方法同样得到了广泛应用。为了培养能够为国家贡献治理才能的人才，明朝政府给在学的学生都提供了优厚的待遇，希望这些学生能够学有所成，成为国家的栋梁之才。当时对人才的要求既表现在学识方面，更表现在品德方面，而且尤为看重品德。不仅有月考、岁考，还有日常的稽考。在清代，学校也广泛采用奖励和惩罚的手段，以激励学生认真学习和修身养德。

由上可见，教与罚相结合的教育方法是传统的教育方法，其能够一直从西周沿用至现代，说明这种方法有其科学合理之处，能够有效地培养学生的思想品德。当然，古代教育的惩罚措施，尤其是魏晋之后，过于严格，还有体罚措施，这是我们今天的思想政治教育所不可取的，当今的思想政治教育应当坚持教与罚相结合的原则，采取合理的、人性化的惩罚措施。

（二）认知说理：高层次与高级的教育方法

在思想政治教育中，认知说理法或认知说教法主要是指以理性分析和讲解，提升学生的思想境界和道德水平的方法，被认为是最高级别和最高层次的方法。立足级别的视角，在古代，只有少数人能够接受学校教育，他们主要是世家贵族子弟，而非平民百姓，平民百姓少有受教育的机会。认知说理方法主要用于学校教育，针对的是学校里的学生。虽然，我们今天的教育是社会主义性质的教育，思想政治教育更是如此，但是认知说理法的适用对象也一般是认知水平较高的人。立足于层次的视角，能够通过认知说理法明白和接受教育的内容，属于较高的教育层次。具体而言，现代的思想政治教育中，小学采取讲故事的方法启发学生，中学直接讲解知识，大学则直接讲解理论，这是因为受教育对象和教育层次的特殊性。我们今天的思想政治教育不能随意使用认知说理法，而要具体问题具体分析。

认知说理法在古代教育中的应用十分受限，因为其要求教育者告知受教育者社会要求及社会要求的根据，而古代统治阶级为了维护自己的统治不愿启发民智。一方面，认知说理法的"认知"要求使受教育者认知社会要求的内容、形式，以及社会肯定和鼓励什么、反对和排斥什么。而古代学校教育面对的不是全体社会成员，而是少部分受教育的特权阶级，只有对他们的思想政治教育可以使用认知说理法。"认知"的内涵可以分为两个层面：第一个层面，认识、了解社会要求的内容；第二个层面，把社会要求转变为实践行为。中国古代的教育是封建性质的教育，认知社会要求作为教育的一部分，是一种专属于统治阶级的特权。另一方面，认知说理法的"说理"要求使受教育者理解社会要求的根据。当人们认知社会要求后，很大程度上就会接受和遵循社会要求，但是这种接受和遵循并不一定是从心底里的，而且当人们对社会要求形成了深层次的理解，理解其根据后，也会更深层次地接受社会要求，所以古代的思想政治教育非常重视说理，并且形成了很多理论，如天人合一、三纲五常、阴阳五行等等。虽然这些理论都是为了维护封建统治，有很多不合理、不科学之处，但是也说明了说理的重要性。而在今天的思想政治教育中，认知说理法的使用不再受限，每个社会成员都有受教育的权利，都是受教育的对象，尽管其属于高层次、高级的教育方法，但是在国民科学文化素养普遍提升的现代，其可以较为广泛地使用，我们的思想政治教育也应当不断发展和完善这一方法。

第四节 思想政治教育的本质与吸引力

一、思想政治教育本质

思想政治教育是伴随人类文明的出现而形成并且一直存在的，不管是哪个历史阶段、哪个国家，政府都会对人民进行各种各样的思想政治教育以使之服从统治。关于思想政治教育本质的认识是思想政治教育的根本问题、核心问题，只有正确认识其本质，才能够在此基础上构建思想政治教育理论体系以及进行实践探索。所以在思想政治教育领域，对其本质的研究一直是研究的重点，具有重要意义。本质实际上指的就是"是什么"，当下学界对于其本质的认识仍未形成共识，学者往往从单一维度出发研究和界定思想政治教育的本质，其研究结果也相应地有这种单一的特性，所以尽管其研究能够或多或少地使得学界关于思想政治教育本质的认识更加深入，但是仍然不能明确。

认识思想政治教育的本质首先要明确什么是"本质"，否则所有的界定都是自说自话。本质是事物内在固有的根本属性，是其存在的根据，决定了事物所具有的基本特征和表现方式，使该事物区别于其他事物。不论事物如何发展、呈现出什么样的性质和现象，都是其本质在起着决定作用。事物本身包含的特殊矛盾构成了其本质，使之从根本上与其他事物区别开来。正是因为这个特殊矛盾，该事物才能够成为该事物，而不是其他事物，才能够不断前进。

通过上述分析可以发现，"思想政治教育的本质问题"是研究所有思想政治教育问题的关键与核心，是开展思想政治教育的前提，是其发展的根本动力。思想政治教育的本质影响着其结构、规律、机制、原则、方法等各个方面，贯穿于其全过程。只有抓住思想政治教育的本质，我们才能够合理定位其性质，才能够明确其核心概念，才能够合理选择教育内容，才能够设定合适的教育目标。思想政治教育是一种与人类阶级社会共生共存的现象，它贯穿于人类社会的漫长历史中，在不同社会形态下始终存在、发展。随着社会的变迁，思想政治教育的理念和实践不断更新，但其本质始终未变，不断影响着思想政治教育的方方面面。研究思想政治教育的本质就是研究其在人类社会中永久存在的依据，从不断变化的、各种各样的思想政治教育现象中找到一种永久存在。

学术界一直在研究思想政治教育本质问题，并且研究层次不断深化，研究成果不断丰富，但因为不同学者研究的出发点、方法、认知路径和思维方式方面存在差异，因此形成的定义也各种各样。某些学者提出，它的本质就是以受教育者思想政治素质的养成为指向的政治价值观再生产。某些学者提出，它是一种特殊的教育实践活动，从价值需要出发，落脚和归结于价值实现。某些学者提出，它是一种价值观教育，由某阶级、政党或集团使用社会价值体系影响和塑造社会成员的价值观，使之符合该社会价值体系要求。

思想政治教育活动的实施者多种多样，受到多种因素影响，但它的所有活动都有一个终极决定者，思想政治教育就是要求受教育者认同这个终极决定者的政治角色、主张和信仰。从认同走向求同，再到协同，最终共同。所以说，思想政治教育是一种"同育"，实质上就是一种"共同体教育"，旨在使全体社会成员形成和具备特定共同体素质。所谓特定共同体素质就是共同体成员具有维护共同体利益、服从共同体意志、分享共同体荣耀的愿望与能力。思想政治教育的内容非常丰富多样，意识形态是其中最基本的。它是针对社会资源即一切引发社会利益变动的要素如权利、义务、工作、荣誉等配置的理论主张，分为两种，分别是核心意识形态和一般意识形态。前者是用以证明执政正当性的意识形态，后者则是与前者共同用以阐述执政合理性的意识形态。思想政治教育的基本工作就是引导人们的思想转化和升华。所谓思想转化指的是使受教育者的思想观念转到终极决定者的思想轨道上，如从怀疑到信任，从误解到理解等。所谓思想升华指的是将知识融会贯通为信念，将信念落实为具体行动，将行动变为习惯，将习惯转变为坚定的信仰。其工作方法分为灌输和浸润两种，两者各有优劣，前者直接粗暴，但非常适用于对文化水平较低的受教育者的教育，教育效果非常显著；后者较为温和、人性化，但其实现过程相对复杂，需要教育者拥有较高的素质和能力，适用于文化水平较高、自我意识强的受教育者。不过两者只是教育的方式，并非本质。其话语方式分为两种，即传话式与对话式，前者是单向交流，主要为讲授，一方讲解，一方聆听；后者是双向交流，主要为讨论，双方相互交换想法。两者均有各自的优点和缺点，应当综合使用。

  总的来说，思想教育的本质是一种基本方式为教育，基本内容为传播意识形态，最终目标为培育特定共同体素质的交往实践。其效果以受教育者在受教育后，特定共同体素质的提高程度为标准来检验。

  本质问题关乎对根本性质的探究。本质问题属于思想政治教育的元问题、元理论，是一切理论和实践的根源，是其发展的根本动力。研究本质问题，有助于相关理论的完善和发展。本质问题具有较高的复杂性，我们要先梳理清晰关于本质的论证，对其进行元问题式研究，才能够明确思想政治教育的本质。元问题研究是一种以更高级的逻辑分析和解释原有研究对象的研究方式，其特征为前提性、后思性。前提性在于，从逻辑上看，其研究的问题具有先在性，是最初的、最基本的问题；后思性在于，其以关于研究对象的一定的认识为基础来研究，也就是把自身作为认识对象，实现对自我的再认识。所以，以元问题的方式来研究思想政治教育的本质，就是研究比本质更进一步的问题，如本质的存在性问题、本质规定性问题、怎样认识本质问题等前提性问题，可视之为对其本质的探寻。当我们解决这些前提性问题，明确其本质是否存在、什么才算是本质、能不能认识本质以及如何认识等，就可以以这些认识为基础，进一步探索思想政治教育的本质，使得思想政治教育理论的跨越式发展和形成新范式成为可能。

  依据语言哲学的观点，本质是一个概念，必须指向明确的叙述对象和意义。作为一个词语，本质的词义是指事物的本来面目和根本属性。同时，本质是一种思维方式，用以认识和理解世界，是人类对事物认识的阶段性成果，是科学研究的起点和重要工具。我们利用本质概念来研究和思考，它和普遍性、必然性、矛盾、根据、规律等概念相互联系。作为认知的工具和方式，本质能够加深我们对世界的认识，帮助我们构建各种理论体系，不断区分和定义各种事物，并在此基础上提升研究的广度、深度和进度。在探究思想政治教育现象时，我们必须认识到本质问题是存在的，更是不可避免的。事物是由不同矛盾组成的，具有多样性，作为人类实践活动的思想政治教育在外在现象上的表现形态十分丰富多样。这些表现形态中有其本质因素，也有其非本质因素，这是客观存在的事实。因此，我们必须不断探究思想政治教育的本质，并对其进行明确合理的界定，以推动思想政治理论研究不断深入。所以，追问思想政治教育的本质是不可避免的必然命题，专家学者需要不断追问"思想政治教育是什么"，从而定义思想政治教育的本质，并将其作为进一步理解思想政治教育的必要前提。我们在研究自然科学的历程中，在研究社会科学的历程中，已然探索出并定义了部分事物及其活动规律的本质，这使得我们可以更加准确和深层次地理解自然和社会。由此可见，认识思想政治教育的本质，是理论研究与实践探索中所必要的追求，并且存在实现的可能，问题在于如何把这种可能转化为现实。

立足于思想政治教育必然存在本质这一基点，自然会生成关于其本质存在形式的问题，也就是其本质是一元性存在还是多元性存在，是绝对不变的存在还是相对稳定的存在。经过上述分析我们已经知道了，其本质由其特殊矛盾所决定，是其存在的依据，所以才能使其与其他事物区分开来，使得思想政治教育是其本身而非其他。所以，思想政治教育的本质是一元性存在，思想政治教育可以有多个属性但是只能有一个本质，只能是其本身，而不能既是此又是彼。并且，在其存在依据未出现重大变化，其本身未出现根本性转变前，其本质是相对稳定的存在。

需要注意的是，对思想政治教育本质为一元性存在、相对稳定存在的认识不是绝对性认识，我们要避免本质主义陷阱。本质主义是一种思维方式和一种知识生产体系，其特征为先验预设、非历史、僵化封闭。其承认事物本质是存在的，但从超历史的、普遍永恒的角度来理解本质。其通过现象—本质的论述方式，并以此为核心建构一系列二元对立的认识论命题，倾向于"元述事"和"宏大叙事"，并且视认识主体为"绝对主体"，主张存在普遍的、永恒的、绝对的认识世界的方式方法，认识主体可以以此对世界和事物本质形成绝对正确、超越历史的认识，从而建立一个具有永恒阐释力的知识体系。马克思主义认为，所有事物都不是永恒存在的，会经历产生、发展，最终消亡。所以不存在永恒不变的、超验的唯一本质，认识主体的认识是历史性的，对于本质的认识也是立足一定的历史时期，经由考察有一定发展历程的事物而形成的，这种考察是永恒的，没有终点的。所有事物都处于永恒的发展变化状态之中，总是不断革除旧的内容、增加新的内容，呈现新的形式和现象，其内在和范围会形成新变化，所以，我们只可通过经验和规律对其未来形态进行有限的预测，而不能准确掌握其具体样貌。与此同时，人类也处于发展状态，认识水平不断提高，对于事物本质的探索也不断加深。虽然受限于时代和视野，生活于某一历史时期的人们很难看穿各种现象抓住事物的本质，但这并不妨碍我们不断探索本质的道路。随着时间的推移，事物不断发展，人类认识水平不断提高，我们对事物的研究不断加深，必然会更加全面和准确地把握事物的整体，更深层次地认识事物的本质，更加科学准确地提炼概括事物的本质。立足这一层面，思想政治教育的本质以及我们对于本质的认识是不断生成的。

以上是关于思想政治教育本质的存在性，以及其本质的一元性和相对稳定性的论述，确定这些问题后，我们对其本质的认知更为深入了，也可以做出进一步的探究。立足于元问题的视角，在存在性问题后，需要进一步探究本质规定性问题，即对何种论述能够称得上是多中之一、变中不变的本质的标准问题的辨析。

在本质问题探讨中，探寻普遍性和探寻特殊性都有其各自的探究角度和层面，二者并行互不冲突。我们既要横向探索，找出思想政治教育是其本身而非其他的存在依据；又要从其各种表现形态中找出一种普遍存在。马克思曾指出："可以根据意识、宗教或随便别的什么来区别人和动物。一旦人开始生产自己的生活资料，即迈出由他们的肉体组织所决定的这一步的时候，人本身就开始把自己和动物区别开来。"可见，虽然我们可以利用意识和宗教等因素区分人和动物，但这并不是人类的存在依据，究其根本，人与动物的本质区别就在于人类的实践活动。而且其他可以区别人与动物的要素，如宗教、意识等等，最终也是人类的实践活动所决定的。

首先，思想政治教育的本质就是使它之所以是它而非其他，根本上区别于其他事物的东西，是它长久存在的根本依据，由它包含的特殊矛盾决定。我们要认识到本质决定着现象，两者之间有一定的关系。本质是一个事物存在的根本依据，所以思想政治教育的各种形态都以其本质为存在根据，本质贯穿于思想政治教育的全过程，贯穿于其全部形态，是其中最普遍的东西。现象源于本质，但是两者并不直接一致，思想政治教育的现象总是复杂的、多样的、特殊的，很难一眼从这些现象中抓住本质。但是这些现象作为本质的表现形式，都一定程度上反映着本质。我们需将这些现象整合，深入研究和剖析，抓住其中的最核心的东西，才能够找到本质。

其次，思想政治教育本质应该能够反映其发展趋势。其一，思想政治教育的本质为其特殊矛盾所决定，而矛盾是事物发展的动力，矛盾的内部运动构成了事物发展的过程，所以，在特殊矛盾存在的情况下，我们可以通过本质去理解和把握矛盾，也就可以通过本质解释和说明已有的各种形态，因此，从这种逻辑上来看，思想政治教育的本质指向了它未来发展形态的说明。其二，思想政治教育的本质体现了其发展的趋向，这种趋向指的不仅是时间层面的发展，我们可以利用其本质来认识和分析外在的具体教育活动，把握其发展的内在逻辑及发展变化规律等。所以，思想教育的本质还应当能够阐述其转型方向，也就是说，其本质既能够反映过去，还能够透视未来。从宏观而言，从本质规定性的角度来看，可以说思想政治教育的特殊矛盾决定了其本质，其本质规定了思想政治教育不是其他事物而是其本身，将其与其他事物根本上区别开；其本质是其外在种种现象中的最普遍的东西，可以将其内部各要素的内在联系反映出来，并统摄和支配这些要素，是思想政治教育现象中的核心现象；其本质可以体现其发展趋向，说明其未来形态。由此，我们可以理解思想政治教育本质的存在性和规定性，从而可以更深入地认识什么是思想教育的本质。

那么，我们要怎样把握思想政治教育的本质？

第一，要透过表象看本质，也就是从思想政治教育的表象入手，探寻其中相对稳定的部分。虽然思想政治教育在不同的历史阶段和时代环境下会呈现出不同的表现形式，但其主要任务始终不变——传播统治阶级的意识形态。在传播过程中，首先，采取的传播方式以"接地气式"为主，思想政治教育面对的受教育者是社会中的普通大众，所以，应采取普通、最多人可理解和接受的方式，紧密结合与社会最广大的群众，润物无声地引导其思想转变，形成正确的价值观。其次，采用了"天涯海角式"传播方法。人们的一切行为都是在一定的价值判断下作出的，所以社会的所有方面都和思想政治教育有关，不管身处何方、涉及哪一领域，思想政治教育都可以渗入其中，以大众难以察觉的方式转变和塑造人们的思想形态。最后，采取了多元化传播方法。当下教育技术飞速发展，除了在课堂灌输式讲解理论知识之外，思想政治教育还结合多种技术，丰富了传播方法。例如，通过在微博、微信等网络平台宣传典型人物、构建虚拟现实主题体验馆以及组织相关社会公益活动等，引导大众接受主流意识形态并参与其传播。这些传播形式充分利用了大众媒体，引导人们的思想观念转向主流意识形态。综合而言，思想政治教育的表象是指统治阶层通过各种团体（如学校、社区、社会组织等）向广大社会群众传播符合社会发展潮流的主流意识形态，以便他们能够认同和接受，并将主流意识形态外化于实际行为。主流意识形态是一种主流价值观，它不仅符合社会的发展趋势，还能够推动社会不断进步。也就是说，思想政治教育就是以主流价值观影响和塑造社会广大群众的价值观，使后者趋近和进入前者的思想轨道，可见这是一种价值观的互动。所以，我们通过思想政治教育的表象，可以发现其本质是价值观互动的实践活动。

第二，从思想政治教育的内在规定属性入手，这主要包括三种，即超越性、实践性、目的性。我们可以由这三个属性探索出思想政治教育的本质。首先，超越性。基于对人们思想道德发展规律的充分了解，评估其发展态势，并设计符合实际的教育方针，采取科学合理的教育方法，使人们的思想道德、政治观念朝着积极健康的方向发展。这一属性或多或少地反映出了思想政治教育的本质。其次，实践性。思想政治教育是针对人开展的，转变或升华其思想观念的实践性教育活动，即上文论述的价值观互动的实践活动。最后，目的性。这个目的指的是确保人们的思想品德和政治立场符合社会主义核心价值观。基于此目的，思想政治教育开展了一系列价值互动的实践活动，这些活动的具体目标也随之而定，即使客体认同和接受主体倡导的价值观。

第三，从整个过程入手，揭示本质。思政教育的大致过程是，按照社会思想品德标准，教育主体对教育客体开展思想政治教育，使之思想政治认知提升、品德情操升华，形成符合社会要求的思想观念并落实于实践。这一过程中的主要矛盾为教育主、客体思想品德水平的不一致，即社会群众内部思想品德水平不一，也就是价值观存在差异。思想政治教育过程就是教育主体以自己的价值观影响教育客体的价值观的过程。此外，这一过程中，主要包含了三个发展阶段，即内化、外化、反馈。内化阶段指的是，教育主体传播主流价值观，教育客体吸收并将之转化、融入自己的思想观念；外化阶段指的是，教育客体以内化后的思想观念指导个人行为实践，进而将其固化为行为习惯。从这一阶段我们可以直观地看到思想政治教育的效果；反馈阶段指的是，反馈、评价教育效果并反思，这使得每个人和社会整体的价值观念更为完善，使得广大群体的价值观接轨主流价值观，形成共同的群体价值观。

思想政治教育的本质问题实际上就是立足元理论的角度探讨思想政治教育的元意义，探索其理论与实践关系逻辑演进的本原。研究思想政治教育的本质问题，可以使我们不断破解在思想政治教育方面的迷惑，纠正相关错误认知，在理论上推动思想政治教育学科发展和科学发展。本质是唯一的，但其对应的属性确是多元的，深入探索本质问题，可以使我们更深层次地认识其属性，以及本质与属性之间的关系，更加准确地把握思想政治学科的本真属性。科学地认识其本质可以帮助我们进一步明确学科范畴，在理论上把握其根本属性，理解思想政治教育的内在逻辑，掌握其基本规律，更深入地理解其功能，确定其在学科层面的地位和作用。

由于思想政治教育本质的规定性，我们可以通过对其本质的把握，明确其根本属性与发展方向。也就说，当我们弄清楚其本质之后，就可以明确坚持何种思想认识，做出何种具体行动。在全国高校思想政治工作会议上，习近平总书记指出，高等教育服务于社会建设，服务于人的全面发展，其任务在于为社会主义事业培养建设者和接班人，须始终坚持正确的政治方向。我们当下的思想政治教育实践中存在一些问题，主要表现为如下几个方面：过于突出"新格局"，弱化了党组织的领导与政治核心作用；盲目追求"一体化"，没有对思想政治教育的根本目的和任务予以充分重视和强调；盲目突出企业文化，忽视了思想政治教育作为生命线的地位。这些直接影响了思想政治教育的成效，导致思想政治教育的主导作用和战斗力无法充分发挥，教育原则变得模糊，政治内容被忽视和淡化，教育要求降低。这实质上是因为没有正确、明确地认知思想政治教育本质，难以在教育实践中坚定地贯彻其政治方向。

对思想政治教育的本质形成清晰的认知，有助于找出和纠正思想政治教育相关的种种错误认识。在当下的思想政治教育实践中，一些教育工作者没有真正地理解和把握思想政治教育的本质，因而形成了各种各样的片面性的、错误的认识。这些认识会使人们无法明确思想政治教育的根本属性，无法坚持其政治方向，进而导致种种错误的教育实践。所以，我们必须深入探索思想政治教育的本质，破除种种错误认识，从而确保践行正确的政治方向，以免思想政治教育泛化、窄化，推动具体教育活动的有效进行。

二、思想政治教育吸引力

思想政治教育具有吸引力是我国开展思想政治教育的关键，也是以往思政工作的重要经验。为了使当下的思想政治教育取得理想成效，满足社会需要，符合时代特征，我们必须重视和提升其吸引力。这就要求激发教育工作者以及受教育者的兴趣和积极性、主观能动性，灵活使用各种教育资源和方式，从而提升教育实效性，助力社会主义现代化建设与民族复兴大业。

何为思想政治教育的吸引力？为了正确、深入理解这一概念，需先理解和区分"吸引""吸引力"和"思想政治教育的吸引力"，并理解它们之间的互动关系。只有这样，才能真正认识思想政治教育吸引力的本质。"吸引力"原指物理学中磁性物体对在磁场范围内的其他物体的牵引力。这一概念被运用到思想政治教育领域，使吸引力具有了人的属性。"吸引"定义为主体把其他事物或人的注意力引到自己方面来。当这种"吸引"稳定存在时，就说主体具有"吸引力"。所以，形成吸引力的关键不在于主体如何，而在于其能不能满足潜在吸引对象的需求，只有满足其需求，才能说主体具有吸引力。换言之，吸引力指的是主体能够满足其他事物或人的需求，从而将其注意力引到自己方面的特质或能力。吸引对象既可以是事物，也可以是人，在后一种情况下，吸引力就更为特殊，主体的特质和能力虽然重要，但是在吸引力的形成过程中，被吸引的人的主观能动性也很关键。甚至，即使主体的特质和能力非常优秀，若被吸引对象未发挥本身的主观能动性，也不可能产生吸引力。

教学是一种有目的、有计划、有组织的活动，涉及师生双方，是教师的教和学生的学相统一的过程，是引导学生学得知识与技能、提升综合素质的专属于人类的活动。要改进教学，就要充分发挥教师与学生的主观能动性，要关注教学条件、方法和结果。吸引力属于教学结果中的一个方面，剩余方面为效果和效率。吸引力的评价标准主要为学生愿不愿意继续学习，具体表现在学生的学习意愿、动机、毅力等方面的情感与态度。吸引力与学生学习态度、动机和毅力成正比。因此，教学的吸引力是教学活动所追求的重要目标之一。

思想政治教育由教师主导，其学习过程是一个"知、情、意、信、行"相结合的完整过程。思想政治教育要触及学生的心灵，需要学生全面地参与，所以，教育工作者在教育活动过程中非常重视并努力追求提升吸引力这一目标。思想政治教育是价值观的互动过程，具有个体性功能，可满足学生个体发展需求，因此，具有吸引力。我们可以从学生在教学过程中形成的积极情感、态度与行为，如解决学习问题后的成就感中，直接看到这种吸引力。所以，思想政治教育吸引力可界定为，思想政治教育教学活动所产生的，将大学生注意力吸引到教学内容中并使大学生对思想政治教育产生积极情感、态度及行为的特质或能力。提高教育的吸引力是思想政治教育活动的主要目标之一，也是评价思想政治教育有效性的态度维度。因而，提升思想政治教育吸引力是增强教学实效性的重要举措。一般情况下，思想政治教育吸引力越强，教学效果就越好。但是，提升思想政治教育吸引力并不必然导致教学实效性的增强，前者是后者的必要不充分条件。在教学实践中，要注意内容与形式的内在结合，"形神统一"，不可盲目关注形式，过多地使用花哨、新奇的教学方法，把课堂环境营造得过于"热闹"，而应始终重视教学内容，避免"重形式、轻内容"的错误做法，要真正提升思想政治教育的吸引力和实效性。

（一）思想政治教育吸引力的特征

思想政治教育的吸引力是对于学生而言的，是通过具体的教育活动使学生的生存和发展需求得到满足而形成的，具有独有的特征。总的来说，思想政治教育吸引力具有方向性、灵活性、自主性和长期性等特征。

第一，方向性。方向性是指思想政治教育吸引力关注的是学生对教育教学产生的情感、态度及行为的反应。因而，我们需要构建并不断完善反馈机制，以便在大学生接受思想政治教育的过程中，以多元化的方式和途径及时了解他们的情感、态度和行为反应。

第二，灵活性。这一特征指的是思想政治教育可以灵活采用多种教学方法，从而满足学生的多样化需求。即使对同样基础的学生采用同样的教学方法，所形成的吸引力也会存在差异，从而在教育效果上存在差异。因此，思想政治教育要重视学生的差异性和个性，选择合适的教学方法。

第三，自主性。这一特征指的是吸引的过程是基于学生自愿、主动参与的前提下开展的，而不是通过强制、命令等手段进行的。在思想政治教育活动中，学生成长发展的需求得到了满足，故而被吸引，也就是说这种吸引力是自然形成的。然而需要注意的是，如果教学活动中，教育者选择和使用了不合适的教学内容、方法和手段，会很容易引发学生的抗拒和厌恶心理。这并不意味着思想政治教育的吸引力不是自主性的，相反，学生的消极态度会促进教育本身的改革和完善。

第四，长期性。这一特征是指思想政治教育不是短期的，不是突击式的，而是长期的，所以其吸引力才能持久。这就要求，思想政治教育应当坚持发展性的眼光，不断改革，与时俱进，从而适应学生的需求变化。

（二）思想政治教育吸引力的构成要素

思想政治教育吸引力的构成要素包括教师的吸引力、教学内容的吸引力、教学方法的吸引力、教学环境的吸引力。

1. 教师的吸引力

教师是教学活动中的主导，其将马克思主义理论传播给学生，引导学生学习、内化和践行社会主义核心价值观，培养他们的思想政治素养。为了提升思想政治教育的吸引力，必须发挥教师的主体性。学生通过教师接触思想政治教育内容，在与教师的互动中接受思想政治教育，教师给学生留下的印象对学生的学习有着直接的影响。当代大学生生活、成长于改革开放之后，极具个性，要想获得学生的喜爱颇有难度。相比其他学科和课程，思想政治教育对教师的要求更高、更严。一方面要求教师像普通教师一样，具有优秀的教学能力，为人师表，教书育人；另一方面要求教师有坚定的社会主义信仰，专业理论基础扎实，具有现代教育理念。除此之外，教师还需人格魅力强大，做到外表整洁、举止有度、精神昂扬、积极乐观、关爱学生等。所以，思想政治教师应当不断学习、反省和改进，涵养人格魅力，学习最新的教学理念和方法，提升教学水平，关怀学生，解决其生活和学习上的问题，做学生人生路上的领路人。

2. 教学内容的吸引力

教学的核心是教学内容，它是更加具象的教学目标和任务，其吸引力是思想政治教育的吸引力的根本来源。假若教学内容与时代脱节，与学生现实生活相互分离，过于抽象艰深和枯燥乏味，学生就很难对其形成学习兴趣，无法将注意力集中于教学过程，这会令思想政治教育的吸引力大打折扣，无法使教学内容入脑入心，也就无法转变和升华学生的思想。教学内容的主要载体是教材，此外，教师在教学过程中还会结合社会热点利用现实案例和素材来教学。为了使理论能够吸引大学生，武装他们的头脑，指导他们的实践，必须确保教材内容的科学性、革命性和实践性。因此，思想政治教育工作者应当与时俱进，结合学生的个性特点，不断更新教学内容，提升教学内容的吸引力。

3. 教学方法的吸引力

教学方法是指为了实现教学目标，完成教学任务，在教学过程中运用的方式与手段的总称。思想政治教育的吸引力受到教学方法的影响，科学合理地应用合适的教学方法，能够将教学内容的吸引力充分地挖掘和展现出来，有助于大学生认同、理解理论，从而获得更为理想的教学效果。为了让教学方法更具吸引力，思想政治教育工作者需要对单一、僵化的传统教学方法进行改进，并考虑到大学生的认知模式和学习方式，结合新教学理念，创新教学方法。在教学过程中，教师应该灵活搭配多种新型教学方法，例如探究式教学法、情景式教学法、项目式教学法、讨论式教学法以及社会调查式教学法等，并根据课程内容和学生实际情况进行综合运用。此外，教师还需充分利用现代教育的新技术，如多媒体、微课、翻转课堂等，构建新型教学模式，增强教学环节的互动性，赋予教学更高的趣味性，破除理论教学过于抽象和乏味的瓶颈，激发学生学习的主动性和积极性。

4. 教学环境的吸引力

教师与学生的教和学的互动总是依托于一定的教学环境，教学过程以及最终成效都会受其影响，其隐性地影响着学生的认知、情感以及行为，所以其吸引力对于思想政治教育的吸引力有着一定影响。

教育环境是一个复杂的系统，其内部包含多种要素，主要可以分为三类：教室环境、教学情境和校园文化。它们或多或少，或直接或间接地影响着思想政治教育活动的开展以及开展效果，影响着大学生思想品德的形成和发展。教室环境指的主要是教室的清洁卫生情况、多媒体设施的配备情况和课堂的组织形式等；教学情境指的主要是情感环境、思考环境和师生关系等；校园文化指的主要是校园文化氛围以及校园文化活动等。教师应当积极构建能够激发学生学习自主性和积极性的教学环境，提升教学环境的吸引力，从而优化最终的教学效果。总之，教学环境的吸引力是思想政治教育吸引力的一部分，教育工作者必须予以充分重视。思想政治教育教师在教学中要注意通过创设富有吸引力的教学情境，吸引学生的注意力，激发学生的学习兴趣。

（三）思想政治教育吸引力提升的理论基础

思想政治教育的理念、目标、结构、方法等都需要科学理论的指导，提升思想政治教育吸引力同样需要在科学理论指导下进行。从根本上来说，思想政治教育吸引力的提升主要在马克思主义的人学理论、思想政治教育主体论和建构主义学习理论的指导下进行。

1. 马克思主义人学理论

马克思深入思考人的问题并超越了前代哲学家关于人的理念，形成了马克思主义人学理论。此理论从促进人的全面发展出发，并最终落脚于此。人是思想政治教育的关键主体，教育实施者和受教育者是人，教育的目的是影响、塑造人的思想，促进人的全面发展。之所以研究如何提升思想政治教育的吸引力，就是为了获得更好的教学效果，最终促进人的全面发展。所以，研究思想政治教育吸引力要以马克思主义人学理论为重要的理论基础。根据这一理论的观点，人类一切的认识活动和实践活动都是出于人的需要，它与人性、人的本质息息相关、紧密相连，因此应当予以人的需要充分的尊重和重视。要想进行有效的思想政治教育，教师需要重视并充分掌握学生的需求，特别是他们的兴趣、爱好，并以此为依据针对性地设计教学活动。

除此之外，马克思主义人学理论要求重视人作为主体的地位，突出人的主体性。因此，为了使思想政治教育更具吸引力，教育工作者应当重视、尊重和突出学生的主体地位，重视和满足他们的需求。

2. 思想政治教育主体论

根据思想政治教育主体论的观点，师生之间没有尊卑关系，而是相互平等、双向互动的关系，都是教育过程中独立的主体，均具有主观能动性和自主性。这体现了以人为本的观念，要求现代思想政治教育充分尊重学生的主体性，我们要以此为指导，研究和提升思想政治教育的吸引力。

教师的主体性在于，能够对学生进行全面、客观的认识，更新、拓展和发展教育内容，选择、采用和改进教育方法，自主选择、创造、优化和适应教育环境，以及自我反思、改进和提升。在思想政治教育的过程中，教师要先以理性、客观的视角全方位地了解其面对的大学生，掌握其身心发展规律，尤其是思想认识的发展特点；在此前提下，选择、改进和创新教学内容、方式、手段等各个要素，以此调动学生的学习热情和积极性，从而获得良好的教学效果；并且，不断进行教学反思，改正和提高自我，增强自己的综合素养，尤其是教学能力，提升自己的吸引力。

学生的主体性主要在于，与教师之间的平等互动、对教育目的和内容的价值认同、自我教育和自律。所以，我们应当尊重和重视学生的主体性与主体地位，积极构建良性师生关系，以及轻松、愉快、和谐、充满活力的课堂环境，从而充分调动学生的学习兴趣、热情、积极性和自主性，提升思想政治教育的吸引力，使之成为学生喜爱的课程。

3. 建构主义学习理论

此理论颠覆了传统的教育教学模式，主张以更加注重学生自主体验、探究和交流的方式来提升教育的成效。长期以来，思想政治教育的吸引力不强，主要是因为传统的教学方式过于以教师为中心，强调教师的权威，忽视学生的需求。建构主义学习理论指出，灌输式教学忽视了学生的内在精神和学习自主性；强调打破这一传统的教学思路，应该激发主体能动性，使学生自觉学习思想政治理论。建构主义学习观倡导"以学生为中心"的教学模式，让学生从被动转变为主动，从依赖转变为独立。需要注意的是，这并不意味着否定教师的作用。相反，其要求更好地发挥教师的作用，主张教师站在学生的视角，从学生学习的过程出发，研究学生怎样学，也就是研究学生在主动构建意义时的内部心理过程，转"灌输"为"构建"。因此，思想政治教育应当引导学生主动涵养自己的思想政治道德，主动构建马克思主义理想信念。思想政治教育的吸引力在于它能够引导大学生构建现代化的学习理念，进而提升学生的自主学习能力和学习的自主性。为了提升其吸引力，我们应当积极构建教师主导、学生主体、双向互动的教学模式。

（四）思想政治教育吸引力的评价原则

思想政治教育的吸引力是其能够取得实际效果的重要前提，因此有必要针对其构建一定的评价机制，而评价原则是构建评价机制的重要引领。思想政治教育吸引力的评价原则如下。

1. 客观原则

应当遵循客观原则。当下还没有构建出较为完善的思想政治教育吸引力评价机制，在实际教育中，教育者主要根据自己的主观感受形成评价结果，也因为这一原因，形成了多种评价标准，存在显著的统一性不足、不够客观等问题。尽管评价是人脑意识的产物，本就具有一定的主观性，无法绝对客观，但是，意识是对客观现实的反映，对思想政治教育吸引力的评价不是凭空产生的，需以现实为依据，以教育的客观影响为依据。因此，其评价应当坚持客观性原则，构建客观的评价标准，如教育主体的客观条件、教育过程的客观效果、受教育者的客观行为等等。

2. 发展原则

根据马克思主义哲学科学世界观，一切事物都处于不断变化的状态，世界上没有任何一个东西是完全静止、绝对不变的。思想政治教育的吸引力同样是不断变化发展的，评价它时，也要遵循发展的原则。我们要以发展的眼光看待它，认识到它的变化性和发展性，以科学理性的方法判断它的发展程度和发展阶段，结合社会实际构建合适的教育模式，采取合适的教育策略，持续提高思想政治教育的吸引力。不管其吸引力是高还是低，是有还是无，都是一时的，是会变化的。也就是说，过去其吸引力高，现在可能变低，未来又可能变高，我们不能只关注其当下的吸引力。所以，对其吸引力的评价要坚持发展原则，结合不断变化的现实状况做出评价，同时还应关注其吸引力的发展潜力。

3. 理论与实践相统一原则

理论和实践相互依存，都是教育中不可或缺的元素。如在物理课教学中，教师通常不会直接带领学生做物理实验，而是先带领学生学习基础知识，待学生掌握相关知识之后再辅导学生依据所学进行实践操作，同时在实践操作中验证和内化所学知识。尽管思想政治教育注重意识形态教育，但所有教育最终都指向和归于实践，所以，它也是一种实践的教育，在具体的教育中要做到理论与实践相统一，也就是既教授相关理论和知识，使学生深入掌握；又带领学生运用这些理论和知识解决实际问题，将所学转化为所行。同样的，思想政治教育吸引力评价也要坚持理论与实践相统一原则，既要评价教育内容和方法的吸引力，又要评价教育主体的吸引力，以及受教育者的接受、认同能力，在生活中践行相关理论和知识的能力等，既评价理论又评价实践。

4. 质、量相结合原则

思想政治教育吸引力评价要坚持质、量结合原则，其中"质"指的是教育方法的科学性、教育内容的正确性和受教育者的强烈认同性；"量"指的是教育的广度和受教育者的数量。随着现代教育的发展，以及各种信息技术的革新，当下的思想政治教育已经变得更加多样化，不管是形式、内容还是方法都更加丰富多样，受教育者的数量也更多，拓展到了更多的群体。举例而言，我们可以利用新兴媒体技术如慕课、雨课堂等，创新教育载体，拓展教育的时间和空间，构建思想政治教育的新媒体基地；利用实践培训、模拟训练等各种实践活动构建课外教学基地；利用流行歌曲、短视频、纪录片等构建宣传基地，多渠道、多方式地提高思想政治教育在"量"方面的吸引力。然而，我们也要关注"质"的方面。吸引力范围扩大、传播渠道增加、吸引人数增加，使得思想政治教育面临着受教育者基础不一、多种思想观念冲突碰撞、意识形态纷杂等情况，影响着教育质量。在评价其吸引力时，也要关注其能否坚持正确方向，能否使受教育者从心底里认同、接受教育内容，并将之落实到行动中。

第五节 思想政治教育的文化意蕴

一、立足文化传承

教育是一种具体的社会实践活动。自从人类社会出现阶级之后，教育就一直服务于阶级统治，是统治阶级维护自身统治的一种政治手段，教育所传播的价值观也是统治阶级的价值观，而非所谓的"普世价值"，世界上本就没有适用于所有国家和地方的"普世教育"。教育首先要明确的就是培养目标的问题,这也是教育的根本问题。思想政治教育同样要首先明确这一问题的答案,即明确培养什么人。尽管"思想政治教育"这个概念为我国共产党人所提出,并为我国所独用,但这并不意味着只有我国开展了思想政治教育,实际上,世界各国的教育都是为本国的政治服务的,都在宣传本国的价值观和意识形态。正如习近平总书记所指出的:"古今中外,关于教育和办学,思想流派繁多,理论观点各异,但在教育必须培养社会发展所需要的人这一点上是有共识的。培养社会发展所需要的人,说具体了,就是培养社会发展、知识积累、文化传承、国家存续、制度运行所要求的人。"

各国的教育与教育的发展都具有自身独特性,都深深扎根在本国的教育发展史之中。各个国家的历史背景、文化传统、教育实践千差万别,因而在教育上形成了各自不同的发展逻辑和内在规律。习近平总书记指出:"我国是中国共产党领导的社会主义国家,这就决定了我们的教育必须把培养社会主义建设者和接班人作为根本任务,培养一代又一代拥护中国共产党领导和我国社会主义制度、立志为中国特色社会主义事业奋斗终生的有用人才。"因此,高等教育机构应将德育作为根本,培养民族复兴使命的担当者,培养社会主义的建设者。"人才培养一定是育人和育才相统一的过程,而育人是本。人无德不立,育人的根本在于立德。这是人才培养的辩证法。办学就要尊重这个规律,否则就办不好学。"我们的教育应当将"育人"与"育才"有机地结合起来,并且将"育人"放到更高的位置。这就要求我国教育始终坚持正确的政治方向,始终坚持服务于人民,始终坚持服务于中国共产党治国理政,始终坚持服务于中国特色社会主义制度发展,以及社会主义现代化建设。如果我们的教育偏离了正确的政治方向,偏离了正确的价值目标,就会失去存在与发展的根基。实质上,思想政治工作就是教人做人。立德树人是高校的根本任务,立德树人是思想政治教育的灵魂和根基,思想政治教育要做到全员、全程、全方位育人。正如习近平总书记所强调的,"要把立德树人融入思想道德教育、文化知识教育、社会实践教育各环节,贯穿基础教育、职业教育、高等教育各领域,学科体系、教学体系、教材体系、管理体系要围绕这个目标来设计,教师要围绕这个目标来教,学生要围绕这个目标来学。凡是不利于实现这个目标的做法都要坚决改过来。"

思想政治教育以立德树人为中心,这不仅符合现代社会的需要,也是对传统文化的传承。"立德"是指通过道德规范和价值观的培养,让人们具备优良的品质和道德素养。而"树人"则是指通过教育和培养,让人们具备实际能力和综合素质。这两者的关系是密切的，因为只有立德才能树人，而树人又进一步促进了立德。"立德"对于"树人"来说具有基础性、根本性意义。只有从我国传统文化的角度来看待这个问题，才能真正理解其内涵。从历史的角度来看，我国传统文化与传统教育始终强调立德树人，我国传统文化以儒家为基础，讲究入世，追求个人价值与集体事业融为一体，相辅相成，互相促进。"德"就是将个人与社会、集体联系在一起的纽带。按照许慎《说文解字》中的解释，"德"即"外得于人，内得于己。"对个人来讲，"德"是一种人性的文化要求，是个体的安身立命之本；对国家社稷而言，德化天下，治国安邦，是社会繁荣昌盛的标志。"大学之道，在明明德，在亲民，在止于至善。"传统文化中对德的推崇，孕育了我国教育在人才培养上的目标追求，孕育了现代育人理念。"一年之计，莫如树谷；十年之计，莫如树木；终身之计，莫如树人。"《左传》也记载了著名的"三不朽"："太上有立德，其次有立功，其次有立言，虽久不废，此之谓不朽。""树人"被视为"终生之计"，原因在于它牵涉到价值观的传承和民族精神的弘扬。相比于"立功"和"立言"，"立德"更为重要，是因为它直接影响人的内心，虽然看似柔软，但实际上却具有坚不可摧的力量。

文化能够跨越千百年、千万里，不断传承、传播，具有强大的时空穿透力。中国特色社会主义文化是一种融合了中华优秀传统文化、革命文化和社会主义先进文化的文化形态，它是在中国特色社会主义伟大实践的基础上形成的。革命文化和社会主义先进文化传承于中华传统文化，同时紧跟时代发展，贴合社会实际，集中体现了中国共产党全心全意为人民服务的宗旨和谋求中华民族伟大复兴的使命。中华人民和共和国是一个古老而又年轻的国家，经历过灭国亡种的危机，正是因为我们始终秉持着马克思主义和共产主义的信念，才从危亡中重新站了起来。在革命文化和社会主义先进文化的浸润下，中国青年前仆后继地投身于革命战争，如今又投身于社会主义建设，积极响应党的号召，忘我劳动，艰苦创业。

如今我们已经实现了"第一个百年"奋斗目标，踏上了社会主义现代化建设的新征程。面对国际国内新形势，面对中华民族伟大复兴的目标和战略全局，我们的教育要积极为社会主义建设培养人才，为民族复兴培养人才，要以传统文化和时代文化为重要教育资源，引导学生形成坚定的共产主义信念，树立共产主义远大理想和中国特色社会主义共同理想。习近平总书记将理想信念视为精神上的"钙"："理想指引人生方向，信念决定事业成败。没有理想信念，就会导致精神上的'缺钙'。"身处于新的历史发展节点，思想政治教育要立足于文化传承，一方面传承和创新传统文化，一方面提炼和升华时代文化，以优秀文化育人，以优秀文化培育学生高尚道德，将中国深厚的文化底蕴转化为强大的育人力量，助力实现中华民族伟大复兴的千秋伟业。

二、坚定文化自信

党的十八大以来，习近平总书记多次强调要坚定中国特色社会主义文化自信。他指出，"文化自信，是更基础、更广泛、更深厚的自信，是更基本、更深沉、更持久的力量。坚定文化自信，是事关国运兴衰、事关文化安全、事关民族精神独立性的大问题。"在党的十九大报告中，习近平总书记更是将文化自信提高到中华民族伟大复兴的高度来理解和把握："文化是一个国家、一个民族的灵魂。文化兴国运兴，文化强民族强。没有高度的文化自信，没有文化的繁荣昌盛，就没有中华民族伟大复兴。"坚持文化自信是习近平新时代中国特色社会主义思想的重要内容，习近平总书记在党的二十大报告中明确指出"推进文化自信自强，铸就社会主义文化新辉煌"，以文化自信促进文化自强，是实现我国文化事业繁荣的根本之路，是建设社会主义文化强国的基本思路，也是实现中国式现代化的必由之路。思想政治教育是塑造学生精神和灵魂的教育，引导学生坚定文化自信、培养家国情怀、加强民族认同感便是其中关键所在。

民族文化是一个民族所独有的文化，是其与其他文化相互区别的重要标志。所谓民族性并非指向某个地域或者某个人种，而是指向文化、指向价值。中华文化是中华各民族在历史长河中，在社会生活实践中，创造出的宝贵精神财富，熔铸了中华民族的价值理念、精神追求。正是在中华文化的滋养下，中华民族才能克服艰难、代代传承、不断壮大。思想政治教育必须从中华优秀传统文化中汲取力量。我们应当汲取其中思想和道德的精华，积极传承传统爱国精神，弘扬民族精神与时代精神。我们需深入挖掘和重新诠释仁爱、民本、诚信、正义、和合、大同等文化精华的时代价值，使其成为涵养社会主义核心价值观的重要源泉。"青年的价值取向决定了未来整个社会的价值取向，而青年又处在价值观形成和确立的时期，抓好这一时期的价值观养成十分重要。这就像穿衣服扣扣子一样，如果第一粒扣子扣错了，剩余的扣子都会扣错。人生的扣子从一开始就要扣好。"由此可见价值观在人生中的基础性地位，因此，必须加强思想政治教育，尤其要培育青年的社会主义核心价值观。

中华文化形成于中华民族的社会实践，并随着社会实践的发展不断演化、发展，跨越时空，到今日仍然具有鲜活的生命力。一方面，我们需传承和弘扬具有当代价值的优秀传统文化，使之随现代社会的发展不断革新，赋予其时代特性；

另一方面，我们还要传承和发扬革命文化、社会主义先进文化，扎根我国文化土壤，辩证学习外来文化，展望未来，从而更好地塑造构筑中国精神、中国价值、中国力量。当下的中国精神和中国价值融汇、凝结为社会主义社会核心价值观，并成为所有中华儿女的共同价值追求。高校的思想政治教育应积极承担社会责任，为民族复兴培养人才，以社会主义核心价值观引导学生，塑造其价值观念，坚定其文化自信。我国在数十年的探索中，逐渐摸索出一条中国特色社会主义道路，开辟了发展中国家实现现代化的全新路径，丰富和发展了国际社会关于现代化的理论和实践，为其他国家的发展和建设做出了示范，促进了人类问题的解决，向世界展现了中国智慧，提供了中国方案。中国特色社会主义现代化道路探索取得阶段性成功，就是因为坚持了民族性与现代化的有机结合，扎根传统文化，维护文化精神的独立性，同时敞开怀抱，接轨国际社会，积极地适应了时代发展趋势，成功探索出了一条与西方不同的现代化之路。中国现代化建设的成就向世界展现了中国智慧，为其他国家的现代化提供了中国方案，中国在国际社会中的地位获得了提升，中国文化的全球影响力也随之增加，总有一天会成为国际主流文化、主流思想。所以，高校思想政治教育需要与党和国家工作协调一致，跟上国际、国内形势变化，这就要求高校思想政治教育带领学生对世界发展形势与国家发展形势建立正确认识，对中国特色和国际比较形成正确认识，意识到自己承担的时代责任与社会使命，将个人价值融入集体价值，将个人理想融入民族大业，在为社会主义现代化奋斗中实现自己的事业，在追求个人理想、实现个人价值的过程中推动社会主义现代化建设。

目前，世界正处于关键的变革阶段，我们可以明显看到世界多极化、经济全球化、社会信息化、文化多样化特征越发显著并且不断深入。多元文化、各种思想交流越发频繁，同时文化融合、文化冲突的现象也显著增加。在经济全球化的推动下，各个民族的传统文化相互交流、学习。在这种情况下，传承和弘扬中华优秀传统文化、中国精神、中国价值就变得更加紧迫和重要。正如习近平总书记所说的："一个民族、一个人能不能把握自己，很大程度上取决于道德价值。如果我们的人民不能坚持在我国大地上形成和发展起来的道德价值，而不加区分、盲目地成为西方道德价值的应声虫，那就真正要提出我们的国家和民族会不会失去自己的精神独立性的问题了。如果没有自己的精神独立性，那政治、思想、文化、制度等方面的独立性就会被釜底抽薪。"在思想政治教育中，必须重点培育中华优秀传统文化、中国价值，这反映了对思想政治教育本质的洞察和把握，同时反映了对中华优秀传统文化的理性认知和强大自信。

三、遵循文化规律

为了明确教育目标和教育任务，思想政治教育需先准确把握教育的本质和理念，同时结合社会发展实际情况做出决策。而为了完成教育任务，达成教育目标，还需要明确教育的方法。根本上看，思想政治教育是对信仰的培育、对理想信念的培育，并且以行为表现上的外化为目标，要求受教育者内心接受和理解的同时落实到实践上，以行为践行理想信念。所以，思想政治教育具有独特的内在规律和教育方法。开展思想政治教育不能机械地套模板，而要结合时代发展、结合现实形势、结合具体事件，按照自身独特的内在规律、教学的一般规律以及学生发展规律开展。习近平总书记在强调社会主义核心价值观教育时，多次提到"培养""实践""引领"等词语，这体现了培育社会主义核心价值观需要落实到生活细节和行为小事上，需要一点一点地养成。"一所高校的校风和学风，犹如阳光和空气决定万物生长一样，直接影响着学生学习成长。好的校风和学风，能够为学生学习成长营造好气候，创造好生态，思想政治工作就能润物无声给学生以人生启迪、智慧光芒、精神力量。"人对空气和阳光之所以"日用而不知"，是因为我们原本就生活在阳光下和空气中，无法从其中抽身而出。因此，思想政治教育应"要注重文化浸润、感染、熏陶，既要重视显性教育，也要重视潜移默化的隐形教育，实现入芝兰之室久而自芳的效果。"只有这样学生才能够认可、接受、内化教育内容，将之融入自己的价值观念和精神追求，并自觉地以实际行动践行。

教育与文化之间互为补充，相互促进。思想政治教育和文化宣传有着共通性和一致性。"文化"和"教育"不能仅仅被看作名词，而应该视为动词，"文"和"教"只是一种形式，"化"和"育"才直指实质，应当将这两个概念理解为"以文化人""以教育人"。要想真正发挥文化和教育的作用，就要尊重和遵循文化养成、思想培育的内在规律，不断深入研究和创新"化"和"育"的具体方法。只有这样，思想政治教育才能够发挥实效，才能够真正地塑造人的灵魂，培育社会主义现代化建设者、民族复兴使命担当者。东汉许慎在《说文解字》中说："教，上所施，下所效也；育，养子使作善也。"教，是知识、技能的传授，重点在使人成"才"；育，则是品格、人性的教化，重点在使人成"人"。朱熹亦言："君子教人有序，先传以小者近也，而后教远者大也。"（四书集注·论语章句）按照他的说法，学生在"小学"阶段，要教"洒扫、进退、应对之节，礼乐、射御、书数之文"，与之相应的"大学"，则要教"穷理、正心、修己、治人之道"，即所谓"修身齐家治国平天下"。由此可见，思想政治教育既要具备长远目光、站在理论高度，又要脚踏实地，关注细处、小处、实处，才能够收获实际效果。

推动思想政治理论课改革创新，要不断增强思政课的思想性、理论性和亲和力、针对性，并提出八个相统一教学要求。八个相统一是对思想政治教育规律的认识，是对相关教育实践经验的总结，它们相互联系、相互作用，构成了一个统一的整体。其中坚持政治性和学理性相统一、坚持价值性和知识性相统一尤为重要，前者指的是为学生分析透、讲解透学理与思想理论，回应学生的疑问，说服学生，从而以真理引导学生；后者指的是将价值观引导融入知识讲授的全过程。这反映出，思想政治教育能不能培育好学生高尚的道德、完善的人格，能不能使学生领悟人生道理，能不能使学生深刻领会和内化社会主义核心价值观，不仅仅是使学生从不知道变成知道的过程，而是一个知识性、学理性和政治性并重，且内在统一的塑造灵魂的育人过程。思想政治教育在培育学生的过程中必然要基于思想理论知识的传授，且会以此为途径，然而这只是思想政治教育的一部分。以往的思想政治教育侧重于"教"，通过向学生传授、灌输知识来塑造其思想、改变其行为，这的确发挥了一定的作用。然而，学生接受了这些知识，未必能自觉地付诸行动。知道是一回事，行动是另一回事，知与行之间的关系是复杂的，经常会有"知而不行"，甚至"悖知而行"的现象。所以，作为高校思想政治教育中的关键性课程，思想政治理论课既要将"讲政治"放在重要位置，更要注重"怎样讲"，找准方法。也就是说，不仅要完善和发展理论，更要能够通过有效的方法以理论说服人，使学生内化于心，外化于行，理解比记住更重要。思想政治理论课教学要有思想、重理解，引导学生透过教师讲的道理和说法，理解其中深藏的"真理""情理""想法""方法"。正如习近平总书记所强调的，要积极引导青少年"把理想信念建立在对科学理论的理性认同上，建立在对历史规律的正确认识上，建立在对基本国情的准确把握上"。思想政治教育要将教育内涵与教育方法相统一。

我们的教育根植于民族文化传统，其孕育和造就了教育理念、内涵与方法，并且影响着教育的时代性和发展方向。思想政治教育必须立足文化传承、坚定文化自信、遵循文化规律，从中华优秀传统文化中汲取营养和力量，吸取外来文化精髓，站在当下、展望未来，方能兼顾传承和创新，在中国社会主义现代化建设新阶段中取得卓越成就，为中华民族的伟大复兴锦上添花。

第六节 思想政治教育与社会主义核心价值观

一、社会主义核心价值观

倡导富强、民主、文明、和谐,倡导自由、平等、公正、法治,倡导爱国、敬业、诚信、友善,积极培育和践行社会主义核心价值观。富强、民主、文明、和谐是国家层面的价值目标,自由、平等、公正、法治是社会层面的价值取向,爱国、敬业、诚信、友善是公民个人层面的价值准则,这24个字是社会主义核心价值观的基本内容。

"富强、民主、文明、和谐"是24字之首,是我们国家现代化建设的目标,作为价值目标位于整个体系的最高层次,统领其他层次。富强是全体人民的共同期望。我国的现代化建设应当带领国家走向富强,其作为物质基础支撑着国家的繁荣和人民的幸福;民主是人民对于社会的理想追求。我国的民主是社会主义的民主,也就是人民当家做主,这是我国社会主义政治的本质要求,是社会主义制度的生命力源泉,是社会主义现代化的鲜明特征;文明是社会发展的重要标志,是社会主义文化现代化建设的必然状态,其要求我国的社会主义文化必须做到"三个面向",必须是民族的、科学的、大众的,作为支柱促进民族复兴的实现;和谐是中国传统文化的核心价值观,是对学有所教、劳有所得、病有所医、老有所养、住有所居的集中体现,是社会主义现代化在社会建设方面的目标,是确保经济社会能够保持和谐、稳定的关键要素,也是确保其不断健康发展的重要保障。

"自由、平等、公正、法治"形象地描述了理想社会,是针对社会层面的价值理念。它体现了中国特色社会主义的基本属性,也是我们党始终坚持、不断践行的坚定价值信念。人的意志能够自由表达、人的存在和发展就是自由,自由是人类社会的美好向往,也是马克思主义所倡导的社会价值目标;平等指的是法律面前人人平等,这一理念带领我们不断追求和实现实质平等,要求我们尊重和保障作为人的基本权利,每个社会公民都具有平等的参与和发展的权利;正义指的是公平和正义,这一点在社会解放、每个人都享有自由和平等之后才能实现,是每个国家和社会都应当具备的价值理念;法治是基本的治国方式,是我国政治制度的基本要求,它要求完善法制,以此维护和保障人民根本利益,是实现上述价值理念的制度保证。

"爱国、敬业、诚信、友善"是针对个人层面的价值理念,是公民的基本道德规范。这八个字基本概括了整个社会的公共道德要求，我们每个人都必须在社会生活中遵守这些准则，以此指导个人道德行为。爱国是一个人与祖国相互依存的强烈情感，促使我们协调个人利益和国家利益，为国家贡献个人力量，牺牲个人利益。正是在爱国价值观的驱动下，人们积极承担民族复兴的重任，自觉团结各族人民，维护国家的统一和安定，报效祖国；敬业对应的是职业道德，我们需以此指导自己的职业行为，忠诚地对待自己的工作，自我约束，秉公办事，为人民与社会服务。敬业价值观是对社会主义职业精神的集中体现；诚信指的是诚实守信。这是中华传统美德，同时也是现代社会主义道德的重要组成部分，要求我们诚实劳动，说到做到，以真诚恳挚的态度对待他人；友善关注人与人之间的关系，要求人们彼此尊重和关心，互帮互助，友好相处，构建社会主义新型人际关系。

这24个字是社会主义核心价值体系的核心，反映了其根本性质和基本特征，展现了其丰富内涵和实践要求，是其精华。

党的二十大报告强调："用社会主义核心价值观铸魂育人，完善思想政治工作体系，推进大中小学思想政治教育一体化建设。"为了切实满足人民不断增长的精神文化需求，为了切实增强我国的软实力，我们必须发挥社会主义核心价值观在思想政治教育方面的作用，以此凝魂育人。在市场经济不断发展的今天，社会中存在着各种各样复杂的利益关系，因此，社会中的价值主体也从单一变得多元，不同的主体有不同的价值诉求。在这种社会现实下，人们的价值观念受到影响，发生了变化，同时形成了新的价值观，越发多样化。面对社会中纷杂的价值观念，我们要重视和充分发挥社会主义核心价值观的重要作用，以此凝聚人心，汇集民力，以此铸魂育人。我们应当深入了解社会中存在的各个价值主体，及其价值观形成和发展的规律，探索多种途径和措施强化社会主义核心价值观的凝聚力和引领力，引导社会大众认同社会主义核心价值观，并将之融入个人思想、情感，自觉以行动践行，最终促进民族复兴。

二、思想政治教育与社会主义核心价值观的融合

社会主义核心价值观是当代中国青年投入现代化建设重要的价值引领，凝聚了优秀传统文化，尤其是传统美德，融汇了时代精神。其与思想政治教育相融合，有助于推动高校教育与时俱进，是教育改革深化的要求，是社会主义现代化建设的要求，是培养时代所需的综合人才的要求。高校教育从业者必须将两者的融合视为重要的育人工作加以重点推进，坚持以学生为本，在教育实践中不断摸索更

加高效的、更加科学的融合措施，并不断创新，全方位优化思想政治教育的育人效果，促进学生全面发展，使其成为社会主义事业接班人，从而促进高校教育整体发展。

（一）思想政治教育与社会主义核心价值观融合的时代价值

思想政治教育与社会主义核心价值观融合具有巨大的时代价值。

首先，为建设和谐社会、维护社会稳定提供了重要保障。在经济全球化的不断推进之下，世界各国、各地的交流越发频繁和深入，全球联结越发紧密。当下，有不少大学生"崇洋"心理较为严重，盲目推崇西方所谓的自由和平等，却意识不到其中存在着很多压迫和剥削成分。因此，高校思想政治教育应当关注学生价值观的塑造，以创造性的方式融入社会主义核心价值观的自由和平等的观念。这有助于大学生正确、理性地理解什么是真正的自由与平等，使之转变思想并外化于行，从而进一步创建和谐、稳定的社会环境。

其次，是国家繁荣富强的必然要求。中国社会主义建设需要一代又一代人的共同努力，当代大学生必然是社会主义的接班人，必将成为民族复兴的中流砥柱。但是，当代大学生身心尚不成熟，尤其是思想认知层面，没有形成足够稳定的价值观，对世界的认知较为狭隘，因此，他们仅仅通过课堂的理论教学很难深层次理解社会主义的真正本质和其实践的优越性。所以，高校不仅要深入开展思想政治教育，更要在其中融入社会主义核心价值观，引导学生形成深层次认知和真切感受，进一步坚定其政治信仰，使其积极承担起实现民族复兴的责任。大学生应当在今后的人生道路中，始终与党步调一致，秉持崇高理想和信念，投身于社会主义现代化建设，为国家繁荣、民族复兴添砖加瓦。

最后，有助于学生全面发展。虽然高校是高素养人才的摇篮，承担着为社会主义建设培养人才的重任，关注学生的思想和心理健康，但是偶尔会有一些学生形成错误、消极的思想认知，尽管这只是少数的情况，也要充分重视。为了将大学生培养成理想远大、信念坚定、不畏艰苦、积极奋斗、道德高尚的时代新人，我们必须在思想政治教育的全过程、各方面中融入社会主义核心价值观。以此引导大学生形成健康、正确的"三观"，形成高尚的精神品质，形成深厚的文化素养，实现全面发展。

（二）思想政治教育与社会主义核心价值观融合的原则

1. 整体性原则

思想政治教育与社会主义核心价值观融合的过程中，应避免简单的内容植入，而是要围绕思政课程的教育目的、学科属性、知识特征，进行整体性的知识融合。对于学生的思政教育不能孤立地进行碎片化知识的讲解，要避免机械的价值说教，应以社会主义核心价值观为核心，对主线结构和知识脉络进行细致划分。教师在前后的结构化关联和系统性衔接中，增强学生对社会主义核心价值观的整体认知，促进学生对知识内涵的学习理解。

2. 科学性原则

在思想政治教育与社会主义核心价值观两者融合过程中，教师需要根据学生身心发展的实际情况，科学组织教学活动的实施，激发学生的学习积极性，让学生主动参与教学活动。教师要从知识传授转向能力培养，教育指导学生向自主发展方向转变。通过构建主体育人格局，让学生在概念记忆的基础上，自主探索社会主义核心价值观的精髓，推动学生的深度学习，以科学的教育形式，提高思政教育的实效。

3. 综合性原则

高校要充分认识到社会主义核心价值观和思政教育融合的重要性，一方面，要加强知识体系的科学整合，帮助学生掌握完善的理论知识。另一方面，要推动理论教育和社会实践的结合，让学生在学会、弄懂的基础上，自觉进行社会化践行。高校应避免理论教育和实践行动的相互割裂，要通过综合性教育实践，实现学校、社会等多方面资源的合力教育。在实践中印证抽象的理论概念，深化学生对社会主义核心价值观的认知理解。在综合教育中，巩固学生的理论学习，发展学生的社会实践能力。

（三）思想政治教育与社会主义核心价值观融合的现状

1. 校园氛围不佳

首先，高校主要采取的是张贴 24 字标语等方式，宣传的是口号，而非内涵，即缺乏对社会主义核心价值观内涵的深入宣传。因而，学生的认知也浮于表面，只会背标语，而不理解其内涵，无法内化于心、外化于行，难以让社会主义核心价值观入脑入心。其次，信息化的飞速推进在一定程度上妨碍了社会主义核心价值观融入高校思想政治教育。如今网络已经成为现代人重要的生活方式，大学生更是主要的网络使用群体，他们在网络上自由地发布信息的同时，也在接受各种各样的信息。而网络环境虚拟、开放，其中传播的各种信息真假难辨、良莠不齐，冲击、侵蚀着大学生的思想观念，阻碍了他们正确价值观的塑造。例如，网上充斥着拜金、利己等思想的信息，在不知不觉中扭曲着大学生的思想，不仅使之浮躁，还会使之形成错误的价值观。同时，一些负面信息也在冲击他们的人生观，导致了许多大学生对人生、对人性感到迷茫，甚至一些大学生还因此产生反社会心理。这种环境直接阻碍了思想政治教育的实施，抑制了其实施效果，导致难以有效地在其中融入社会主义核心价值观。

2. 课程建设不足

尽管大部分学校已经认识到思政课程和课程思政的重要性，但是目前不管是思政课程建设，还是课程思政建设，都不够充分。在课程教学过程中，难以有效融入社会主义核心价值观，课程教学的模式和方式过于乏味和单一，教师往往采用传统的讲授式授课方式，尤其缺少互动，无法激发学生积极性，课堂死气沉沉。另外，教学内容有些过时，缺乏与当下社会的联系，需要引入一些涵盖最新时事的新元素。一些思政教师的教学水平还需进一步提高，他们缺乏创新意识，自身对社会主义核心价值观的理解较为表层。因此，无法有效引导学生转变思想，无法在教学过程中有效融入社会主义核心价值观。

（四）思想政治教育与社会主义核心价值观融合的策略

1. 健全协同管理机制，完善融合教育制度保障

对学生社会主义核心价值观的教育，并非朝夕可成。高校在构建长效育人机制的过程中，要健全协同管理机制，完善融合教育的制度保障，为社会主义核心价值观融入大学生思政教育提供科学可行的落实路径。高校管理层和决策者需要认识到融合教育的重要意义，深入剖析思政教育和社会主义核心价值观，制订明确的发展总规划以及各项实施方案，优化教育工作的落实细则。在发掘社会主义核心价值内涵的基础上，将其写入校纪校规之中，塑造良好的校风和学风，加强对广大师生的教育引导。同时要将社会主义核心价值观纳入育人体系中，通过具体的课程教学体系和人才培养方案，实现对学生的系统性教育培养。通过决策引领，加强各个部门和不同单位的相互协调和系统配合，围绕各个职能部门的特性，明确划分工作任务，推动教育工作的合理开展。

2. 打造双师型教师队伍，提升教师的专业素养

教师作为教育活动的组织者和落实者，自身的专业素养直接影响了融合和落实的成效。高校在社会主义核心价值观融入思政教育的过程中，要构建一支思想意识先进、专业素养过硬的双师型教师队伍，通过专兼结合的形式，提升教师的专业素养和综合素质。在专职队伍的建设中，做好对专科教师的职前教育和职后培训，加强其对社会主义核心价值观的内涵认知；通过综合教育，提升教师的理

论素养和实践素质。高校还可以扩大人才吸纳渠道，从社会选聘专业化的人才作为兼职教师。在专兼结合的队伍建设中，教师可以进行讨论交流和借鉴学习。专科教师可分享自己的一线工作经验，剖析当前学生的身心发展特征，帮助兼职教师掌握科学的教学方法。兼职教师也可以阐述新形势下的思政教育内涵和社会主义核心价值观的理论精髓，帮助专科教师及时更新自身的教育观念和知识储备。同时高校要定期开展专题交流研讨，由行业骨干牵头，完善专兼职教师队伍。

3. 构建完善的课程体系，促进学生的综合认知

高校要围绕大思政的宏观视野，实现对课程群的统一建设。在社会主义核心价值观的融入过程中，设置基础课、拓展课和特色课的形式，促进学生的综合认知。在基础课程体系中，以社会主义核心价值观为主线，实现对思政课程的深度整合；构建完善的知识体系，便于学生的整体性认知学习，帮助学生了解基础的理论概念，完成相应的知识积累。在拓展课程中，教师要结合思政课程的教育特征和目标导向，推动学生自主探究的深度学习，帮助学生学习社会主义核心价值观，使其在广博知识的基础上进行专精研究学习，从不同层面和角度解读社会主义核心价值观，从而形成独特的认知理解。在知识传授、能力培养的基础上，引导学生塑造良好的情感态度和精神追求。而在特色课程中，教师要结合学校地域特色文化，围绕党的百年发展历史进行主题赏析。通过学生熟悉的社会现实，和对社会主义核心价值观在经济发展和社会治理中的落实的亲身体验，在特色化的思政学习中，增强学生的内涵认知。因此，高校要借助完善的课程体系，实现对学生的系统性教育培养。

4. 变革传统教学模式，增强学生的深刻理解

教师在融合教育中，要摒弃传统枯燥乏味的理论说教，结合学生的身心发展规律，变革传统教学模式，构建主导主体的育人新格局。教师应当围绕课前导学、课堂巩固和课后拓展的三个环节，促进学生的系统性学习。在课前导学环节，教师要利用信息技术，将社会主义核心价值观和思政教育内容制作成微课和学习资料并上传到班级群组，让学生根据自身的学习发展需求，进行兴趣观看和感知学习。在课堂教学中，通过影视音频等内容的播放，吸引学生的注意力，结合学生感兴趣的社会热点和现实案例进行课程导入，让学生开展探究学习和讨论交流。在感性认知和理性分析的过程中，让每个学生都可以表达自己的见解看法，并结合政策、方针的多元解读，进行自我观点认知的例证说明。通过学生之间的观点碰撞、思路交流和综合思辨，帮助学生深化对思政内涵和社会主义核心价值观的认知，使其能够自主总结归纳理论概念的精髓。教师在学生自主学习的基础上，

进行教学补充和知识梳理；在师生的交流互动和集体建构中，共同完成对理论概念的深入剖析，深化学生的认知理解；在课外拓展中，鼓励学生根据兴趣，借助移动终端进行学习延伸，了解新时代的主流价值内涵，引导学生树立正确的精神追求。教师要发挥自身指导者角色，引导学生从概念化记忆转变为科学探究和互助学习，加强学生的理解。

5. 营造良好校园环境，实现对学生的隐性教育

高校在课程教学的过程中，还要营造良好的校园环境氛围，实现对学生的隐性教育。围绕社会主义核心价值观的思政融入，不仅要在课堂上进行知识讲解，还要借助校园环境的载体，实现对学生的生活耳濡目染。高校在校园环境创设中，要利用校园广播、书报栏、文化长廊等载体，进行教育引导和知识宣传。同时，结合新媒体平台，将枯燥乏味的教育内容制作成趣味性的知识科普、访谈对话和在线解答。通过校园官网、公众号和视频平台进行全面投放，让学生根据自身的兴趣需求进行拓展学习。高校要围绕社会主义核心价值观的主题，定期开展多样化的校园活动，创设文艺汇演、主题辩论、情景剧表演等形式，调动全体学生的参与兴趣，使学生在亲身体验和自主创造中，感受社会主义核心价值观的潜在内涵。同时，邀请先进人物到学校进行主题演讲和生活分享，与学生开展面对面的交流互动。借助真实人物的人格魅力，以自身的精神信仰和个人经历，实现对学生的价值引领。高校要以显隐结合的形式，在校园环境潜移默化的影响中，帮助学生养成良好的行为规范、树立坚定的理想信念。

6. 加强社会实践训练，提升学生生活践行能力

在社会主义核心价值观融入高校教育的过程中，要加强相应的社会实践训练。高校要遵循综合性的教育原则，为学生提供多元化的训练活动，发挥社会实践的培育作用，提高学生的生活践行能力。学生可以根据自身的优势特长和兴趣爱好，通过社会调研、志愿服务等活动，解决现实生活问题。在塑造学生良好政治觉悟的过程中，鼓励学生自觉将社会主义核心价值观落实到经济发展和社会治理活动中。高校能够借助社会实践训练活动，打破教材和课堂的教育局限，有利于促进学生在生活中理论知识的检验和巩固，便于学生的社会积累，推动学生的学习从理论认知向亲身践行转变。学生通过自己看到的、听到的、调查到的数据信息，体会民生百态、感悟国家发展，并利用自身的理论知识，对所遇到的现实生活问题，提出科学合理的解决办法。譬如，在生活调查环节，学生感受到新政策、新技术带给民众生活的改变，深化了对社会主义核心价值观的情感认同。同时围绕民众生活的现实困境，利用自身的专业技能和理论知识，提出科学的可行性发展

报告,以及对经济发展的合理建议,从而解决现实生活问题。通过理论实践的综合教育培养,让学生在认知理解和学习传承中,完成相应的时代创新。高校要加强对学生社会实践的激励,引导学生踊跃参与社会实践,帮助学生养成良好的行为规范,提升学生的生活践行能力。

7. 完善教育评估机制,督促融合教育科学落实

为了保障社会主义核心价值观融入思政教育的落实成效,高校需要完善教育评估机制,切实解决工作实施过程中存在的问题,督促融合教育的科学落实。首先对各个职能部门的综合考核,以及在将社会主义核心价值观融入思政教育过程中出现的工作失误,进行针对性的指正,责令定期进行优化整改,保证各个工作职能部门的协调配合,构建长效的工作机制。其次对教师的评价,通过构建教学督导制度,对教师进行定量和定性的综合评价。针对教师日常的工作表现和工作成效,进行教学指导,帮助教师改进其工作方法。同时将教师的落实成效作为积极激励的依据,调动教师的主观能动性,促进教师的自主拓展学习,不断强化自身的业务能力。最后对学生的评价指导,高校要实现评价主体的多元化,通过学生自评、互评、教师评价和家长评价等形式,对学生的思想认知和行为变化进行持续追踪。在考查学生理论认知的基础上,侧重对学生社会践行能力的评判。在科学的教育指导中,帮助学生建立积极的理想信念、培养良好的行为习惯。通过完善的教育评估机制,发现融合教育落实中存在的问题,在评价督导和科学优化中,提高教育工作的成效。

高校在社会主义核心价值观融入思政教育的过程中,要结合新时代的发展要求,构建长效的实施机制,明确社会主义核心价值观的主线引领,实现对传统思政教育的深度变革。在理论实践的综合教育中,培养更多的高素质人才,促进学生的全面发展,提高育人成效。

第三章 中华优秀传统文化视域下大学生思想政治教育

本章主要论述中华优秀传统文化视域下大学生思想政治教育，分别阐述了中华优秀传统文化视域下大学生思想政治教育价值，中华优秀传统文化视域下大学生思想政治教育缺失与原因，中华优秀传统文化视域下大学生思想政治教育渗透，中华优秀传统文化视域下大学生思想政治教育价值实现方法。

第一节 中华优秀传统文化视域下大学生思想政治教育价值

中华优秀传统文化作为中华民族千百年来形成的精神和道德基础，是中国人所赖以维系的精神纽带，同时也代表了中华民族所独有的哲学思想、精神观念和伦理思考。新时代中华优秀传统文化在塑造健全人格、培育家国情怀和坚定文化自信方面与思想政治教育有着目标和主旨上的一致性。从本质上来说，思想政治教育是对人的教育。为最大程度培育完整的人格，展现中华优秀传统文化的教育价值，应在中华民族优秀传统文化教育中融入马克思主义世界观。总的来说，新时代中华优秀传统文化必须贯穿思想政治教育的全方面、全过程，让它成为理想人格培育的坚定基石、坚定文化自信的重要源泉、促进全民族文化认同的助推力量。

一、中华优秀传统文化与新时代思政课亲和力的提升

"亲和力"是最先在化学范畴内提出的一个词语，指的是一类分子或原子和另一类分子或原子间彼此联系的特性，因为这一概念具有丰富的拓展内涵，所以在社会范畴内得到了广泛应用，尤其指人和群体、人和人间彼此趋同的一种属性。作为学界讨论热度很高的话题之一，思政课的亲和力被一些学者定义为在不同方面类似的实践特点与理论品质，包括行为方式、思想理论和价值观念方面。亲和力被视作是思政课教学成效的基础和先决条件。长时间以来，在思政课中大学生

的获得感与亲近感较低，是因为高校思想政治课教学具有教师授课方式与语言感染力不足、教学形式单调等问题。为让教学变得更加生动形象，提升思政课对学生的吸引力，由此增加课程的亲和力，应在思政课的载体、理论内容和教学话语中融入中华优秀传统文化。思政课教学所需要的文化素养能够从中华优秀传统文化中包含的思维方式、精神价值和文化意识中获得。

第一，高校思想政治课的理论亲和力需要通过优秀传统文化的民族性和丰富性来增加。作为中华民族智慧与精神的载体，优秀传统文化本身既具有舞蹈、绘画等表现形式，又包含着丰富的民本务实的发展观、天人合一的自然观等价值标准、思想观念和人文精神，思想政治的理论解释以其在形式与内容方面的丰富性为基础。思政课的对象是学生，它的核心在于人文关怀，将传统文化融入其中更能触及学生内心最深处的灵魂，拉近其与教师的心理距离。

在新时代，"00 后"是大学生群体的主要成员，他们会对理论性很强、只通过灌输式与填鸭式方法教学的思政课产生畏惧心理，因为他们具有自主意识强、思维活跃、容易接受新鲜事物的特征。为让学生更容易学习接受理论知识，应在教学资源中增添优秀传统文化中丰富多样的文化形式。例如，在阐述"社会存在与社会意识"的辩证关系时，教师如果仅仅照本宣科式地将教材内容中的原理和盘托出，以灌输式的"一二三点"罗列要点，学生会对这样的讲授产生厌烦心理。在实际教学中，教师可以将多种多样的传统文化形式引入其中。像王羲之的"曲水流觞"，它出自王羲之在浙江绍兴兰渚山下以文会友写成的"天下第一行书"——《兰亭集序》，讲的是古人在上巳节（俗称"三月三"）举行的一种祓禊的传统民俗活动，它以盛酒的酒杯"觞"作为道具，从高处的水流流下，杯子流到谁的面前，这人就得赋诗。王羲之的《兰亭集序》就讲述了兰亭里的"曲水流觞"雅事。教师可以以此为课程案例，引出这种民俗活动的历史背景，让学生思考"为什么会出现曲水流觞""王羲之又为什么以此创作出《兰亭集序》"等问题，即社会意识的决定因素是什么？这背后的种种因素是否与当时的社会大背景，魏晋时期的社会状况、政治经济发展等，即社会存在有关？这样的融合，不仅让学生了解了我国博大精深的书画艺术和传统的民俗雅事，同时提高了理论的解释力，有利于坚定学生的文化信心，增进学生的文化认同。

优秀传统文化的民族性，从古代人民的生产实践活动中形成的传统文化被视作是人们对自己族群价值与文化的认可，代表着每个族群自我身份的确认。傣族的泼水节、满族的颁金节、蒙古族的那达慕节、彝族的火把节等都代表着各自民族对天地、人与自然、人与社会的认知。以傣族的泼水节为例，很多人都仅仅将其视作泼水娱乐,但这项民俗节日的背后蕴含着傣族人民对万物的认知。泼水节类似于汉族的农历除夕,是傣族人民欢庆傣历新年的重要节日。在这一天,人们会争相以泼水的形式表达对对方的祝福,"泼水"的"水"是傣族先民对美好生活的祈愿,水是维系万物的基本物质,傣族人民与水有着特殊的感情。在长期的历史发展中,水不仅是一种自然物质,更是维系民族情感的重要载体。傣族是"水的民族",水在生活中是与天地沟通的"桥梁",可以说,水蕴含着傣族的自然观、宇宙观和价值观。各个民族的文化都有自身的特点,把它们表现出的民族文化精髓融入马克思主义的有关理论中,既可以提升大学生对国家和民族的认同感,又能让理论具有深厚的民族性、文化性和艺术性。比如,在讲到"党对少数民族地区的帮扶""群众史观"等专题时,可以将习近平总书记在黑龙江省考察调研时观看的赫哲族伊玛堪说唱教学作为例子引入,这种口耳相授、世代传承的民间口头说唱艺术是赫哲族传统文化的标志和象征。在讲"乡村振兴"时,可以用党对少数民族地区的文化支援、教育支援为典型案例引出。比如,现在很多高校对少数民族地区进行了对口帮扶,如中央戏剧学院就对贵州黔南布依族苗族自治州长顺县进行帮扶,尤其是以该县的民族文化特色为重点内容进行文化和教育帮扶,深入挖掘地区特色,如傩戏、花灯戏等,还积极组织筹办"戏剧周",丰富人民群众的精神文化生活。将这些内容融入思政课的相关理论中,一方面使得学生更熟悉理论,充满民族感、现实感和历史感,另一方面使得学生体会到民族文化,形成准确的文化价值观,唤醒他们内心中的文化自觉。

马克思曾说:"理论只要说服人,就能掌握群众;而理论只要彻底,就能说服人。""彻底"在这里的含义既是要根据天时、地利、人和发展理论,又是要把理论提升到内容的深度与思想的高度。高校在开展思政课教学时,为提升学生的获得感与认同感,应最大程度将理论做到"彻底",由此增强理论的亲和力;相关教学应坚持把带有民族特色和丰富多元的优秀传统文化引进来,丢掉"依葫芦画瓢""照本宣科"的教学方式。

第二,在增加话语亲和力的过程中,添加既有生动性又有独特性的优秀传统文化。习近平总书记说:"博大精深的中华优秀传统文化是我们在世界文化激荡中站稳脚跟的根基。中华文化源远流长,积淀着中华民族最深层的精神追求,代表着中华民族独特的精神标识,为中华民族生生不息、发展壮大提供了丰厚滋养。"

这里的"优秀"是对固有传统文化的去粗取精、去伪存真,是一种积极的扬弃和弘扬创新,其对全人类的发展有独特贡献,拥有很强的独特性,表现着中华民族独有的审美观、世界观和价值观。与此同时,无论是内容还是表现形式,优秀传统文化均需通过人的活动表现出来，它是一种动态的、丰富多彩的"活"的文化，其重视人的价值，强调思想、情感和精神的表达，体现出生动性。如书法艺术，静态看，好像就是一撇一捺一横一竖，但如果细细品味，其中蕴含的思想很多；最简单的"人"字，一撇一捺相互支撑，寓意着人与人之间的相互扶持，人生在世，要做成一件事，很多时候光靠自己的努力还不够，也需要别人的帮助；一撇一捺，还隐含着中国人的家庭伦理观，一个小家需要父母、夫妻互相扶持，一个国家作为大家，也需要人民群众相互友爱才能支撑起来。再如中国的山水画，表面看，好像仅仅是水墨的泼洒，从细节之处分析却是有大的深意。最典型的就是中国十大传世名画之一的《千里江山图》，作者为北宋的少年画家王希孟，他以青绿山水作画，集北宋以来山水画之大成，创作出来的《千里江山图》虽然属于写意的作品，但其中也蕴含了画家的生活与处世哲学。北宋末期，王室衰微，宋金处于军事对峙状态，王希孟将自己对"人与社会""人与自然"的思考融入画作之中，以山水画卷的形式表达了一种"人与自然和谐共存""天人合一""道法自然"的哲学情怀，同时运用石青、石绿等现实中少见的色彩对山峦进行刻画，表达了一种梦幻之感，也是道家哲学飘逸灵动的展现。

长时间来，思政课教材内容可读性不足，且让学生有疏远感，这是由这类教材多文件性与多理论性的表现方式造成的，而学生对课堂教学与教师的疏离往往是因为教师教学中单调的政策宣讲、思想灌输造成的。因此，实现教材和教学话语向着新时代大学生喜欢和容易接受的方向转换，应从优秀传统文化的生动性和独特性着手提高思政课的话语亲和力。"话语"是思想政治教育体系的重要载体，作为一种语言实践活动，思想政治教育，尤其是思政课的话语体系对教学过程和效果都具有重要意义。关于思政课教学话语体系，学术界讨论很多，大多数学者从作为主体的教师和客体的学生的角度进行阐述，认为教师的话语体系应该将学生的感性、知性和理性需求都纳入进来，而不是单纯的输出。在当今思政课的话语体系转化中，表象式的陈述、浅层化的教学术语以及强政治性的话语输出容易让学生产生疏离感。

在教材话语方面，教学内容向课堂语言的转译尤为重要。教材内容大多是以文件精神为指导，具有固态性，政治色彩也较浓，思政课教师要懂得将固态语言"转译"成形象生动的动态化生活语言，这样才能让知识的讲授具有针对性、时代性和灵活性，学生接受起来也会容易。在"转译"的过程中，首先，要想秉持守正创新的基本原则，把优秀传统文化中丰富多元且生动独特的内容引入，就应确保内容的学理性和政治性。同时能够在教材体系中增添优秀传统文化与思政课辅助性读本中表现的技术、历史和文化价值，并将其运用到社会主义核心价值观、爱国主义等授课内容中，课堂教学多联系学生的日常生活，切实从新时代大学生的实际出发，增强亲和力与亲近感。其次，教师在"转译"中要充分重视教材话语和内容传递出来的价值引领作用，尤其是针对其中体现出来的主流意识形态和价值观，要学会引导学生以教材语言去分析社会问题；在与传统文化结合方面，要能够学会运用思政的方法去透视文化背后传递出来的正能量、积极向上的含义。最后，就是要通过教与学之间的深层精神话语对话，实现多维交流，教师要懂得倾听学生的"话语"，对那些不符合主流价值观、偏激的观点要适时进行纠正、引导。

在教学话语方面，由于优秀传统文化与思政教学话语的融入要经由"政治、理论、文本"性话语向"文化、大众、生活"性话语转化，因此在当前的教学过程中，经常出现教师话语转化的失范问题。有的教师对传统文化研究和学习不够，因此在二者的话语转化中经常会有言不达意、语义失衡的问题，比如，在解释"民可，使由之；不可，使知之"的意思时，一些教师以原文中未断句的"民可使由之不可使知之"进行解释，认为这是孔子说的不用使老百姓知道怎么走，而直接按照他们给的指引就行，即荒唐的"愚民论"。但实际上，这句话是有断句的，它的大意必须联系前后文才能得出，前文用了"兴于《诗》，立于礼，成于乐"的表述，意思是说教育民众有三个很基础的东西——《诗》、礼、乐，如果人民掌握了它们，那就让他们根据这三者去自由地挥洒；如果民众还不了解它们，那我们就应该尽己所能地去教化他们，这是孔子"有教无类"思想的体现。再如，有的教师喜欢用成语或名句进行理论延伸，"铁中铮铮"经常被用来形容一个人才华出众，但如果联系原文"铁中铮铮，庸中佼佼"就可得知，这句话是有"限度"的称赞，有褒有贬，它最早出自《后汉书》，说的是汉光武帝刘秀接受赤眉军投降时，认为其将领的回答得体，遂用了这句评语，意思是没有多大的褒扬之意，教师如果不懂得其背后的深意，片面进行引入，势必会引起笑话。

因此，在用优秀传统文化来提升教学话语时，为增加自己的人格魅力与文化素养，思政课教师一定要勤于修炼传统文化的内功，在进行教学语言的讲授时应融入多样的文化形式，将深刻且抽象的理论转化为具有传统文化内涵、通俗生动且"接地气"的语言，如能够把"天人合一"的人与自然和谐观融入"新时代生态文明建设"的授课内容中；为让学生深刻地体会到民族精神的一脉相承性，能够把苏轼的"报国之心，死而后已"、顾炎武的"天下兴亡，匹夫有责"等融入中华民族的自强不息与家国情怀的课程中。再比如，讲"新时代中国特色社会主义文化建设"时，能够把刘三姐歌谣、吴歌、《玛纳斯》等视作经典代表，不但能够阐述其中包含的民族智慧与精神，还可以用亲自演唱的形式拉近传统文化、课堂和学生的距离，改变以往命令式、训导式的教学语言，为提升话语的亲和力，应把艺术性、学理性和文化性充分融入思政课程中。用中华优秀传统文化浸润思政课的教材话语和教学，可以提升课程的教学生命力，同时也能更好地体现传统文化价值的需要。

第三，为增强高校思政课载体的亲和力，应将创新性发展与创造性转化视作传统文化的重点。新时代对待优秀传统文化应秉持科学慎重的态度，尤其要对它进行创新性发展和创造性转化。传统的思想政治教育以文化、活动和大众传媒载体为主要特征，书本、课堂的讲授是思政课的主要载体模式。在这样的教学模式中，教师作为主体，学生作为被动接受的客体，单向的输入与输出让整个思政教育体系陷入僵化、凝固的困局之中。在新时代，根据中国实际、融合时代特征，处理好与外来文化的联系，同时秉持守正创新，以马克思主义为指导，是优秀传统文化的创造性转化和创新性发展的要求。这些特点对创新教育教学载体、打破思政课传统中的"教师讲、学生听"的教学模式具有重要价值。

首先，在创造性转化和创新性发展优秀传统文化的过程中，坚持马克思主义的方法、观点和立场与思政课有着很高的相关性。面对繁杂多样的文化形式，教师应做到取其精华，去其糟粕，持审慎的目光和辩证的态度进行识别，例如，在思政课中添加清明节等民俗节日时，应丢弃烧纸、焚香等封建迷信，而重视对"孝道"文化的讲授。其次，优秀传统文化在全球化背景下会与其他文化进行相互借鉴，而非故步自封，在多元文化的沟通对峙中，教师应把自己和学生的共鸣点融合起来，既不妄自菲薄，也不妄自尊大。伴随网络与信息技术在新时代环境下的发展和推广，传统文化的传播渠道如直播、动画的应用等变得越来越多，传播力也在很大程度上得到了提升，以前只是凭借报刊或政府等纸质媒介推广传统文化的形式已不复存在了。这些变化一方面有利于高校思政课教学载体的创新，另一方面与当代大学生的网络习惯相契合，同时与他们勇于创新、思维活跃的个性特点相一致。教师在进行实际教学时为拓展教学空间、打破地域的限制，同时增加学生学习思政课与传统文化的积极性，通常可以采取两种方式，分别是利用直播平台让学生与创作实现在线交流与互动和用现场教学的方式。另外，教师为实现学生变被动接受为主动学习，做到"真学""真懂"，通过多样的媒体方式切实增加思政课教学载体的亲和力，应激励学生用云空间或Vlog的方式记录分享自己对优秀传统文化与思政课有关理论的收获。

习近平总书记在新时代思政课的改革创新工作中强调："中华民族几千年来形成了博大精深的优秀传统文化，是我们党带领人民在革命、建设、改革过程中锻造的革命文化和社会主义先进文化，为思政课建设提供了深厚力量。"[1]在高校思政课的教学过程中引入优秀的传统文化不但成为促进课程思政建设、联接思政与专业教育并形成全面育人格局的坚实基础，而且使得课程更具吸引力和感染力。不过在优秀传统文化与思政课的融合过程中应特别重视的是要避免与教材与教学内容不相关的泛娱乐化内容的产生，应秉持理论为本、内容为王的原则，另外为切实做到思政课有亲和力、有温度、有感情，应避免教学语言的片面化和庸俗化。

二、中华优秀传统文化与新时代思政课针对性的提升

"针对性"是新时代高校思政课发挥立德树人作用的关键因素，作为社会主义意识形态的宣传阵地，高校思政课的针对性即要"看靶子""看听众"，面对不同的教育对象进行精准施策。现在的学生对思政课并不是不喜欢，而是不喜欢那种空喊口号、无病呻吟、一味歌功颂德的思政课，他们需要的是在课程中能够实际解决他们的困惑，不要只是在课堂上走走过场，简单形式化地完成教学任务。增强思政课的针对性，关键就是"带着问题"，尤其是带着学生关心的"问题"进行教学，即有问题意识，其中，使中华优秀传统文化对解决学生关注的问题、增强思政课的针对性发挥着重要作用。

第一，中华优秀传统文化中精准思政内容供给的针对性。关于"思政课要具有针对性"的问题，有专家提出了"精准思政"的概念，认为马克思曾以"（技术）揭示出人对自然的能动关系，人的生活的直接生产过程，以及人的社会生活条件和由此产生的精神观念的直接生产过程"[2]来阐释技术在社会生活中的作用，而精准思政恰好可以运用新技术新方法，以数据性高效能的信息沟通活动来完成整个教学过程，尤其是在对思政内容供给的针对性和实效性上，中华优秀传统文化以大数据的方式进行筛选，可以匹配出与教学内容最相适应的理论内容，由此形成教师与学生之间的知识无缝对接，缓解教育供给和教育对象需求之间的不平衡性。

不管是以技术手段筛选与思政教育相适应的内容，还是通过教师的个人筛选，不言而喻，中华优秀传统文化博大精深的资源库确实可以有力地提升思政教育的针对性。如今，年青一代对社会问题的关注度越来越高，尤其是受网络的影

---

[1] 牛惠.把今天写成诗[M].银川：宁夏人民教育出版社，2021：144.
[2] 戴维·哈维.正义、自然和差异地理学[M].上海：上海人民出版社，2010：2:2.

响，他们对问题的认识误区越来越多，因此针对这些学生的认识误区，教师应该敢于直面，除了以"现实"论"现实"，还可以从传统文化中汲取养分。比如，在论及中美关系或是我国的外交方略时，教师可以从历史的角度进行阐释，尤其是在中美建交时，很多人只知道乒乓外交，但鲜有人知道，在建交之初，我们进行了浩大的文物外交，在20世纪70年代，我国用了5年的时间先后在法国、日本、英国、美国等15个国家进行文物展览。当时国内已经有很多国宝级文物，如1968年发现的金缕玉衣，1969年出土的铜奔马，1972年《孙子兵法》和《孙膑兵法》竹简。为了向世界介绍中国文物事业的成就，同时也是作为中国外交战略的重要组成部分，在周恩来总理的倡议下，由中华人民共和国出土文物展览工作委员会、出土文物展览工作室从29个省、市、自治区挑选了出土文物精品600多件，时间范围从60万年前的蓝田人头骨到13—14世纪的元大都出土文物，分别到国外展览，主要是展现中国悠久的文化，同时也向世界展示中国的新风貌和劳动人民的智慧创造，其中，中华第一灯——长信宫灯在美国的展出引起了轰动。教师可以以此为例，在讲述完中美建交、乒乓外交后，直接延伸出文物外交，不仅可以让学生领略古物之美，而且能从其中让他们了解中国的外交史，与多门思政课都可以进行联系。

第二，中华优秀传统文化中精准思政教育对象的针对性。思政教育的目标是立德树人，正如习近平总书记强调的那样："高校思想政治工作关系高校培养什么样的人、如何培养人以及为谁培养人这个根本问题。"而培养什么样的人，如何培养人，这就涉及思政教育的对象问题。众所周知，高校思想政治教育最主要的对象就是年轻一代大学生，因为高校种类不同，性质和专业不同，因此，思政教育的对象就会有差异，中华优秀传统文化博大精深，内容丰富，不论是在什么样类型的高校，其富含的优秀内容都可以精准到不同的思政教育对象之中。

以艺术类院校为例，艺术专业门类众多，如戏剧、音乐、舞蹈、美术、文学等，每个专业的学生特点各异，表演类专业的学生性格活泼、外向，但文化基础较薄弱，理性思维稍差；文学类的学生文化功底较好，感性思维强。因此，在面对不同专业时，教师应该"因学生制宜"。而在这方面，中华优秀传统文化就可以展现出它丰富的内容去"滋养"各个专业的学生，体现出针对性。比如，传统文化中民族音乐可以与音乐专业相结合，有着深厚底蕴的诗词文化可以补充到戏剧影视文学的教学之中；中国古建筑，包括宫殿、园林等可以与美术专业相结合，同时与思政课中关于国家新型城镇化、美丽中国和乡村振兴等联系起来。再如，针对一些专业性很强的院校，传统文化体现出的针对性也很多，如农学类高校。中国是农业大国，自古以来，古人都秉承"以农治国"的理念，历史上，有四大农书——《氾胜之书》《齐民要术》《农书》《农政全书》指导人们的生产生活，教师可以针对"三农"问题相关内容，以这些农书的成书、发展和沿革角度来讲述。在讲述"社会主义核心价值观"或是"历史人物与人民群众"相关内容时，教师可以古今中外结合，以北魏时期的贾思勰、元代的王祯、明代的徐光启、现代的袁隆平为典型，将核心价值观中的爱国、敬业等与之联系，抑或在论及历史人物和人民群众的辩证关系时，将其引入。新时代的思政教育是将"人"放在了最核心的位置，以人为本，面对"培养什么人、怎样培养人、为谁培养人"的根本问题，中华优秀传统文化恰好可以增强"什么""怎样""为谁"的针对性问题，正如王阳明将人的历练比喻成"炼金"的过程，他说，"譬之金之在冶，经烈焰，受钳锤，当此之时，为金者甚苦"，金之炼，恰如思政之育人，针对不同的对象用什么"火候"、怎么把握"火候"、"炼"多长时间都很重要，而优秀传统文化对这三个问题的解决有很大的裨益，可以说，传统文化在精准思政教育对象的针对性方面意义重大。

三、中华优秀传统文化与新时代思政课思想性和理论性的提升

增强思政课的思想性和理论性，是推动思政课在新时代进行改革创新的重要基础，可以说，思想性是反映思政课坚持的根本政治方向和育人的根本目标；理论性则是课程内容的学理性和系统性，它反映出以什么样的理论去培养人的基本问题。思想性和理论性是思政课教学的基础，尤其是在坚持与发展中国特色社会主义和建设社会主义强国的大背景下，增强思想性和理论性，能够更好地引导学生坚持"四个自信"，同时，深厚的思想和理论内容能够让学生更清楚与深刻地认识到中国特色社会主义的必然性，厚植爱国主义情怀，将实现中华民族伟大复兴的重任自觉融入自己的奋斗之中。其中，中华民族优秀传统文化可以为思政课思想性和理论性的提升提供深厚的滋养，"文以载道，德以育人"，中华民族千年积淀下来的传统文化精神是有源之水、有本之木，作为中国人立德、修身、治国的重要内容，它可以有效赋予思政课更深厚的思想性和理论性，做到"以理服人""以德育人"。

第一，以"理"服人，以深厚的文化力量增强思政课的思想性和理论性。思政课的内容丰富，涉及历史、文化、政治、经济、社会等内容，庞大的理论体系，加之教材理论化和政治化的术语，容易让学生产生枯燥和厌烦之感，将逻辑缜密

与论证严密的教材理论以通俗易懂的形式讲授给学生，是上好思政课的关键。中华文明在历史的长河中经历了无数个文化高峰，它的内容包罗万象，涵盖了历史、政治、经济、文化等，它和思政课的内容有着高度的契合性，尤其是其中涌现出的像老子、庄子、孔子、王阳明、朱熹等思想名家，他们的理论内容可以很好地补充到思政课中来，以文化的力量增强思政课的思想性和理论性。比如，在思政课的建设中，推进大中小学思政课一体化建设的任务目标，并指出这项一体化建设的重要工程可以推动思政课内涵式发展，一体化的思政课是具备自我发展逻辑的课程，这种发展逻辑具有循序渐进、螺旋式上升的特征。这一提法和中国古代传统教育中一直倡导的"小学—大学"的教化体系有高度的联系性。宋代理学家朱熹曾以"事—理"的关系建构出了从小学到大学的教育体系内容，小学教化应该以"事"为主，而大学教化的内容应该体现"事之理"，二者之间应该体现出层次和连贯。作为童蒙教化的逻辑起点"事"，主要是指人伦日用之事，包括人伦规范、礼乐射御书数等。"小学是事，如事君、事父、事兄、处友等事，只是教他依此规矩做去。"这里他将小学教化的对象定为普及型的初等教育。如今的思政课一体化教育内容恰好和朱熹此说有契合点，以中学和大学的德育内容为例，初中的德育课中，马克思主义的理论教育，尤其是原理的内容是没有的，而高中的德育内容则是以初步的辩证唯物主义和历史唯物主义常识教育为主，到了大学，则深化到以哲学、政治经济学和科学社会主义为基本内容的马克思主义基本原理教育，可以说，这种循序渐进的教育方式和传统文化中"事—理"的逻辑发展路径一致。用这样的方式进行理论讲授，可以让学生更加深刻地理解思政课教育内容和中国传统文化的一脉相承性，增强理论的说服力。

道德教育是思政课的主要任务之一，在中国传统文化中，关于德育的内容也非常多，如哲学家张载，他将天道与人道相融合，在吸收了儒道两家的思想智慧之上，以"天人合一"和"仁民爱物"的伦理精神提出了个人在实现自身价值的同时也要实现生命的社会价值。张载非常重视德行教育中的"诚"。他说："诚者，非自成己而已也，所以成物也。成己，仁也；成物，知也。性之德也，合外内之道也。"在思政课的德育教育中，张载的这些思想可以充分被引证到教学中进行论证和阐释，尤其在思想政治教育的视域下，他关于"诚"的认知是将学生的主体德行以一种"气质之性"的高度上升到伦理本质上。同时，他不仅仅是将人的德行修养固定在认知规范的层面，还将其纳入道德躬行，即基于主体生命内在的道德实践之中，这些都可以让学生感受到思政道德教育不仅是理论知识的学习，更是一种身体力行的实践，即从德行之知到德行之行，知行合一。

积极向上、正能量和健康的世界观、人生观和价值观教育是思政教育的重要内容，尤其是要让学生树立辩证唯物主义和历史唯物主义的科学态度。关于此，中国传统哲学中也渗透着很多相关内容，最典型的就是辩证法的思想，其中，道家老子的辩证法思想就可以用来与课程内容相联系。老子认为事物是运动变化发展的，变化是"有常之变""变中之常"，事物的运动变化是围绕着"道"来进行，在《道德经》第二十五章中有"周行而不殆"，事物的运动变化不依靠外力而自己进行，是一个循环往复的过程，这与马克思主义哲学中提到的事物运动、变化、发展的三大规律相应。

第二，以"情"动人，以文化共情力提升思政课的思想性和理论性。共情力是心理学上的一个术语，心理学家将一个人能够移情、同感和投情，即准确地推断他人特定想法和感受的能力称为共情力。简单来说，能够设身处地地站在对方的立场想问题，思考问题就是共情力的主要表现。在中国传统文化中，"己所不欲，勿施于人"，"老吾老以及人之老，幼吾幼以及人之幼"的论述无不在表达着对共情力的重视。共情力的应用领域很广，在思想政治教育视域下，思政课也需要通过共情力，实现思政教育的三个目标，即知识的传授、情感的认同和德行人格的培养。共情力是建立在人与人交往的社会关系之中，因此，思政课共情力的提升也要建构在人的本质内蕴之中，从"人"的角度进行。在这方面，中华优秀传统文化对文化共情力与思政教育的双向建构有着重要作用。

长期以来，思政课的教学中都存在着"理多情少"的问题，教材内容以平面化的方式展现，教师以理论化、专业化的术语进行知识传授，难以激发学生的学习兴趣，尤其是一些教师授课时仅仅停留在表层的喊口号、宣传政策方面，"情感认同"不够，大而空的价值观说教也难以直抵学生的内心深处。因此，提升思政课的共情力，将理论知识动之以情、晓之以理，情理交融，努力找到理论与学生内心情感的"共鸣点"是让整个教育过程能够直达学生内心的重要方式。"共情"不仅体现在知识讲授层面，而且在教育过程中，主体的教师与学生之间的"共情"更加重要，教师能否站在学生的角度体会学生的需求和感受也是思政教育能否入脑入心的关键。

在中华传统文化中，有很多典型的案例素材都能够提升教与学之间的共情力。一方面，可以进行典型人物教育。马克思主义唯物史观强调，历史人物在推动历史和社会发展进步的过程中是一股至关重要的力量。历史人物不仅指为国捐躯的民族英雄，也包含了在不同领域为社会创造了积极正能量价值的典型人物。他们身上的卓越品质和良好思想是思政教育丰富的资源，将其引入课程中，能够从情感上感染学生，引起共鸣。三国时期的文学家刘劭曾对英雄有过自己的评价，他说："聪明秀出，谓之英；胆力过人，谓之雄。"英雄，乃是历史上深明大义之人，他们救黎民百姓于水火，头顶正义，爱国爱民。习近平总书记也在多种场合强调民族英雄的重要性，他以"天地英雄气，千秋尚凛然"这样的词句强调了一个国家要有英雄，他们是国之脊梁。在思政教育中，英雄历史人物的引入，可以让学生从情感上燃起爱国之焰。除此之外，在不同领域的历史人物也是可资借鉴的素材，如经学大师焦循治《易》，以《易》学传家，读书执理为家训家风，这可以让学生形成良好的读书之风。东晋名将陶侃以"陶侃惜谷"入选《资治通鉴》，大意是说他外出巡游看到有人在把玩一株没熟的稻穗，于是大声呵斥，不应浪费庄稼，破坏农民的劳动成果。故事虽简，但以小见大，体现出古人重视农耕、以农为本的思想。另一方面，可以以新媒体故事化的叙述方式让学生与传统文化实现共情。在这方面，很多文化类综艺节目，如《经典咏流传》《中国诗词大会》《国家宝藏》等很好地做到了这一点。这些节目不仅仅是停留在单纯展示文物或者解读诗词的角度，而是通过一种叙事化的手段，以强烈的情感带入使观众置身于时空交错的历史文化场景中，尤其是《国家宝藏》创设的以"前世今生"的文物故事为背景讲述故事的方式，更是让观众从内心情感的最深处体会中华优秀传统文化的底蕴，唤起其文化传承的使命感和责任感。

第二节 中华优秀传统文化视域下大学生思想政治教育缺失与原因

一、中华优秀传统文化在大学生思想中的缺失现状

（一）大学生对中华优秀传统文化具体内涵的了解程度不高

目前，怎样建立和谐社会被视作是执政党的一个重要课题。社会和谐指的是制度不断完善前提下的人际和谐，要想人与人间的和谐关系发展为整个社会体系稳定提供保障，由此让和谐社会关系的创造受到社会关系的保障，就应让个人的价值与合理需求得到社会的认可。在历史发展的历程中总结出的人与人和谐相处的恰当方式和中国人对道德与制度的独到认知，被视作是中国传统文化的精髓。这类和谐体现在我国传统节日的方方面面。传统的戏剧、节日、音乐，正好作为

建立此类和谐交流与沟通的载体与驿站。我们对传统文化实际内涵的掌握既有值得称赞的一面，也有片面的一面。这些情况中还包括我们常见却不忍直视的场景：知道何为"四书五经"的大学生不断减少，大学生熟悉西方的情人节、圣诞节，玩着"魔兽"，吃着汉堡包，却背不出一整首唐诗，对历史人物和历史事件知之甚少。

尽管"四书五经"中的某些观点是几千年前总结出来的，不过它们与现代文明并不冲突，同时对我们实际的工作有重要的指导作用。大学生强烈的民族自信心与自豪感能够在学习我国光辉灿烂、历史悠久的传统文化以及国学知识的过程中得到激发。

当代世界开放性的增强，不同文化之间的深入交流，导致大学生对异域文化具有浓厚的兴趣。大学生对经史子集缺乏关注，这表明他们的传统文化素养和认知水平有待提高。近年来，大学生在实际应用知识的学习与掌握方面投入了大量时间和精力，由此来提升自己的业务能力，却忽略了培养和提高文化素养的重要性，而这是由增加的就业压力导致的。许多用人单位反映，现今大学生在技术水平方面有很高的表现，尤其是对于外语、计算机和数学方面的应用。然而，他们认为大学生的社会责任感和工作责任感不足，换句话说，大学生的文化水平较高，但是素质不尽如人意。而素质指的是把自己学习获得的文化素养内化后产生的价值观、世界观和人生观等。这种情况的存在提醒我们加强大学生的综合素质培养，不仅要注重传授理论知识和实际应用能力，还要加强文化素养教育。有必要特别注重培养大学生的中华优秀传统文化素养，因为这是提升大学生文化素质的重要路径。

（二）大学生的中华传统美德观念较淡薄

当前有些大学生存在背离传统美德的现象，应该引起大学生的重视和警醒，因为把作为历史财富与遗产的中华传统美德传承与发扬光大是每个人的使命。许多大学生对师道和孝道等传统文化方面的重视仍然不够充分，尽管它们是传统文化中最为重要的一部分。大学生普遍缺乏集体意识和社会责任感，心理素质亟须加强。一些大学生将实现自我价值放在首位，注重个人的利益，而将社会和集体放在次要的位置；有些人在物质与精神的关系方面过于注重眼前的机遇与发展，而忽略了更远大的理想与目标；很多人更重视获取较高的经济收入和稳定的生活，使实用性和实惠性成为生活追求的主旋律，但对社会责任感则持淡漠态度，甚至陷入了过于个人主义的泥潭；在贡献和索取的关系方面，在考虑个人贡献与社会回报的问题时,有些人只关注了索取方面,认为个人贡献应当和社会回报保持等价关系。还有一些学生对待价值观方向过于追求速成和轻松,缺乏敬业精神与追求理想的热情。

伴随科学技术的快速发展,当代大学生所接触到的信息具有速度快、信息量大和范围广的特点,部分大学生忽视了对集体奉献精神和对事业的敬业精神的培养,甚至产生了"极端个人主义"的消极思想,这是因其辨别能力不足导致的。同时在部分大学生中还发现了抄袭论文、考试作弊等"信义失范"的现象,这些行为不符合"明礼诚信"的传统道德规范,且大学生在思想中并没有对此形成应有的重视和反思。此外,目前许多大学生在和父母、老师产生争执时,大部分情况会把责任归于父母和老师,而不觉得自己有什么不对,这是他们有待提升的方面。

(三)大学生对中华优秀传统文化价值的认识不足

在中国甚至世界发展的进程中,中国传统文化没有受到足够的重视。传统文化在我们实际的生活中鲜有体现。在某些著名的教授学者看来,在呼唤科学与民主的中国发展过程中,中国传统文化没有什么作用。展望历史,我们的传统文化常会陷于尴尬的处境。

在19世纪末至20世纪中叶,除了为数不多的思想家依然可以在新旧体制更替的缝隙中看到中国传统文化的希望,其他人在世界发展主流趋势与中国社会实际情况的压迫下失去了对传统文化的信心。我们的传统文化在中华人民共和国建立后,非常缺乏民众基础,主要因为两方面原因,分别是文化事业发展滞后和文化事业发展面临严峻挑战。目前存在一些外国人比很多中国人更熟悉中国文化的现象,这是因为他们对中国文化的热情和学习成果已具有了较深厚的积累。在韩、日等部分国家出现了把许多在中国鲜有人关注的传统文化著作视作珍宝引起学习风潮的现象,激发了国人重新挖掘被忽略的文化瑰宝的热情。

国学学科在中国人民大学的建立虽然是件好事,却引起了一些大学生的质疑,质疑者人数很多,他们质疑当今建立这一学科的意义,这一问题确实是引人深思的问题。如今存在着体现了中国目前文化趋向的文化现象,即在许多大学生心中把不知具有多少传统文化储备的影视明星作为偶像,而对在历史上做出显著成就的伟大人物不甚了解,这已不只是一个简单的社会娱乐现状了。

中华民族之所以能够攻克重重困难独立于世界民族之中且展现了很大价值,是因为中华优秀传统文化为华夏儿女筑起了民族魂,为华夏民族铸造了国民性。

在当今我国的现代化建造过程中,中国优秀传统文化依然具有至关重要的意义。换句话说,作为具有5000年文明积淀的古老国家的灵魂所在,中国优秀传统文化构成了中华民族的凝聚力和稳定性,同时它的精华部分具有永恒的魅力和独特的价值。文化具有继承性和连续性。作为21世纪中国文化的创造者和建设者,当代大学生只有继承与弘扬传统文化才能够使得民族化发展为世界化。传统文化被视作是中华民族崛起的前提。

二、中华优秀传统文化在大学生思想政治教育中的缺失原因

(一)文化心理伤痛

清朝将西方国家视作海外蛮夷的态度和以大国自居的形象在1840年鸦片战争爆发后发生了彻底的转变。自此,中国来到一个历史大转折、大转变、大动荡的时代,即内忧外患的时代。西方列强为让西方文化在中国得到发展和传播,通过商品贸易、鸦片和战船大炮瓦解了中国的闭关锁国政策。西方殖民者的入侵不但让中国受到了前所未有的屈辱,而且造成了非常严重的民族危机。此时,在经历了戊戌变法和辛亥革命后,为探寻救亡图存的道路,有些头脑清醒的有识之士、进步学者展开了新文化运动和"五四"爱国运动,发起了宏伟壮阔的文化斗争。从1931年开始,中国人民用14年时间通过全民抗战最终打败了日本帝国主义。后经解放战争,中华人民共和国于1949年正式成立,标志着中国历史新局面的展开和百年民族屈辱史的结束。又经过艰难的探索道路,通过改革开放,确立了建设具有中国特色的社会主义物质文明和精神文明的正确方针。再后来,邓小平提出的"社会主义市场经济"的精湛理论,让社会主义建设事业发展到了一个全新的阶段。

中国社会自19世纪以来,出现了内忧外患的现象,使得知识界变得忧虑和惶恐,西方文化如潮水一般涌来,有些学者从一味的虚荣、骄傲的幻想中醒来。面对现实,他们发现西方有中国值得学习的地方,并通过深刻反思总结出了"中体西用"。甲午中日战争后,清朝未能战胜日本证明"中体西用"无法救民族和国家于危亡之中,便有了后来的"五四"新文化运动。

把民主与科学作为"五四"新文化运动的目标对于思想解放和文化发展具有至关重要的历史价值,不过此运动之所以具有广泛的影响是因为对中国传统文化进行了集中的批判性研究。在此时期,以鲁迅为代表人物的部分人将矛盾点直接指向了儒学和孔子,提出了"打倒孔家店"的口号。在客观层面,这让西方文化

侵占了传统文化的主体空间。那时更有某些相对激进的人士提出了"全盘西化"的观点,对传统文化的传承形成了负面影响,这给当时的国民带来了深远的影响。不过这些激进人士只是憎恶如"三纲五常"的封建礼教而并非想彻底否定传统文化。然而普通民众认为传统文化是无用的。

今天来看,我们对传统文化有很多重大的误解。在20世纪50年代后期到70年代间,中国传统文化传承的断层也是因为这种思想与认识方面的误解造成的,这种文化传承的断层直接使得一代人缺少了对我国传统文化的认知,在间接方面也更造成人们对传统文化的忽略。这类错误于1978年党中央拨乱反正以来得到了彻底的纠正。不过因为历史的惯性,目前大学生对我国传统文化的认识与了解还有待提升,某些人对青年人应接受传统文化教育的意义还未有深刻认知。

(二) 大学生所形成的特有时代心理

网络传媒、市场经济、西方文化渗透到了中国人的生活,使得中国社会变得空前的丰富多彩。这些新事物在推进社会发展的同时,也给生活的一些方面带来了消极的影响。

1. 西方文化的强烈冲击

随着经济全球化成为世界发展的趋势,文化也呈现出全球化的特点。随着信息技术和网络技术的发展,文化全球化已经成为一种不可阻挡的发展趋势。

文化的多元化发展为中国当代文化中的主要形态与核心标志,这是文化全球化的猛烈冲击导致的。同时某些人质疑且不认可本民族的传统文化,而盲目地接受与认同西方的价值观,是因为西方文化的侵蚀和多元文化的彼此影响导致的。毋庸置疑的是,当今大学生在西方文化与多元文化的共同影响下更易接受西方文化,这为向高校大学生开展优秀传统文化教育带来了负面影响。

2. 网络文化的全面渗透和挑战

作为一个综合信息库,网络具有两面性,有有益的一面,也有不利的一面,大学生能够通过网络获得更多的学习与交流的机会,同时大学生若痴迷于网络中的不良信息就会导致其健康成长受到很大影响。目前中国在很多方面都在开展着深入的变革,如在思想、经济、社会结构等方面,网络的推广应用不但引发了许多相关的社会问题,而且加剧了多方面因素对中华优秀传统文化的挑战与影响。目前网络文化中的网上失范和伦理问题主要有以下几方面。

首先,互联网既减弱了青年的民族意识,又增强了他们的地球村村民意识。显著的国际化属性体现为网络"新人类"的特征,而网民全球化意识的提高则得益于互联网应用没有时空制约的特点。与这类"一体化"意识相伴的是民族认同感的弱化、民族身份的逐渐消解和民族、种族意识的弱化。在某一层面来说，这无益于传统文化的大范围传播。

其次，互联网还对目前的价值观念、道德观念产生了冲击和影响。在诚信方面，除了少部分学生认为网络可以提升社会道德水平，其他大部分学生认为在网络虚拟空间中是不需要讲诚信的。

最后，青少年的思想繁杂往往是由互联网传播造成的。网络是没有国界的全球性媒介。在网络中，大学生优良道德品质教育的开展受到了很大影响，大学生精神受到污染，是由许多层面的因素导致的，主要包括两个层面，分别是丑恶、淫秽等内容在网上的大范围传播和网络上充满先进与落后、有用与无用、正确与错误的信息。

（三）我国现行教育体制中的一些矛盾和问题

长时间以来，我国很多学生的奋斗与学习的目标都是考上一个心仪的大学，而大学生缺少学习中华优秀传统文化的时间和精力是因为目前我国教育体制中存在一些问题与矛盾。高校在校学生数随着我国高校体制改革的推进与各高校的大量扩招而显著增加，很多学生感到了学习、生活的压力变得更大了，这是因为扩招在一定程度上提高了升学率，却也导致目前的学生就业压力增大。

在就业心理层面，有一半以上的大学生会选择先就业后择业，这是就业市场竞争给大学生带来的较大压力导致的，也是大学生在校外参加课外培训与辅导、考级考证、选修第二专业等成为常见现象的原因。所学专业并不是他们喜爱的专业，由此产生的矛盾与痛苦是大学生学习压力的大部分来源；课程压力过大，学习方法不科学，值得大学生精神长时间处于极度紧张状态；此外大学生还要面对参与考研与各种证书考试的应试压力等等。

大学生产生的心理方面的问题如精神分裂、强迫等。大部分情况是因为精神长时间处于极度紧张状态下导致的。大学生缺少自力更生和为人处世的能力是他们生活中主要的压力来源，他们还会有由生活困窘带来的心理层面的压力。此外，因生活压力和学习压力大导致较大的心理困扰的现象，常见于我国高校贫困生群体，他们并不知道排解这些压力的有效方法。因此，在处理现实中遇到的困难时花费了极大的精力。

（四）高等教育自身发展过程中对传统文化教育的忽视

目前，在教育部施行的所谓本科教学水平评估指标体系的影响下，我国很多大学更像是职业技术学院而非大学。大学在主动培养大学生专业技术教育的同时，忽略了对大学生自身修养的培养。对此，很多极具远见的教育家早早向人们发出了警示。以人文精神的培养为核心目标是知名教育家纽曼（Cardinal Newman）着重为大学生提出的。不过，教育忽略了人自身素养的持续提升，将培育符合经济发展要求的技术人才作为核心目标，是由现代经济和科学技术的巨大冲击导致的。自20世纪中叶以来，这类忽略人自身素质培养的专业技术教育的缺点逐渐凸显。尽管人类物质财富的积累得益于科学技术的发展，但科技也为人类带来了许多社会问题，如信仰危机、核扩散、精神危机、环境污染等，使社会患上了人们常说的"发展综合征"，这些都是专业技术人员无法攻克的难题。

第三节　中华优秀传统文化视域下大学生思想政治教育渗透

一、中华优秀传统文化视域下大学生思想政治教育渗透意义

（一）提升高校思想政治教育的育人功能

只有引入传统文化的要素才能够解决大学生的问题。目前世界与中国均产生了巨大的变革，大学生的思想认识受时代多方面的影响很大，具有一定的特性，该特性包括市场化、开放性和多元性。当代大学生因为社会不良风气的影响、高校传统文化教育的局限等原因，存在社会责任感不强、诚信意识淡薄等问题。

我国十分注重文化因素对思想政治教育的重要意义，且反复强调了中华优秀传统文化是解决大学生思想道德问题的力量。当代大学生思想政治教育的基础内容包括两个方面，分别是传统美德的继承和中华优秀传统文化的弘扬。我们应当把中华优秀传统文化融入当代教育方式中，利用社会实践活动，弘扬中华优秀传统文化。大学生学术眼界的扩展与人际关系、人格、人生观的塑造，道德素质的提升得益于中华优秀传统文化蕴含的丰富历史内容的影响。

1. 提升道德素质

培养具有在健康、文化和道德方面的全方位素养的综合类人才被视作是开展大学生思想政治教育的主要目标，中华优秀传统文化对大学生的影响是全面的、积极的。思想政治教育会对大学生的知识结构、思想观念等方面造成影响。提升大学生的整体素质和完善其知识结构，把优秀传统文化中的哲学思想应用于普通

知识的学习中。由于当前社会大学生的意识形态发生了变化,高校的思想政治工作难度也随之增加。大学时期是价值观、人生观形成的重要时期,高校应结合优秀的传统文化对大学生进行正确、适时的引导,从而促使大学生形成正确的思想观念。

所谓高校思想政治教育强调人文道德和科学精神的融合,当今社会,尽管实用主义和功利主义日益凸显,但大学生仍应遵循学术和社会道德,而不应盲目追寻社会思潮。高校思想政治教育作为社会伦理道德的提升者与捍卫者,既要以主人翁的姿态主动改造社会,又要以特有的精神品质引领社会的道德方向,重塑人们的道德行为。

中华优秀传统文化涵盖了儒、佛、道三家的道理精髓,重视对人道德的培育。中国人的传统道德受三家思想的深入影响,三家思想即儒家忠君爱民思想、佛家因果轮回学说和道家天地自然之法。哲学在中华优秀传统文化中的底蕴是古人为我们留下的宝贵财富,涉及传统文化中的勤俭、诚信、民族气节等内容。《论语》《易经》《孟子》《周易》《古文观止》等都展现出了中华优秀传统文化中充实的人文道德精神,被视作是人文资本的储备。为促进综合型高素质人才的培养,高校思想政治教育应最大程度地发掘中华优秀传统文化中所包含的思想道德精神。

2. 塑造优秀的人格

大学生思想政治教育要想在中华优秀传统文化背景下塑造大学生健全的人格就应培养他们自我成长和正确处理人与自然、人与社会间的关系的能力。健全的人格应注重意志与情绪的培养,应做到知识、情感、意志的有机融合发展。"士不可以不弘毅,任重而道远","己欲立而立人,己欲达而达人","己所不欲,勿施于人",反映的是人格的健全以及人与人的关系。

中国儒家文化追求理想人格、注重个体修养,对于大学生人格完善具有指导价值。"顺之以天理,应之以自然","天地与我并生,而万物与我为一"的思想是人与自然和谐相处的哲学依据;"先天下之忧而忧,后天下之乐而乐"体现了人与社会的关系。因此,在中华优秀传统文化视域下开展思政教育,有助于当代大学生培养出健全的人格,从而正确处理人与人、人与自然、人与社会、人与自我的关系问题。

3. 形成正确的人生观

中华优秀传统文化为大学生形成正确的价值观、人生观指明了方向。在传统计划经济形态向新的市场经济形态转型和市场经济快速发展的情况下,现代大学生存在一些个人主义、急功近利等价值判断和人生态度问题是正常的。

我国处于社会主义初级阶段，各种分配体制不健全，贫富差距较大，大学生容易出现对个人利益和集体利益取舍的困惑。当代大学生在价值观上表现出意识与行为不一致的状态，他们虽然有正确的价值取向，心中坚持集体主义，但在周围环境的影响下，有时会违背自己的坚持。

中华优秀传统文化博大精深，蕴涵着大道理、大智慧，重视培养德才兼备、具有"圣人""君子"品格的人。例如，儒家文化倡导的积极向上的人生观，对为人之道提出了标准——"己所不欲，勿施于人"。中华优秀传统文化倡导爱国精神、顽强奋斗、自强不息、"天行健，君子以自强不息"、"路漫漫其修远兮，吾将上下而求索。"等精神内涵，主张培养大学生坚韧不拔的毅力，使其在个人利益与集体利益发生冲突时，能够牺牲个人的一些利益。高校作为教育主体，在开展思政教育的时候要增强中华优秀传统文化教育，汲取有益因子，弘扬传统文化，要以国际视野，为国家的发展、中华民族的伟大复兴献计献策，努力作为。

4. 拓展学术视野

高校这个神圣的天地为各类文化知识和思想理论敞开了大门。大学生对精神食粮的需求极高，具有很强的求知欲，他们想要快速成长，对通过学习新知识丰富自己的头脑很有热情。高校为避免各种各样的易于导致高校甚至整个社会动乱的思潮的影响，应在合适、准确的时机下，对大学生开展有效的、系统化的思想意识教育。

为能够让大学生拓展思路，我们应当打破固化思维，以古今为参考，以实际为基础，在持续进步的同时求实创新，应全面学习与探究中华优秀的传统文化。这不但能够拓展大学生的胸怀与眼界，还能够提升他们的精神境界。

（二）有利于传承和弘扬中华优秀传统文化

1. 有利于传承中华优秀传统文化

（1）有利于传承以和为贵、和而不同的和谐思想

中国是四大文明古国之一，有着漫长的历史积淀，在这五千年的历史进程当中，形成了独具特色的中华优秀传统文化。在博大精深的中华优秀传统文化当中，"和"的思想占有重要的位置，可以说"和"是中国历史文化的特征向量。古代和谐思想极为丰富，如大同理想、保家卫国、持中和贵、统筹全局等等。早在几千年以前，我们的先辈就主张人与自然和谐共生，当今社会中各种文明的和谐共存，正是中华文明高度发展的表现，显现出了中华历史文明的强大。和谐思想影响着当代中国的发展理念，是现代人思想上与行动上的先导。将中华优秀传统文

化与高校思想政治教育相结合，能够影响高校大学生的行为思想，有利于提高大学生的民族凝聚力。高校学生是社会未来发展的重要力量，以传统文化融入思想政治教育促进大学生产生与和谐思想的共鸣，这些对和谐思想的传承有重要的促进作用。

（2）有利于传承天人合一的共生思想

中华传统文化重视人与自然的统一。为突出人与自然的融合与统一，宋代张载阐述了"天人合一，民胞物与"的观点。"天人合一"内在含义指的是"人道""天道"的和谐统一，共包含两个方面分别是基于"仁爱"的人际关系的统一和人与自然的统一。这与我们倡导的人与自然和谐发展的科学发展观不谋而合。将"天人合一"的共生思想与高校思想政治教育相结合有利于帮助大学生树立环保思想和集体主义思想，能够在发展大学生思想的同时潜移默化地传承传统的共生思想。

2.有利于弘扬中华优秀传统文化

要想在文化发展的过程中始终具有社会主义的显著特点，就必须坚持发扬中华优秀传统文化。我国优秀传统文化是我们党政治工作的思想源泉，要想社会主义文化获得繁荣发展，就必须传承和弘扬中华优秀传统文化。

在中华优秀传统文化的传承与弘扬过程中，高校思想政治教育与中国优秀传统文化的融合具有重要的当代意义。发扬我国优秀的传统文化是推动社会主义又好、又快发展的必然要求。在我们党革命和建设发展的不同历史时期，我们继承、发扬、丰富、发展了中华优秀传统文化，推动了党和国家各项事业的发展。在教育事业中，以优秀的传统文化为切入点，与高校思想政治教育相结合，能够培育出适应时代发展的高素质大学生。高校大学生作为社会发展的重要后备军，肩负着推动社会发展的使命。通过对优秀传统文化的学习，他们可以准确了解历史的辉煌，明确自身的责任。

（三）发展社会主义核心价值观的必然要求

社会主义核心价值观充分反映了当前我国发展的战略，它是环绕着社会主义的共同理想的，是以马克思主义为指导的，体现了时代精神的发展战略。高校思想政治教育工作，要紧紧按照这一发展战略，依托当代高校完整的教育体系，通过主流文化传播的方式，在原有的基础上改革创新。首先，要在高校的教育中体现马克思主义的指导性地位，让学生充分理解马克思主义，使之成为学生在学习和生活中的行为准则。其次，应该在高校教育中开拓创新。创新是民族走向富强的必经之路，青年学者的创新就是民族复兴的希望与灵魂。高校的思想政治教育应该着眼于培养学生的创新精神，敢于尝试新鲜事物，使之敢于打破固有模式的枷锁，按照创新精神积极进取，承担起民族复兴的责任。只有这样，才能充分体现社会主义核心价值观的核心思想，这是发展社会主义核心价值观的必然要求。

我国丰富的优秀传统文化覆盖面广大，集文学、思想、道德、历史、艺术于一体；影响范围大，能够完善高校大学生的思想。中华优秀传统文化富含浓厚的生命力，能够丰富高校的思想政治教育，使高校思想政治教育重生，达到质的飞跃。

弘扬和传播传统文化要紧密地联系现实生活，每一个人都是弘扬传播文化的主体。传统只有在生活中才能发展，把中华优秀传统文化的研究与培育理想道德、引领文化提升、整合社会力量、凝聚社会共识紧密结合，方能形成高校学生对中华优秀传统文化的正确认识，从而促进社会主义核心价值观的践行。面对新形势，传承优秀的历史文化要去粗取精，以高校为意识形态阵地，全面开展教育工作，奠定广大的群众基础，进而科学地影响全民价值观，让中华优秀传统文化成为中华民族凝聚力的来源，从而鼓舞中华儿女共同推进社会主义进程。这是具有伟大的历史意义的活动，是适应新形势，符合新时代要求的创新性发展。将中华优秀传统文化结合新的时代特征去创新发展，并与高校思想政治教育相结合，目的就是在中国共产党的领导下，加速实现中华民族伟大复兴的中国梦。

二、中华优秀传统文化视域下大学生思想政治教育渗透原则

（一）继承发展原则

以中华民族优秀道德传统为例，尽管其在 2000 多年的历史发展过程中受到了封建社会的政治和经济制度制约，成为具有鲜明阶级性的维系封建家长制和宗法制的工具，但它也具有民族的共同性。在阶级社会中，由于各阶级生活在同一社会中，彼此之间进行交往，相互联系，这就必然会有一些维持人们之间正常关系，保证社会生产、生活能够正常进行的起码的、共同承认的道德准则。因此，不同阶级或对立阶级之间的道德除了对立和差别之外，还有着某些相同之处或相似之处，这也就是道德的共同性。因此，在阶级社会中，道德是阶级性和共同性的统一。例如，传统的孝道在封建社会里显然是为了维护封建的等级关系，但它对于改善各个社会中一般的人伦关系，也有着不可忽视的重要作用。即使在当前中国社会主义精神文明的建设中，我们也要大力提倡儿女孝敬父母、报答父母的养育之恩。以儒家伦理道德为主要内容的中国优秀传统道德是有可继承性的，而时代的不断发展又赋予了其新的内涵。

中华优秀传统文化在几千年的发展过程中，形成了独特的风格。面对这些历史上遗留下来的精华，作为时代的先锋，高校应当本着继承发展这一原则，保持中华优秀传统文化的历史延续性，同时结合时代特征不断加以弘扬及发展。在中华优秀传统文化与现代社会相结合的过程中，我们必须为之充分考虑，依据具体发展与创新的新阶段情况，探寻出提高思想政治教育工作实效性的有益方面。同时，只有把中华优秀传统文化视作思想政治教育的服务，才能在进行高校思想政治教育和中华优秀传统文化融合时实施合理的改造。

（二）互补互融性原则

"马克思主义理论被视作是西方经济革命的产物"和"中国的特色是通过中华优秀传统文化体现出来的"均是高校思想政治教育中的观点，这两种观点既具有互融性又具有互补性，是相辅相成的。东方与西方的结合，历史与现在的结合均属于思想政治教育教学的内容。

（三）方向原则

只有坚定原则和方向，才能做到把中华民族的优秀文化自然地融合到大学生思想政治的教育中。方向原则主要包含两个方面，一方面是通过在针对大学生开展的志存高远的理想教育中融入中华优秀传统文化的方式，为培养社会主义现代化建设可靠接班人夯实基础；另一方面是形式政策教育伴随传统文化的传承开展。也就是在传承传统文化时，大学生思想政治教育应始终坚持共产主义和社会主义方向，一定要与中国共产党的宗旨相一致。在方向原则的落实过程中需要做到如下三点。

第一，坚持方向原则高度认同。全部的思想政治教育工作者均应对正确的思想政治教育有一致的认知，也就是必须将具有共产主义和社会主义方向的中华优秀传统文化融入大学生思想政治教育中。在这一知识传授过程中，让学生懂得其中的意义，并得到他们的认可与支持是至关重要的。

第二，坚持方向原则一定要满足科学性要求。只是在思想政治教育课中死板地引入中华优秀传统文化，对于增加学生学习的主动性并无益处。所以，应努力做到优秀传统文化和大学生各方面生活的自然、巧妙的融合，以获得润物无声的效果。

第三，坚持方向原则落实彻底，有始有终。在进行思想政治教育时，必须直接面对且不可忽略的是到达共产主义社会是我们社会主义社会最终的目标。思想政治教育者为让大学生始终能够秉持共产主义和社会主义的方向，做到内化于心，外化于形,需要协助大学生形成共产主义和社会主义的坚定信念。

(四)主体原则

主体原则指的是教育者为达成在高校思想政治教育中科学引入传统文化的目标,激发学生学习传统文化的主动性,把大学生受教育者当作教育主体,最大程度尊重他们的主体地位。教育者被视作是主体原则落实的主体,负责把外在的传统文化提升为学习智慧,内化为学生人格。在高校思想政治教育中引入传统文化面临着一些困难。因为大学生的行为习惯与思维固化通常是因为对传统思想政治教育或文化的错误认识导致的,所以,教育者应利用事理说服与情感融化的方式让大学生发自内心的更加熟悉素质教育与传统文化,从而让他们更积极地接受中华优秀传统文化。主体原则要求:"教是为了不教。"思想政治教育者应增加引领大学生主动学习中华优秀传统文化的勇气。强调以大学生为主体研习传统文化并不等于放任自流,在这一过程中,教育与自我教育历来是彼此促进的。大学生自我研习中华优秀传统文化是在思想政治教育者的启发下开始的,是按中华优秀传统文化教育目的进行的,教育者促其培养高度的自尊,推动其积极的自我教育,使大学生达至中华优秀传统文化中的"慎独"境界。

(五)辩证原则

作为中华民族的无价珍宝,中华优秀传统文化具有内容丰富、博大精深的特点。在悠久的历史发展过程中,中华优秀传统文化以其强大的吸收融合能力,海纳了各种文化思想。传统文化既有积极、进步、革新的一面,又有消极、保守、落后的一面,既有民主性、科学性的精华,又有等级意识、特权意识、官本位等封建糟粕。

从总体上说,传统文化是大陆民族文化、农业社会文化和宗法制度文化的综合体,其在文化性质上侧重农耕文化。它对中国古代社会的发展,在思想领域发挥着重要的作用。由于时代的局限,传统文化中的某些内容本身具有封建性,体现封建阶级的意志。历史继承性是所有国家文化发展的共同特点,国家没有传统文化就如无本之木、无源之水一样没有根基。而传统文化的糟粕部分则是历史的惰性、历史的负面,它会阻碍历史的进程,对历史进程起负面作用。正因为如此,我们才应当科学地对待传统文化。对待传统文化,既要看到其封建性,也要充分认识其在中国封建社会发展过程中的作用,更要看到其在建设社会主义现阶段的重要价值。在当今大学生思想政治教育过程中,宣扬中华优秀传统文化精神具有至关重要的意义。

三、中华优秀传统文化视域下大学生思想政治教育渗透现状

（一）思想政治教育中中华优秀传统文化教育的缺失

当今中国的大学制度，是借鉴19世纪之后的西方高校的发展制度经验而逐渐建立起来的，中国的高校教育事业在20世纪的时候就获得了很大的发展。高校理科方面的建设可以追溯到1952年，在那个时候起，中国就已经开始借鉴苏联等国家的发展经验而进行相关的建设了。这种发展方式虽然在某种意义上促进了中国高校教育事业的发展，不过总体来说，却导致了中国高等教育整体发展方向上的缺失。因为从20世纪后期开始，高等教育在发展的过程中越来越重视技术教育的发展，针对学生自身素质建设的教育却变得越来越少了，这展现出了高校教育发展过程中的弊端。好在，这一时期更加重视人文教育的发展。

翻开历史的书本可以看到，在人文素质教育方面，中国进行了相关的调查研究，并且在多年研究之后达成了共识。早在1996年，中国有50多所高校就已经开始实施人文教育，两年之后，这种人文教育的发展普及到了全国的各个高校之中。当时的人们试图通过这种方式，来对中国人文教育的状况带来一定的改善，进而提升大学生的整体素质。不过经过一段时间的实践以后发现，在文化素质教育的实施方面，很多高校仅仅是加强了教学中的某个环节，也就是说并没有优化整体的教学环节。这种流于形式的教学方式，究竟可以起到多大的作用不言而喻。更为严重的是，这种人文主义教育的加强，甚至成为某些高校发展中的负担因素。

在大学生思想政治教育方面，教师采用的教材多为教育体系改革中统一颁发的教材。例如《马克思主义基本原理》的传统教材中，基本上没有把中国的发展同优秀的传统文化相结合的案例，在当今大学生思想政治教育过程中也没有重视增强与中华优秀传统文化的融合，这些均不利于优秀传统文化和大学生思想政治教育的结合与联系。此外，许多高校对大学生提出的要求都是大众化的，也就是在进行大学生思想政治教育时，高校只是形式化地对大学生的思想政治教育提出相对宽泛、浅显的要求。优秀的传统文化在高校的思想教育方面并未展现出应有的指导意义，极少有高校会在学生们的学习过程中融入优秀传统文化，同时用优秀传统文化指导学生们思想方面的困惑。

（二）外来文化对大学生思想道德素质及理想信念的冲击

提高当代大学生的道德素质，离不开中华优秀传统文化。在人的诸多素质中，道德素质是最重要、最本质的素质。大学生是国家和社会中的特殊群体，是经济

发展和社会进步所需要的重要人才，是现代化建设的中坚，未来中国社会主义建设事业的承担者和主导力量。作为社会的精英、国家的栋梁和社会各阶层中思想最活跃、最先进的群体，大学生思想道德素质的状况直接影响到了国家的命运和民族的兴衰。从心理学的层面看，大学生的道德素质受到多种因素的影响，其中，外在的社会环境是不可忽视的重要因素。随着中国加入WTO（World Trade Organization，世界贸易组织），中国已经正式迈入经济全球化的进程。在这一过程中，西方国家充分利用经济优势，进一步提出"政治全球化"和"文化全球化"的口号，裹挟着市场经济而来的西方文化开始在世界层面广泛流行。

目前，这种风气也开始弥漫到中国的高等院校，使一部分大学生的精神境界、精神生活和思想道德发生了新的变化。莘莘学子中，躁动不安、作风虚浮、急功近利者不在少数；考试作弊、简历造假、借贷不还者屡见不鲜。高校思想政治工作的软弱、混乱和无序现象也普遍存在。我们知道，高等学校思想政治教育的任务就是教导大学生如何做人，以培养品德高尚的人才。而对为人处世的指导，正是中华优秀传统文化伦理性的根本体现。经过几千年的筛选、过滤而累积下来的中华优秀传统文化是古代先哲留给我们的一份异常珍贵的精神遗产，其中可用于道德素质培养的内容十分丰富。如中华优秀传统文化能够孕育民族精神，增强民族责任感和自豪感；能够培育以爱国、正义、礼貌、谦让、奉公、自强为特征的理想人格；能够使青年学生从其解读中受到启迪和鼓舞，增强自身道德修养的内在动力，从而逐步树立正确的人生观、价值观和基本的行为准则等。

四、中华优秀传统文化视域下大学生思想政治教育渗透路径

（一）加强中华优秀传统文化的理论研究

要实现中华优秀传统文化在高校思想政治教育中的应用，首先要加强中华优秀传统文化的理论研究，充分挖掘中华优秀传统文化的应用价值。优秀文化，是指能够符合时代要求、能满足最广大人民利益、能推动社会进步的文化。每个时代都有具体的优秀文化的核心。优秀传统文化，是指中华民族几千年历史中传承下来的文化，不只是孔孟等文化，不止停留在古代，涉及中华民族历代勤劳智慧的祖先在生产生活过程中，创造的包含社会各个层面的经典文化；各个朝代的先进生产力孕育的属于特定朝代的、时代特色鲜明的物质、精神文化，这些文化从广泛的民众中来，涵盖了社会各阶层的先进创造者所开创的先进文明。历史浓厚的文化底蕴，不是一朝一夕能够吸收了解的，要进一步深层次地挖掘，就需要在

高校思想政治教育工作中,深入探索中华优秀传统文化的精髓,把中华优秀传统文化潜在的无限魅力发挥到极致。

中华优秀传统文化是中华儿女成长的力量支撑,是提高我国文化发展的必然选择,是中华民族屹立世界之林的法宝。历史悠久的灿烂文化是中华文明高度凝练的呈现,为中国未来的发展之路提供了理论上的指引。如果不知道从何而来,当然不会了解该往何处而去,高校思想政治教育就无法充分应用优秀传统文化的精髓。中华民族自古以来就为富强而努力,一个国家要走向繁荣富强,必须实现传统与现代的融合,必须把优秀传统文化与当前社会主义道路相结合,以民族文化为根本,做好坚持面向现代化的高校思想政治教育工作,兼容并蓄,用全球化发展视野去丰富我们的文明成果。优秀传统文化蕴含着丰富的资源,值得高校引用,尤其是在当前这种全球化背景下,民族的发展必然要坚持自己的信仰,弘扬自己的文化。

高校思想政治教育工作要立足于我们浓厚的灿烂文化、我们的精神家园,古为今用,实现生产力的高度发展,充分挖掘中华优秀传统文化的应用价值,建立好社会主义阵地。

(二)加强对大学生中华传统文化的教育

1. 组织编写大学生中华优秀传统文化教育读物

中华文化源远流长,凝聚了我们最内在的精神追求,为中华民族的生存和发展提供了动力。在当今文化的交流与碰撞中,中华优秀传统文化支撑着中国巍然屹立于世界,并扬起了一面鲜明的旗帜。然而,一些高校为了能使学生在激烈的竞争中脱颖而出,逐渐成为培养大学生的生存技能的工厂,在教育中注重"专业教育""科技教育"而忽视人文教育。同时,大学生思想政治教育在实际的实施过程中,与中华优秀传统文化结合不够紧密甚至与其脱节。当代部分大学生在学习中也出现了实用主义的价值倾向,或努力学习外语,或努力通过各种资格证考试,甚少进行优秀传统文化的学习。相比于中华优秀传统文化,他们对美国等西方文化了解得更加广泛或深刻。他们精通英语,但是不了解中华优秀传统文化中的一些经典著作如《论语》《易经》等,或者看不懂古代的文言文,不了解长江、黄河、长城等的历史,又或者对中华优秀传统文化知识的了解还停留在小学、中学那种较浅的水平,而关于这方面的系统性读物又较少。当代大学生由于对中华优秀传统文化缺乏认知而缺乏文化自信以及民族自豪感和使命感。因此,必须增强大学生对中华优秀传统文化知识的系统性了解,使大学生对其有一个较为系统的了解和认知。需要注意的是,大学与高中相比,学生自主支配的时间增多,学习模式也是以自主学习为主,因此,编写或下发适合大学生的中华优秀传统文化教育读物就显得尤为必要和重要。

首先,组织专家编写或下发适合当代大学生的中华优秀传统文化读物。当代大学生大多属于"00后",身上都有着"00后"的明显特征,因此可以根据他们这些普遍性特点,编写中华优秀传统文化系统性知识读物。《完善中华优秀传统文化教育指导纲要》中也指出:"在高等学校统一推广使用马克思主义理论研究和建设工程重点教材《中国文化概论》。"①

其次,精选或聘请有关学者、专家编撰全面的、具有层次的作品。大学生由于知识背景以及专业背景不同,对中华优秀传统文化知识的了解深浅也不一。如理工科的学生相比于文科学生对中华优秀传统文化的知识更为缺乏。因此,国家可以统一组织编写适合不同专业背景的读物。另外,人才大多汇聚在大学,因此可以组织专家教授以及资深教师根据大学生的实际情况从已有的书籍中精选出一些深浅不一的优秀传统文化书籍或者文章,编写成系统的、不同层次的读物,对相应水平的学生开展引导工作。

最后,可以根据地方特点,编写适应大学生发展的中华优秀传统文化读物。如上海、重庆、苏州等历史文化名城可以结合当地的历史文化特色,编写适合当地大学生的中华优秀传统文化知识读本。

2. 增加中华优秀传统文化课程

毋庸置疑,大学生之所以缺失优秀传统文化,在一定程度上是与当代高校的课程设置密切相关的。大多数学校把公共外语课列为大学生的必修课,而将中华优秀传统文化作为选修课开设甚至不予开设,且也没有将其纳入思想政治理论课的范围。随着全球化的发展,外语固然作为一门国际语言在国际社会中发挥着越来越大的作用,但它不能替代中华民族的根——优秀传统文化,学习外语也不能成为忽视中华优秀传统文化教育的遁词。当代大学生属于极易接受新鲜事物的群体,只有加强大学生对中华优秀传统文化的认知,增设中华优秀传统文化课程并将其纳入思想政治理论课程体系中,才能使大学生更好地了解根深蒂固的本国文化,才能使他们不在中西方文化的激荡中丧失自我本真。

目前,大学思想政治教育理论课主要有《马克思主义基本原理概论》《中国近现代史纲要》《毛泽东思想和中国特色社会主义理论体系概论》《思想道德修养与法律基础》四门。在这四门主要的课程中,涉及的优秀传统文化知识较少或者

---

① 中华人民共和国教育部.完善中华优秀传统文化教育指导纲要[N].中国教育报,2014-04-02(O3).

较为浅显。因此，大学在思想政治理论课程的设置上，可以根据实际情况相应地增加优秀传统文化课，完善思想政治教育课程体系。

首先，开设关于优秀传统文化的通识教育课程。通识教育的目的主要是使学生对不同学科知识有所了解，开阔自己的眼界，从而进行自主独立的思考，将不同的知识融会贯通，最终实现自由而全面的发展。我们可以通过开设与优秀传统文化相关的通识课程如国学、中国文化史等，为学生讲解中国文化的发展历史，传达优秀的传统思想观念、价值取向等，使大学生领略中华优秀传统文化的博大精深，进而培养他们的文化认同感，增强他们的文化自信以及民族自豪感。

其次，开设与主要思想政治理论课相应的优秀传统文化专题课程。与《马克思主义基本原理概论》相应，可以开设"马克思主义的中国优秀传统特色""中国优秀传统文化中的哲学思维与实事求是"等；与《毛泽东思想和中国特色社会主义理论体系概论》相应，我们可以开设"中国优秀传统文化中的马克思主义科学发展观"或"社会主义核心价值观中的优秀传统特色"等；与《思想道德修养与法律基础》相应，我们可以开设"社会主义法治与传统法治的契合"等。与此同时，我们也可以通过设置与之相应的实践课程来加深学生对优秀传统文化的情感体验。可以开设相应的专题讲座以及大学实践课程，使学生了解思想政治教育中也应该包含的优秀传统文化的内容。

最后，开设关于优秀传统文化的德育课，以供大学生辅修和选修。与优秀传统文化相关的通识类课程以及与高校思想政治理论课相应的专题性讲座主要是通过对知识的传授激发大学生的认同感。因此，选修课可以开设历史人物大家谈、古诗词鉴赏等课程。通过讲述历史名人故事或者古诗词鉴赏的方式，挖掘人物故事、古诗词背后的思想政治教育资源，使学生经由对人物、诗词的情感体验认识到优秀传统文化的深邃，进而培养学生的高尚情操和品德。

3. 引入中华优秀传统文化

大学生思想政治教育不仅仅是培育社会主义"四有"新人的主要途径，还肩负着继承和弘扬优秀传统文化的重任。优秀传统文化博大而深邃，蕴藏的思想政治教育资源特别可观。然而，高校在对大学生的思想政治教育过程中，与优秀传统文化的结合不够紧密，更甚者，还呈现断层的现象。这就使得一些大学生缺失社会责任感、价值取向扭曲，从而降低了大学生思想政治教育的效益。因此，在思想政治教育教学过程中，要以优秀传统文化教育的方式，提升大学生的民族文化认同感，从而提升他们的价值认知。

应在思想政治课的课堂教育中，引入优秀传统文化知识。优秀传统文化博大精深，涵盖了哲学、伦理学等各方面的内容。因此，在大学生思想政治理论课教学过程中，可以因材制宜地融入优秀传统文化教育。如：在《思想道德修养与法律基础》的教学过程中，可以引入优秀传统文化中匡衡凿壁偷光、挑灯夜读的积极进取精神；也可以引入林则徐、范仲淹、诸葛亮的爱国主义故事；还可以将社会主义法治思想与优秀传统文化中的德治或仁政思想相结合进行讲解等。在《马克思主义基本原理》的教学中，可以将马克思主义唯物辩证法与优秀传统文化中的哲学思辨思想进行比较和结合讲解，也可以将洪秀全的平均主义与社会主义公有制相比较进行讲解。引入中华优秀传统文化的具体措施如下。

第一，在大学生的思想政治教育主题实践活动中，融入优秀传统文化教育。课堂教学不是大学生思想政治教育的唯一途径，社会实践活动是课堂教学的延伸，它是另一条有效途径。我们需要充分利用实践平台，在大学生思想政治教育实践活动中引入优秀传统文化。

第二，开办讲座。可以邀请研究优秀传统文化的教授或者专家，结合当前大学生关注的问题或者时事热点问题开办专题性讲座。具体话题如传统儒家文化的现代价值及其启示，传统美德与市场经济等。

第三，参观历史文化遗迹。校史馆、博物馆以及历史文化遗迹都是在历史中沉淀下来的，是优秀传统文化的一部分，其中也蕴含着丰富的大学生思想政治教育资源。因此，有条件的学校或地区可以通过组织学生参观校史馆、博物馆以及其他历史文化遗迹来使学生领略中华优秀传统文化的博大精深，增强其民族自豪感和自信心。

（三）完善中华优秀传统文化融入高校思想政治教育的条件保障

只有高校在各方面协同配合，才能够完成好把中华优秀传统文化融入高校思想政治教育这一综合性工作。

1. 健全领导机构，完善组织保障

教育主管部门在开展健全领导机构、完善组织保障工作过程中要有极强的紧迫感、使命感和责任感，为把这一工作尽快落实好，应高度重视此工作，将其视作政治任务来做；应在多个方面对思想政治理论课进行指导与支持，包括师资培训、授课教学和教材编订等方面。各高校与相关主管部门为更好地处理现存问题，应增加对思想政治理论课建设的投入力度。根据各高校的有关要求，应由校党委带领、党政主管部门带头、相关职能部门参与，组织好、重视好思想政治理论课的开展工作。

抓领导就是要抓好高校各级领导干部的思想政治工作和对他们进行实际工作的指导和监督。各高校党委要定期或不定期召开职能部门领导和系部主任、党总支书记专题会议，研究部署优秀传统文化融入高校思想政治教育的任务，解决"融入"中遇到的实际问题。各高校党委和行政主要领导要负责指导与监督，主管学生思想教育工作的副书记和主管教学工作的副校（院）长应进行统筹安排和总体协调，宣传部须负责具体策划，思想政治理论课教学单位应负责承担教学任务，教务处应负责教学计划调整和课程安排，学工部、学生处、团委应积极协作与配合，各个系部主任和总支书记组织须检查教学中的问题，并随时提出有益的建议。通过抓好各级领导工作，从而形成上下一致、共同努力、不断深化和推进优秀传统文化融入高校思想政治教育的新局面。

为起到示范效应，领导应以身作则进行宣讲示范。在目前的高校管理制度中，主要领导在多方面的影响力均对师生有积极意义，因此他们的带头示范具有至关重要的作用。在优秀传统文化刚开始融入高校思想政治工作时，很多知名高校的核心党政领导均纷纷亲身投入到这项工作的开展中，包括参与备课和授课、深入到师生中去。在各个级别大学领导示范引领下，这一工作的实施还会有更实际的表现和更突出的成果。

2. 增加经费投入，改善软硬条件

要想开展好把中华优秀传统文化融入高校思想政治教育这一工作，一定的经费投入是必不可少的，也就是物质保障。增加财力、人力和物力的投入，同时应伴随教育经费的增长和教育事业的发展而提高投入比例，这是在增强优秀传统文化建设方面对各高校的实际要求。作为优秀传统文化融入高校思想政治教育的条件，如上规定均是切实有意义的，是增强思想政治教育所必需的。在对待优秀传统文化融入高校思想政治教育方面，有两种不正确的观念应该摒弃。一种是认为优秀传统文化融入高校思想政治教育工作无效益，所以没有必要投入；另一种是这一工作也是通过教师讲，学生听来开展的，所以不需要投入。事实上，以上两种观点是非常错误的。尽管优秀传统文化融入高校思想政治教育工作不像理工类专业教育那样有购置大量仪器设备的要求，但是大部分相关活动只有有了资金保障才能够开展，包括实践的增强、方法的优化、资料的完善和教师的培训等活动。作为一种长期行为，把优秀传统文化融入高校思想政治教育始终具有重要意义，虽然这一工作不能带来很高的经济效益，但是这项工作对民族与国家却是收益最高的一项教育投资，是具有最优投资效益的一项教育投资。如果大学生没有被教育好，他们将来对社会所造成的危害可能要超过一般人的千百倍。优秀传统文融入高校思想政治教育是国家行为，是国家意志的表现，无论是从政治角度，还是从经济角度，都更应该受到教育者的高度重视，以实际行动增加投入。否则，重视优秀传统文化融入高校思想政治教育的呼声只能停留在口头上。

（四）中华优秀传统文化与社会活动相结合

只有在校园文化构建和高校教学活动中融入优秀传统文化，同时让社会活动与优秀传统文化相融合，才能够在大学生思想政治教育工作中展现出优秀传统文化的意义。

1. 深入挖掘传统节日内涵

我国的传统节日大多情况会和祈福、祭祖、驱鬼相关联，因为这些节日都是从农业文明中演化形成的。这种历史渊源让我国传统节日没有西方节日浪漫。这种影响在改革开放后显得尤为明显，以寻求时尚的大学生为代表的很多人，伴随他们生活品位与水平的不断提升、中国社会主义现代化建设的持续深化和城市化水平不断提高忘掉了传统节日与相关习俗。另外，随着由农村变为城市的地方和从农村进入城市的人口的不断增多，以对农村缺乏了解的大学生为代表的大学生对与传统节日相关的知识知道的越来越少，他们也不知道这些节日的由来。

我国政府通过把部分传统节日设定为法定节日来转变这种忽视传统节日重要意义的现象。只有通过深入发掘传统节日的内涵，才能展现出在大学生思想政治教育中融入优秀传统文化的重要意义，由此能够完善只是设定节假日的不足，让更多大学生在享受假日的同时，能够体会到与假期相关的传统节日的意义。只有以外在力量的助力为前提，探寻蕴含在优秀传统文化中的内驱力，才能够使得中华民族优秀文化资源拥有强劲的生命力；优秀传统文化中的优秀资源只有做到把个人素养与国民教育相融合才能够找到相应的切入点和平台，同时发挥出重要作用。利用国民教育能够使得优秀民族文化资源中蕴含的社会价值发展为国家文化价值观的一部分，同时使得认可度得到极大的提升；个人也能够通过对自己素养的提升更注重优秀传统文化的内在价值。这为在日常生活和大学生心中融入中华民族优秀传统文化要素建立了路径，可以在个人心中生根发芽的文化资源，才是强大的、不会随时间的流逝而消失的。所以，作为中华民族优秀传统文化的组成部分，中华民族的传统节日既要引起国家的高度重视，又要增强个人对其的认识。

要想更好地促进中国文化的大发展、大繁荣，同时提升国家软实力与民族凝聚力，就必须发掘中秋、春节等传统节日的文化底蕴。对一个民族来说，传统是民族发展的不竭动力，摒弃了传统的民族是没有前途的民族。一个民族赖以生存的基础就是其民族文化，而民族文化中极其重要的构成部分是作为历史与人文内涵的载体的中国传统节日，被视作是国家凝聚力和民族凝聚力的重要体现。为便于新时期大学生思想政治教育的开展，综合提升大学生的思想道德素养，进行大学生的秉承孝道、学会感恩和爱国主义教育，应对传统节日的文化底蕴进行深度发掘。与此同时，为提高大学生思想政治教育的实效性，还应让大学生思想政治教育工作与实际更贴合，更符合学生发展所需。

2. 积极开展相关的社会实践活动

社会实践被视作是学生提高能力和接触社会的最佳平台。进行优秀传统文化教育也是如此，一定要增加相关优秀传统文化的社会实践活动。通过这些活动能够让大学生真实体会到中华民族优秀传统文化的含义与价值。这些活动具有各种各样的形式。进行相关优秀传统文化社会实践的关键时间点为重大节假日和每年的寒暑假。在此时间段内，需要开展包括优秀传统文化知识竞赛、展览等各式各样的社会实践。比如开展以优秀传统文化内容为主题的文化进社区、夏令营活动等。让大学生通过参加这些活动能够在心中对优秀传统文化有更深刻的体悟，从而成为更好的优秀传统文化传播者。另外，还应认识到社区对优秀传统文化传播的重要意义。在文化传播的过程中，社区这一传播平台具有定期举行书法绘画、象棋大赛等传统文化比赛，定期请部分文化水平相对高的退休教师开展有关优秀传统文化的讲座等的优点。在优秀传统文化的传播过程中，家庭有着重要的地位，要想让孩子自小受到传统文化的熏陶，具有良好的文化素养，每个家庭均需创造良好的文化环境。社会、学校和家庭各方面应当共同努力，全方位促进大学生对优秀传统文化的学习，促进大学生思想政治教育。

第四节　中华优秀传统文化视域下大学生思想政治教育价值实现方法

中国传统文化是我国以汉族为主体的由多个民族构成的民族文化，它源远流长，博大精深，在世界各民族的文化中，也是首屈一指的。但是近代以后，在欧风美雨的冲击下，它逐渐衰落。当时中国先进的知识分子，多半认为中国传统文化是落后的文化，要实现中国的现代化，就不能不批判中国传统文化。因此，反对和批判中国传统文化，构成了20世纪中国文化发展中的特有现象。思想政治教育领域当然也是如此，在中华人民共和国成立后的相当长的一个时期内，人们只强调马克思主义世界观的教育，而排除中国传统文化的教育，把马克思主义与中国传统文化加以对立。20世纪的否定中国传统文化及其在思想政治教育领域中的地位，其深层的原因，在于我们国家的贫穷落后。国家的贫穷落后，使当时不少知识分子认为，传统与现代是矛盾的，正是中国的传统文化阻碍了我国的现代化。因此，要实现中国的现代化，就不能不反对和批判中国传统文化，走西方国家发展的道路。

现在，随着中国经济的腾飞、综合国力的提高和人民生活的改善，重视中华优秀传统文化是民族复兴的必然选择。从历史上看，没有一个在经济上处于强势的国家和民族是蔑视自己传统文化的。自改革开放以来，我国重视传统文化、弘扬传统文化，已成为从中央到地方的共识，就是一个很好的说明。因此，如何改变过去思想政治教育在内容上的单一局面，把中华优秀传统文化纳入思想政治教育，以提高我们的民族自信心和民族自豪感，培养爱国主义的情怀，是我们思想政治教育面临的重大课题。

中华优秀传统文化是中华民族在5000多年历史发展中积累下来的宝贵财富，蕴含着深厚的历史智慧。新时代背景下，高校思想政治教育的重要性日益凸显，对于增强大学生文化自信、促进大学生全面发展具有重要的作用。基于此，将中华优秀传统文化与大学生思想政治教育相结合，既是传承中华优秀传统文化的需要，也是提升高等教育实效的必然。在高校思想政治教育中，传播中华优秀传统文化不仅是知识的传授与学习，更是价值观的引导与塑造。中华优秀传统文化中蕴含的忠孝仁爱、礼义廉耻等价值观，与当代社会主义核心价值观相辅相成，能够为新时代大学生提供更加丰富多元的精神滋养。在实践应用中，这些传统美德与价值观能够与现代社会需求相结合，为大学生的全面发展提供动力与方向。高校在日常开展思政教育工作的过程中合理、恰当地引入中华优秀传统文化，深入挖掘其所蕴含的教育资源，有利于丰富思政教育内涵，增进学生对思政理论知识的了解，深化学生对传统文化的理解和认同，将社会主义核心价值观的精神实质落到实处。

一、理论教学法

作为一类传统的教育方法，灌输教化法指的是为提升学生对传统文化的认同与认知，运用学校传统文化理论教育的方法。

高校应运用各种方法，不但要把传统文化教授给学生，而且要将其切实落实到生活中去。当今学生的传统文化意识非常匮乏,对中国传统文化掌握很少。所以,需要最大程度发掘和应用传统文化的内涵。为了不让"情人节""圣诞节"等西方节日取代了"中秋节""春节"等中国节日在我们心中的位置,在社会中我们应大力倡导对礼仪、"孝道"和传统节日的传承。缺少中华优秀传统文化的滋养是当今大学生的一个普遍问题,他们非常重视包括圣诞节在内的西方节日,而对中国传统节日缺乏兴趣,因为他们缺少对中国优秀传统文化知识的基本储备。这主要源于两方面的原因,分别是他们接触的中国优秀传统文化很少和学校中未教授相关知识。针对这一情况,为让学生学到中华优秀传统文化中所包含的正确人生观、价值观,为让他们学到中华优秀传统文化中有关励志、修身等方面的经典章句,由此应当让他们自觉地接受传统中积极的行为习惯与道德规范。而我们在学生学习必要的课本文化知识的同时,应通过中国传统文化熏陶、浸染他们,也就是应把中华优秀传统文化中的理论知识融入平常的教育教学中。

二、言传身教法

对中华优秀传统文化的教育,不仅需要通过语言教导思想理论,更应该通过身体力行来展示教育的重要性。教育者的言行举止会在潜移默化中影响到受教育者。

倘若思想政治工作者在日常生活中去落实他们所教授的传统文化知识,那么大学生们会对他们产生敬仰和钦佩之情。这种行为会带来很强的说服力、感染力和号召力。作为学习的领头人,思想政治工作者为引领大学生主动把知识当作个人行为的准则,就应自己精通所传授的中国传统文化知识。

教育内容和教育目的决定了途径和方法的选择。教育方式和途径受时代和思想政治教育内容的影响而异。毛泽东支持用多样化的形式来进行思想政治工作,反对使用单一、毫无变化的方法。他提倡运用各种有趣、易于接受的手段来吸引并宣传群众,从而实现思想政治教育的功效。因此,为了在当今大学中实施思想政治教育以及传授传统文化,需要采用多种灵活的教育方法,以实现最佳的教育效果。

中华优秀传统文化被视作是我们中华民族的文化遗产,高校是用来培养未来社会的中坚力量的关键场所。因此,为让大学生在日后的中国特色社会主义建设过程中可以始终发扬优秀传统文化精神,高校有责任挑选最有效的教育方法与方式。

第四章　中华优秀传统文化视域下大学生思想政治教育创新解读

本章为中华优秀传统文化视域下大学生思想政治教育创新解读，主要包括三个方面的内容，即中华优秀传统文化视域下大学生思想政治教育创新意义，中华优秀传统文化视域下大学生思想政治教育创新脉络，中华优秀传统文化视域下大学生思想政治教育创新前提。

第一节　中华优秀传统文化视域下大学生思想政治教育创新意义

中华优秀传统文化是中国人民宝贵的文化遗产，里面蕴含着很多智慧和思想。通过了解中华优秀传统文化，可以更好地了解自己的文化背景，增强自己的文化自信心。在高校里，要重视思想政治课程的作用，将中华优秀传统文化的精华融入教学过程，这样能够帮助大学生树立正确的人生观、价值观，激发其智慧和才能，真正提升人才培养的效果。习近平总书记强调："中国文化源远流长，中华文明博大精深。只有全面深入了解中华文明的历史，才能更有效地推动中华优秀传统文化创造性转化、创新性发展，更有力地推进中国特色社会主义文化建设，建设中华民族现代文明。"文化育人旨在借助文化的力量，达到春风化雨、润物无声的育人效果，促进人们文化素养与道德品质的提升。从中华优秀传统文化中汲取丰厚的精神养分，实现中华优秀传统文化与思政教育融合的创新性发展，具有重要现实意义。

第一，有助于贯彻落实立德树人根本任务。立德树人要求通过教育培养学生的品德和人才，对于党的事业和国家的前途命运至关重要。中华优秀传统文化强调修身养性是实现人生价值的关键。传统士人追求修身的目的是培养自己的德行，并通过道德教化和社会治理来影响和改善社会。通过传承与发扬中华优秀传统文化，大学生的文化修养与道德品质可以得到提升。同时，中华优秀传统文化的传承与发扬能够培养青年学子的探索精神和理性思维。将中华优秀传统文化融入思想政治教育,有助于大学生在思考与探索过程中树立民族共同体意识,激发他们的创新能力与学习热忱。此举有助于培育具备全球视野与社会责任感的优秀人才,为构建繁荣富强、民主文明、和谐美丽的社会主义现代化国家贡献力量。中华优秀传统文化是我们国家的宝贵财富,它蕴含了丰富的道德观念、智慧思想和人文精神。将这些优秀文化与思政教育相结合,不仅有助于明确大学生的生活方向,还能增强他们实现中华民族伟大复兴中国梦的信心和决心。通过创新发展的方式将中华优秀传统文化与思政教育融合在一起,可以使大学生在学习过程中,更好地理解我国的历史文化底蕴,从而增强他们的民族自豪感和文化自信心。在全球化的背景下,文化自信是一个国家、一个民族的核心竞争力。大学生作为国家的未来,需要具备坚定的文化自信,才能在世界舞台上更好地展示我国的文化魅力,为实现中华民族伟大复兴的中国梦贡献力量。通过学习优秀传统文化,大学生可以更好地树立正确的人生观、价值观和世界观,从而在现实生活中践行社会主义核心价值观,成为具有担当精神的社会主义建设者和接班人。将中华优秀传统文化与思政教育相结合,有助于大学生明确自己的生活方向。在优秀传统文化中汲取智慧养分,大学生可以在面对人生抉择时,更加明确自己的兴趣爱好、职业规划和人生目标,为实现个人价值和社会价值贡献自己的力量。

第二,有助于坚定青年学生文化自信。将中华优秀传统文化融入思政教育,不仅可以推动文化创新发展,实现文化自强,还有助于帮助大学生更好地汲取智慧,提升自身的道德修养,并为解决人类面临的问题贡献思想和智慧。中华优秀传统文化是中华民族的根脉,蕴含着丰富的思想观念、人文精神和道德规范。通过融合中华优秀传统文化,大学生可以更好地理解和认同其中的思想观念、人文精神和道德规范,进一步提升自己的道德修养。在中国共产党探索中国特色社会主义道路的历程中,将中华优秀传统文化与思政教育相融合创新,可以推动文化创新发展,实现文化自强,同时,帮助青年学生增强文化自信和历史自信。此外,中华优秀传统文化也对解决人类面临的难题具有重要的参考价值。

第三,有助于思政课教学形式的革新。中华优秀传统文化与思政教育融合,不仅是实现文化传承发展的重要途径,而且能够创新思政课教学形式,激发大学生学习积极性,增强教学实效。首先,要把中华优秀传统文化的精神标识在思政课堂上提炼和展示出来。思政课教师可通过课程设置和实践活动,将传统文化思想和当代大学生心理需求有机融合,以达到更好的教育效果。其次,相对于传统教学形式,思政课在融合中华优秀传统文化的过程中可以运用现代信息技术创新教学形式，实现知识的互动交流与高效传递。例如，借助网络平台，将中华优秀传统文化学习资料、学术研究成果等推送给学生，再通过课外实践、校外研学等方式，引导大学生积极参与，激发大学生学习知识的热情和主动性。也可以运用现代信息技术对中华优秀传统文化中的文化精髓进行数字化保护与发掘，给大学生带来全新的学习体验。最后，中华优秀传统文化与思政教育融合创新发展，可以促进大学生创新思维的发展，推动中华优秀传统文化创造性转化、创新性发展。教师要鼓励大学生从中华优秀传统文化瑰宝中寻找创新思路、拓宽研究领域，挖掘中华文化的魅力，增强民族文化影响力，促进其创造性转化与创新性发展，以更好地适应新时代文化发展的需要。

第二节 中华优秀传统文化视域下大学生思想政治教育创新脉络

一、中华优秀传统文化视域下大学生思想政治教育创新起点

党的十一届三中全会的召开，标志着中华人民共和国的历史又揭开了新的一页，党和国家的思想政治教育工作也因此而进入了一个新的时期。在中华人民共和国成立以来的多年时间里，我们的思想政治教育工作既因为有了老一辈共产党人的高瞻远瞩与精心筹划而确立了宏伟的目标、正确的原则，取得了显著的成效，但与此同时也由于国内外客观情势的制约与思想认识上的局限而出现了重大的失误，造成了许多难以挽回的损失，并在一定程度上造成了社会的动荡。从总体上说，我们在20世纪50年代确立的以批判继承中华优秀传统文化为重要特征的思想政治教育观念是中华人民共和国思想政治教育创新工作所迈出的极为重要的一步，它标志着我们已经着手探索具有中国特色的思想政治教育之路。

（一）批判继承中华优秀传统文化思想政治教育观的恢复

作为中华民族区别于其他民族的文化身份，中华优秀传统文化对我们的思想政治教育工作来说，具有重要的资源意义和指导功效。邓小平在1977年，首先就从科技和教育界入手进行治理整顿。对于教育领域的拨乱反正，他一方面主抓高考制度的改革，另一方面则着眼于重新恢复中华人民共和国成立初期所确立的批判继承传统文化的思想政治教育原则。邓小平对于中华优秀传统文化的基本态

度，是主张采取历史、阶级的分析方法，即划清文化遗产中民主性精华同封建性糟粕的界限，从而实事求是地肯定应当肯定的东西，否定应当否定的东西，使之得到批判的继承和发展。

在20世纪70年代末和80年代，除了邓小平对在思想政治教育工作中重新恢复和确立批判继承中华优秀传统文化的基本原则进行了深入的思考和探索，并在实践中做出了重大贡献以外，陈云、王任重、胡耀邦等同志也对这一问题进行了一些较为有益的探讨，提出了不少切实可行的意见。党和国家对中华优秀传统文化价值定位的转变也深刻地影响了同一时期文化教育界对以孔子为代表的传统文化的价值取向。1982年4月21日至25日，由中国教育学会、中国教育史研究会和曲阜师范学院孔子研究所联合发起的孔子讨论会在山东曲阜拉开帷幕。出席会议的近200名专家学者对于孔子研究的方法论问题进行了认真的讨论。此后，1985年3月，体现匡亚明先生批判继承孔子思想的学术专著《孔子评传》一书由齐鲁书社推出，成为中华人民共和国成立以来孔子研究中最为系统的力作。同年6月10日，国家级的孔子研究所在北京成立，张岱年先生成为该所首任所长。张先生对于这一时期孔子研究的价值取向的定位是客观中肯的。

值得一提的是，在20世纪70年代末和80年代初期，中国共产党的第二代中央领导集体，在思想政治教育工作中逐渐恢复和重新确立批判继承传统文化的基本原则的同时，并没有仅仅停留于此，而是将这一基本原则与党和国家文化教育工作的实际情况结合起来，进一步提出了将批判继承中华优秀传统文化与在新的实践的基础上改造传统文化相结合的方针。我国历史悠久、地域辽阔、人口众多，不同民族、不同职业、不同年龄、不同经历和不同教育程度的人们，有多样的生活习俗、文化传统和艺术爱好。雄伟和细腻，严肃和诙谐，抒情和哲理，只要能够使人们得到教育和启发，得到娱乐和美的享受，都应当在我们的文艺园地里占有自己的位置。在肯定了我国文化教育园地重视传统文化的必要性的同时，对于我们在新时期对待传统文化所应该秉持的方针也作了概括，那就是继续坚持文艺为最广大的人民群众，首先为工农兵服务的方向，坚持百花齐放、推陈出新、洋为中用、古为今用的方针，在艺术创作上提倡不同形式和风格的自由发展，在艺术理论上提倡不同观点和学派的自由讨论。

这一阶段对待传统文化的基本方针中，"百花齐放"是基础，"洋为中用"和"古为今用"是目标，而实现的目标的基本手段则是"推陈出新"，即促进中国传统文化的创造性转化工作，充分发挥其在新时期的思想政治教育功能，为人民服务，为社会主义服务，为中华人民共和国的思想政治教育事业服务。为达此目的，

"所有文艺工作者都应当认真钻研、吸收、融化和发展古今中外艺术技巧中一切好的东西，创造出具有民族风格和时代特色的完美的艺术形式。"因此，我们可以说，民族形式和时代特色的完美结合，正是邓小平在新时期改造传统文化的基本要求，也是其实现传统文化"推陈出新"的根本内涵。正是在这一思想的指导下，他在会议上发出了建设"社会主义精神文明"的号召，从而为中华人民共和国思想政治教育工作的创新开辟了新的道路。

中华传统文化是中华民族在自然与社会中长期交涉、活动中所积累和积淀下来的物质的和精神的各种事物的总和。传统文化有精华也有糟粕。在人类历史中，文化、文明正是通过教育这种社会遗传方式延续下去，又经过人们的不断创新而发生变化，由量变的积累和积淀，而导致质的飞跃，从而形成在质上明显不同的进化着的文化、文明的历史。

先贤圣哲为我们留下了难以计数的文化瑰宝，这是大学生思想政治教育必须加以传承的精神财富。中国传统文化历代相传、悠久灿烂，其蕴涵的先进思想和深刻哲理是当代大学生思想政治教育的宝贵资源。大学生思想政治教育工作者，要批判继承传统文化的精髓，在思想政治教育的目标、内容、方法等方面，顺应时代潮流，更新观念，因势利导，挖掘汲取其精华和深邃思想，应用传统文化蕴含的现代价值，构建和谐校园文化环境，促进大学生思想政治教育的发展创新，增强思想政治教育的实效性、针对性。

新的社会历史条件下科学技术迅猛发展，人们的价值体系、人生态度等都发生了翻天覆地的变化，继承中国传统文化对开展新时期的思想政治教育十分重要。只有清楚地认识当前思想政治教育工作中所面临的问题，重视当前思想政治教育工作方式的改变，将中国传统文化中有价值、有意义的理论成果、思想认识与当今的思想政治教育工作有机结合，才能在新的历史条件下开拓出我国思想政治教育工作的崭新局面。

中国传统文化中含有系统而独具民族特色的教育理论体系，它重视伦理价值取向，强调德智统一、以德统智。当代大学生思想政治教育，应扎根于中国传统文化土壤，充分发挥优秀传统文化在思想政治教育中的作用。中国传统文化博大精深，学习和掌握其中的各种思想精华，对树立正确的世界观、人生观、价值观很有益处。学史可以看成败、鉴得失、知兴替；学诗可以情飞扬、志高昂、人灵秀；学伦理可以知廉耻、懂荣辱、辨是非。这揭示了中国传统文化在中国现代转型过程中的积极意义和宝贵价值，也确立了中国传统文化在大学生思想政治教育实践中的重要地位。

在价值取向上，要批判继承传统文化进行大学生思想政治教育。中国传统文化雄赡浩博，有向称发达的史学、充满智慧的人生哲学、以意境取胜的文学艺术。中国是一个史学的国度，中国人善于从历史中吸取有益的经验智慧。读史书，知兴替，明兴亡之理；阅哲理，穷究天人之际，洞悉"天人合一"之理，明晰人与自然和谐相处的重要性，领悟荀子"制天命而用之"的教诲；览文学艺术，陶染心灵，升华砥砺自己的审美意识。一言以蔽之，优秀文化可以不断纯净大学生的心灵，改善大学生的精神状态，能让大学生在这浮躁功利、名缰利锁的社会中"独善其身""独守一片宁静"，更能引导大学生坚守自己的精神家园，明确人生的发展方向。

（二）社会主义精神文明建设战略的提出及其发展

党的十一届三中全会以后，中国拉开了改革开放的帷幕，中国共产党人开始踏上全方位探索中国特色社会主义建设道路的征程。在整个20世纪80年代，由于我们始终坚持将马克思主义基本原理与中国社会主义建设的实际情况相结合，充分利用了国际、国内两个市场，及时抓住了新科技革命时代世界经济跨越式发展的良好契机，我国的经济建设取得了举世瞩目的巨大成就。在大力推进经济发展、建设高度的社会主义物质文明的同时，为了保障经济建设的正确发展方向，实现为社会主义物质文明建设提供精神动力和智力支持的目标，党和国家坚持古为今用、推陈出新的原则，审时度势，创造性地提出了"社会主义精神文明建设"的口号。这是批判继承中华优秀传统文化的思想政治教育观念在新时期党和国家思想政治工作中的实际体现，也是传统文化视阈下的我国思想政治教育事业的重大突破。

"社会主义精神文明"概念的提出，实际上要追溯到1979年3月30日召开的党的理论工作务虚会。1979年，10月30日，在中国文学艺术工作者第四次代表大会的祝词中，邓小平代表党中央再一次强调："我们的国家已经进入社会主义现代化建设的新时期。我们要在大幅度提高社会生产力的同时，改革和完善社会主义的经济制度和政治制度，发展高度的社会主义民主和完备的社会主义法制。我们要在建设高度物质文明的同时，提高全民族的科学文化水平，发展高尚的、丰富多彩的文化生活，建设高度的社会主义精神文明。"这是从执政党的层面对社会主义精神文明建设方针的肯定。这次中央会议将社会主义精神文明建设列为一个重要议题，专门进行了讨论。邓小平在会上作题为《贯彻调整方针，保证安定团结》的讲话，他指出："我们要建设的社会主义国家，不但要有高度的物质文

第四章 中华优秀传统文化视域下大学生思想政治教育创新解读

明,而且要有高度的精神文明。所谓精神文明,不但是指教育、科学、文化(这是完全必要的),而且是指共产主义的思想、理想、信念、道德、纪律,革命的立场和原则,人与人的同志式关系,等等。"由此,社会主义精神文明建设的战略就不仅成为全党的指导思想,而且成为全国人民的行为准则,标志着党和国家思想政治教育的创新工作进入新的阶段。

从中国传统文化的维度来看,"四有新人说"是以邓小平为代表的中国共产党人对于中国传统理想人格的批判继承和创造性转换的成果。我们知道,传统儒家的理想人格是以"内圣"即完善自我德性为主要取向的。德性的完善总是展现于自我对于"道"即道德境界和理想社会的终生不懈的孜孜追求之中。因此,"内圣"人格特别注重道德和理想的价值。社会主义精神文明建设基本纲领中所要求的"四有"新人,即是在继承了"内圣"人格重视理想和道德的文化传统的基础上,增加了体现现代文明意识的"有文化"和"有纪律"的新内容,从而实现了个人利益、集体利益和国家利益以及个人价值和社会价值的统一,使人们在追求内在价值的同时,又能超越个人内在的狭小空间,达到心灵境界与行为样态的统合以及个人与社会的协调,最终有效地提升整体素质。

总之,党的十一届三中全会以来,中国共产党人总结了中华人民共和国成立前后我国思想政治教育的既有经验,重新恢复了批判继承中华优秀传统文化的思想政治教育观念,并结合改革开放以来的中国国情进一步提出要"创造出以马克思主义为指导的,批判继承历史传统而又充分体现时代精神,立足本国而又面向世界的,高度发达的社会主义精神文明"的基本战略,从而为中华优秀传统文化视域下我国思想政治教育的创新工作确立了新的起点。但与此同时,由于社会大环境的"一手硬,一手软"现象的客观存在,在长期的传统经济形态下所形成的思想政治教育模式,没有能够及时建立起适应商品经济条件的新的思想政治教育体系,其结果是,在面对我国思想文化领域由于国门打开后泥沙俱下的西方文化与价值观念的强烈冲击而出现的种种价值困惑和道德失范现象时,我们的思想政治教育工作便由于广度和深度上的局限性而显得力不从心,无法发挥释疑解惑和引领正确方向的教育功能。由此,在 20 世纪 70 年代末至改革开放期间的思想政治教育工作中,我国在宏观战略层面的高歌猛进便与微观道德践行方面的步履维艰形成了鲜明的对照。这种巨大落差的存在及其对我国思想政治教育工作的显著影响,为我们在新的阶段加快中华优秀传统文化视阈下思想政治教育的创新工作提供了极为重要的经验,也为我们在促进思想政治教育的宏观战略与微观策略相互整合的基础上,实现中国特色思想政治教育工作的进一步迈进指明了正确的方向。

高校思想政治教育的宗旨是培养具有良好思想素质和良好道德品行的毕业生，为中国特色社会主义建设事业做出贡献。中国优秀的传统文化经历了5000年的历史，培养人才的价值巨大，其具有深厚的文化底蕴，包括汉字以及戏曲等。文化软实力也是综合国力表现中不可缺少的一部分，除此之外，这些优秀的传统文化也以自身的价值取得大众的认可，让这些带有价值的表现形式经久不衰，这是中华民族道德的认识。面对经济、文化全球化的趋势，受到西方外来文化的冲击。不同的价值观和人生观阻碍着大学思想教育事业的发展。因此，在面临严峻考验的同时，为思想教育工作的改革和创新提供机遇。不少教学工作者认为，现在的思想政治教育必须以中国的传统文化为背景，高校的思想政治教育需要建立在学习传统文化上进行，这样能够发挥出最大的优势让学生更具人格魅力。另外，加强高校思想政治教育与传统文化的融合，对于明确高校教育的培养目标，确立技能人才的培养方向，形成大学生的自信心和职业自豪感具有重要意义。

所有的思想政治理论课程，都必须依靠以传统文化为基础的环境，并融合于教学过程中得到优化。基于此，在进行思想政治教育之时就需要传统文化的配合，课堂内容结合时局开展，然后引经据典，和国学以及历史典故融会贯通，体现出传统文化的价值，可以开阔学生的视野，而且可以满足学生的认识，必要时可以理性辩证地引导学生。要想把中华优秀传统文化融合进高等教育的思想政治教育中，在功能方面，需要自上而下地优化、整合课程的挖掘等教学内容，创新和多样化的教学方式。这是因为在思想政治教育教学中，教师注重引导学生学习专业知识，成长为专业人才，在生活和事业中学习爱国献身精神，为民族复兴贡献自己的力量。但很多高校学生似乎不知道什么是"民族复兴"，为什么要使用"复兴"这个词。首先要在教学内容上根据学校情况，进行深入发掘优秀传统文化要素，然后将其融入政治思想教育的内容中。例如，从国家的角度出发，致力于以爱国主义为主题的传统文化教育就是很好的例子。教师可以向学生传播在捍卫祖国方面的英雄人物、生动感人的故事，宣扬中华儿女不屈不挠的斗争精神，将抗拒外敌侵略的精神融入课堂上，对优秀传统文化的培养有助于造就学生深刻的认识和理解，从而提升学生对国家与民族认同感，阐明"民族复兴"之意。同时，在社会层面，教师应该加强关怀社会的重点教育。例如，结合优秀传统文化事例，开展思想政治教育开放性探索教学。讲授《朗读者》《百家讲坛》等优秀文化节目，并以多种形式展示思想教育内容，学生思想教育与传统文化的结合可以有效提升学生的兴趣，增加其社会责任感。另外，教师需要注重个人修养的积累，加强核心素养教育，提高青年学生的自我修养。例如，在大学进行思想政治教育时，老师可以带领学生阅读《弟子规》，了解古人各方面的思想。在课堂上，将把《弟子规》的内容应用到学生个人的成长经验和日常生活、实际体验中，必要时将举例进行说明。学生对《弟子规》加强学习，有助于提升其对优秀传统文化的理解、自身思想认识、对人的认识，从而端正学生的思想意识。

二、中华优秀传统文化视域下大学生思想政治教育创新推进

（一）批判继承中华优秀传统文化思想政治教育观的发展

改革开放以来，随着商品经济的迅速发展和西方文化的大规模引进，人们原有的思维方式和价值观念发生了空前的裂变，开始重新审视自己的价值取向和人生坐标，并开始盲目崇拜西方文化和价值观念。而在这个时候，我国社会主义现代化建设领域"一手硬，一手软"状况的客观存在和日益恶化，又导致社会主义精神文明建设的战略方针无法得到真正的贯彻落实。以江泽民为核心的中央领导集体在继承了党的老一辈无产阶级革命家的思想政治教育基本理念的基础上，对于20世纪90年代及其以后时期思想政治教育的创新工作进行了更为深入而具体的规划，从而促进了批判继承中华优秀传统文化视域下的思想政治教育观念的进一步的丰富与发展。

江泽民对于新时期思想政治教育创新工作的思考是从1989年6月召开的党的十三届四中全会开始的。在这次大会上的讲话中，他在系统总结改革10年党和国家思想政治教育的深刻教训的基础上，明确要求我们"在抓紧社会主义物质文明建设的同时，必须抓紧社会主义精神文明建设，坚决纠正'一手硬、一手软'的状况"。江泽民对加强"中华民族优秀传统的教育"的强调，对20世纪80年代中期以后我国思想政治教育领域实际上存在着的忽视甚至否定传统文化的价值的形势的扭转，起到了关键作用。对于新时期批判继承传统文化的目的，他在1994年1月24日的全国宣传工作会议上的讲话中做出了十分明确的阐述："我们讲继承、讲借鉴，目的是通过继承和借鉴，使民族传统文化、外来文化的精华，同我们党领导人民在长期革命和建设中形成的优良传统和革命精神有机地结合在一起，并在新的实践基础上不断创新，建设和发展有中国特色的社会主义文化。"即批判继承传统文化的目的是发展和弘扬传统文化，促进中国传统文化与当代中国社会主义建设实践的结合，并在这种结合之中实现传统文化基本价值的现代化转换。江泽民的弘扬和发展传统文化的思想，在20世纪90年代中期及其以后体现得尤为明显。自20世纪90年代中期以来，他已经逐渐形成了在批判继承的基

础上，以发展和弘扬中国传统文化为重要特色的思想政治教育观念。在20世纪90年代前后，中央领导不仅重视对传统文化的批判继承，而且强调利用传统文化资源来加强思想政治教育。

总之，20世纪80年代末期，随着国际国内形势的发展变化，中国传统文化在我国政治、经济和文化建设中的积极作用日益彰显。以江泽民为核心的中央领导集体及时而敏锐地认识到这一问题，牢牢地把握住了历史机遇，在推动新时期党和国家思想政治教育创新工作的过程中，逐渐确立了在批判继承的基础上，以弘扬和发展中华优秀传统文化为重要特色的思想政治教育观念，从而促进了新时期传统文化视阈下思想政治教育创新工作的进一步发展。这种发展还体现在这一时期党和国家陆续颁布的一系列凸显传统文化之作用的路线、方针、政策上。从党的十三届四中全会提出要加强"中华民族优秀传统的教育"以来，对于中华优秀传统文化及其教育的论述和阐释便成为贯穿历次党和国家重要会议的内容之一。"中国特色社会主义的文化"建设思想、"以德治国"与"以法治国"相结合的基本方略，以及以"先进文化"为主要因素的"三个代表"重要思想相继出台，为这一时期党和国家的思想政治教育工作的创新提供了基本的政策依据，同时，也为20世纪90年代学术界"国学热"的出现以及思想政治教育领域向传统文化的回归营造了良好的环境。

当今世界竞争激烈，我们要立于世界民族之林，就需要有大批高素质人才。教育是国之大计、党之大计。要培养德智体美劳全面发展的社会主义建设者和接班人，提高国民素质，应当充分运用优秀传统文化资源。传统德育虽历经千年，其精华仍可以为今天的大学生思想政治教育提供有益的借鉴。中国传统德育十分重视和强调道德、人格的崇高价值。中国传统德育在处理物质生活与精神生活、生命价值与人格价值这些方面都提出了一些积极的思想，比如，一方面，古代思想家认为衣食是礼仪的基础，物质生活是人生存的基础，这个基础不能否定；另一方面，又强调精神生活是高于物质生活的。在人与自我的关系上，儒家与道家都主张要正确地对待生命。儒家主张保生命；道家主张顺其自然，保全生命。但是，当人的生命价值与道德价值、人格价值发生矛盾时，相比较而言，道德价值、人格价值更为重要。如果国家、社会、人民需要我们做出牺牲，我们要勇敢地献出自己的生命，来保持自己的人格价值。所以孔子主张的"杀身成仁"，孟子主张的"舍生取义"，都是从保持人格价值这个角度来阐释的。因此，这些传统道德思想对于提高大学生的素质是很有帮助的。

随着经济全球化的发展，各国之间的交往也更为频繁，外来文化特别是西方文化不断冲击我们的本土传统文化,培育大学生的集体主义和爱国主义精神就更为迫切。要立足于大学生主体的主动性、积极性、创造性,引导大学生肯定个人的价值要通过对群体的贡献才能获得真正的体现,在这方面中国传统德育有很多精粹的思想可以利用。要对传统德育思想进行现代阐释,这对提高大学生的道德素质和心理素质,增强大学生对国家、社会、人民的奉献精神应该具有积极的意义。中国传统德育在处理人与自然的关系问题上代表性的思想是"天人合一",中国古人的思考方式就是认为天与人是一个统一体,人心、人性与天道是一致的,这就是所谓的"尽心知性知天"[①],即人可以参与天地自然的变化,也就是说主张人与自然的和谐、良性互动,这对人类发展是有积极意义的。就大学生而言,传统德育提倡的这种人与自然良性互动的思想,从根本上划清了与形而上学的界限,即人类要征服自然、把人类与自然对立起来的形而上学的观点,有助于培养大学生的辩证思维观。

博大精深的中华优秀传统文化具有强大的生命力和感化力,是我们在世界文化激荡中站稳脚跟的根基。立德树人内生于中华优秀传统文化,也是要弘扬中华民族优秀传统文化价值的目的所在。在大学生思想政治教育实践中,讲清楚中华优秀传统文化的历史渊源、发展脉络、基本走向,讲清楚中华文化的独特创造、价值理念、鲜明特色,有助于大学生增强文化自信和价值观自信。中华优秀传统文化历经沧桑,是中华民族文明智慧的基本元素和珍贵结晶,文化中的美学意向、道德自律都具有鲜明的价值取向,和当前大学生思想政治工作具有很多现实的契合点。中华优秀传统文化有助于提升大学生思想政治工作者的工作水平。优秀传统文化在很大程度上具有超越时代局限、反映中华文明永恒价值的特征,其中很多思想内涵可以指导思想政治工作者提升工作科学化水平。比如儒家思想的"仁",老子的"行不言之教"等,对于当下坚持立德树人的核心要求有积极的指导意义。

(二)"国学热"与新时期思想政治教育的价值转向

20世纪90年代以后,中华优秀传统文化的命运发生了重大转机,终于迎来了发展的春天。在这一历史时期,一方面,东亚经济奇迹的出现所折射出的以儒学为核心的中国文化的深厚底蕴及其推进经济发展的潜在力量,使得东亚地区乃至全世界人民开始关注和研究中国传统文化的世界意义和未来价值;另一方面,中国经济的快速发展以及综合国力的日益增强所带来的国人民族自尊、自信和自

---

① 陈明,邓中好.国学经典200句[M].武汉:长江文艺出版社,2013.

强心态的变化以及本土文化认同感的回升都为人们在新的时代重新认识传统文化提供了良好的契机。而党和国家顺应历史潮流，推出了一系列意在弘扬和发展民族传统文化的路线、方针和政策，又为文化教育领域中华优秀传统文化热潮的出现提供了政策支持。

这一时期的中华优秀传统文化热潮在文化学术领域的表现便是"国学热"的出现。"国学热"始于1989年。同年10月，中国孔子基金会和联合国教科文组织联合举行了"孔子诞辰2540周年纪念与学术讨论会"。在孔子研究的历史上，这次会议的级别之高是罕见的，而且与会人员中无论是政府官员，还是专家学者，他们对以儒学为代表的中国传统文化的肯定和基本认同已经成为共识。中国大陆的"国学热"至20世纪90年代中期达到高潮。其重要的契机是1994年10月3日"孔子诞辰2545周年纪念与国际学术讨论会暨国际儒学联合会成立大会"在北京隆重举行，有来自新加坡、韩国、日本、美国、英国、法国、德国、瑞士、俄罗斯及我国港台地区等近30个国家和地区的300多位专家学者与会。自此以后，在党和政府的支持下，在学术界群贤的通力协作与共同努力下，中国国学热潮稳步向前推进。

在20世纪90年代，与国内文化学术界经久不衰的"国学热"形成遥相呼应之势的是学校思想政治教育领域传统文化的回归。这种回归主要得益于党和国家所进行的一系列的政策引导。1993年2月13日，由中共中央、国务院印发的《中国教育改革和发展纲要》便是这种思考的产物。《纲要》明确规定，要"对广大少年要加强党的基本路线教育、爱国主义、集体主义和社会主义思想教育，近代史、现代史教育和国情教育……要重视对学生进行中国优秀文化传统教育"。这是中华人民共和国成立以来第一次对学校教育提出弘扬传统文化的历史任务，同时也是对多年来学校思想政治教育中实际存在着的历史虚无主义和民族虚无主义思想的深刻反省。1999年6月13日，中共中央和国务院联合下发《关于深化教育改革全面推进素质教育的决定》(以下简称《关于素质教育的决定》)的文件。《关于素质教育的决定》对加强新时期的思想政治教育工作提出了新的要求，强调"各级各类学校必须更加重视德育工作……要有针对性地开展爱国主义、集体主义和社会主义教育，中华民族优秀文化传统和革命传统教育，理想、伦理道德以及文明习惯养成教育，中国近现代史、基本国情、国内外形势教育和民主法制教育。把发扬中华民族优良传统同积极学习世界上一切优秀文明成果结合起来"。

总之，自20世纪80年代末以后，以江泽民为核心的中央领导集体在充分吸取改革开放以来思想政治教育的经验和教训的基础上，结合时代的特点，对批判

第四章 中华优秀传统文化视域下大学生思想政治教育创新解读

继承传统文化的思想政治教育观念做出了重大努力。这一时期,我国思想政治教育领域方兴未艾的传统文化热潮及其所彰显的独到的价值,对 80 年代后期来势汹涌的反传统思潮也是一针醒脑提神的清凉剂;对增强民族凝聚力,提振民族自豪感,抨击市场经济建设中所出现的个人主义、享乐主义和金钱拜物教思想,以及由此而引发的腐败之风有着积极的意义。同时,我国的思想政治教育工作在 20 世纪 90 年代所取得的积极成果,也为思想政治教育的进一步创新、切实推进中国特色的社会主义道德体系的有序建构,提供了良好的基础。

思想政治就是把一定的社会思想观点,政治准则和道德规范转化为受教育者个体的思想品质的实践活动,而将国学的精华融入思想政治教育中,可以从本质上陶冶人的性情,达到教育的目的。在思想政治教育中,国学具有其独特的、不可代替的教育作用,它强调德智统一,以德统智,带有一种民族的、独特的、重伦理价值取向的特色,具有重要的意义。

在当代大学生思想政治教育中,中华优秀传统文化的应用不仅是文化传承的需要,更是大学生全面素质教育的需要。中华优秀传统文化中包括儒家的"仁义礼智信"、道家的"自然和谐"、法家的"法治精神"等,为当代大学生的成长提供了重要的遵循,中华优秀传统文化在高校思想政治教育中的运用,既有利于增强大学生的民族认同感,也有助于塑造大学生正确的价值观和世界观。

中华优秀传统文化深刻体现了中华民族的思想精华和道德规范。通过将儒家思想中的"仁爱""礼义"等融入大学生思想政治教育,可以引导大学生树立正确的道德观。比如,高校教师在讲授社会主义核心价值观时,可以结合《论语》《孟子》等经典,引导大学生理解仁爱的现代意义,进而在日常生活中践行社会主义核心价值观。中华优秀传统文化是国情教育的重要内容。通过对中华优秀传统文化的学习,大学生能够更好地理解中华民族的发展脉络和传统文化,增强文化自信。在讲解中华民族的 5000 多年发展的历史时,教师可以结合中华优秀传统文化中的思想精髓,帮助大学生深化对中国特色社会主义道路的认识。在培养大学生的集体意识、社会责任感方面具有积极作用。比如儒家思想中的"大同世界"理念,不仅描述了一种理想化的社会状态,也是对社会责任和集体主义的强调。在高校思想政治教育中,通过对中华优秀传统文化的学习,有助于增强大学生对社会责任的认识,促进其在具体实践中发挥积极作用。

中华优秀传统文化在大学生思想政治教育中的应用具有多方面的积极意义。其不仅帮助大学生建立正确的价值观和世界观,而且在培养大学生的创新精神、社会责任感方面发挥着重要作用。新时代背景下,将中华优秀传统文化与大学生思想政治教育相结合，能够使大学生从历史和文化的角度深刻理解现代社会的发展，有助于学生在全球化背景下增强文化自信和民族自豪感。

总之，国学经典的精粹思想浩瀚而深远，是高校开展思想政治教育的深厚文化基础。中国几千年的传统文化博大精深，对于全面培养学生素质来说，是取之不尽用之不竭的教材宝库。思想政治教育应该植根于这一深厚的土壤，从中汲取精华，并将继承的优秀国学思想内涵赋予时代主旋律，从而真正发挥国学思想在高校思想政治教育中的时代价值。

三、中华优秀传统文化视域下大学生思想政治教育创新新高度

（一）批判继承中华传统文化思想政治教育观的飞跃

多年的改革开放使我国原有的社会结构发生了根本性的改变。进入新的世纪以来，我们在打破原有社会利益分配格局的同时，也催生了许多新型的利益群体和具有时代特色的社会阶层。随着整个国家经济样态、组织结构、就业方式、利益关系和分配模式的日益多样化，国人的价值观念也日趋分化，多元的利益格局和价值取向开始形成。党的"十六大"以后，面对与国家的经济体制转轨和社会结构转型相伴而生的是人们的生活方式、就业选择、利益诉求和价值取向多样化的形势以及由于区域差距扩大、阶层分化明显、代际鸿沟加深所导致的人们之间的认识差异。为了在新时期统一思想和形成共识，以胡锦涛为代表的中国共产党人在继续贯彻以批判继承为基础、以弘扬和发展传统文化为重要特色的思想政治教育原则的前提下，根据时代的变化对党和国家思想政治教育工作所提出的新要求，结合新的历史条件下人们在思想意识、行为取向和价值判断等层面呈现出来的新特点，以创造性地运用传统文化为主题，对21世纪初期党和国家的思想政治教育工作展开了一系列周密而富有开创性的论述，并将他们这种对思想政治教育的独到认识及时而卓有成效地上升到党和国家方针、政策的高度，从而使中华优秀传统文化由于获得崭新的时代内涵，凸显出思想政治教育的巨大功效。由此，数千年中国传统文化的精华便成为促进中华人民共和国和平崛起的文化动力和精神源泉，而批判继承中华优秀传统文化的思想政治教育观念也正是在新世纪中华民族追求伟大复兴的奋进历程中实现了历史性的飞跃。

21世纪初，为了促进20世纪90年代祖国大陆兴起的"国学热"进一步向健康有序的方向发展，充分发挥中国传统文化的思想政治教育功能，切实开创社会主义精神文明建设的新局面，中共中央于2001年9月20日向全国印发了《公民

第四章　中华优秀传统文化视域下大学生思想政治教育创新解读

道德建设实施纲要》，第一次提出了"公民道德建设"概念，强调我们"要继承中华民族几千年形成的传统美德""爱国守法、明礼诚信、团结友善、勤俭自强、敬业奉献"。中共中央关于印发《公民道德建设实施纲要》的通知指出："在新的历史条件下，从公民道德建设入手，继承中华民族几千年形成的传统美德……努力建立与发展同社会主义市场经济相适应的社会主义道德体系，对形成追求高尚、激励先进的良好社会风气……具有十分重要的意义。"

在5000多年文明发展进程中，中华民族创造和传承了独树一帜的灿烂文化，而民族优秀传统文化也始终潜移默化地影响着华夏儿女的思想方式和行为方式。对于传统文化的重要性，习近平总书记反复强调："中华优秀传统文化是我们最深厚的文化软实力，也是中国特色社会主义植根的文化沃土。"在主持中共中央政治局第十八次集体学习时，习近平总书记指出，实现"两个一百年"奋斗目标、实现中华民族伟大复兴的中国梦，需要充分运用中华民族数千年来积累下的伟大智慧。"中华优秀传统文化中很多思想理念和道德规范，不论过去还是现在，都有其永不褪色的价值。"在文艺工作座谈会上，习近平总书记要求"以古人之规矩，开自己之生面"，在新的时代条件下传承和弘扬中华优秀传统文化，实现中华文化的创造性转化和创新性发展。

中华民族共有精神家园是中华民族在价值观念、精神信仰等层面的抽象性有机聚合，构筑中华民族共有精神家园是新时代加强和改进民族工作的重要议题，也是铸牢中华民族共同体意识的重要维度。党的二十大报告指出："传承中华优秀传统文化，满足人民日益增长的精神文化需求，巩固全党全国各族人民团结奋斗的共同思想基础，不断提升国家文化软实力和中华文化影响力"。构筑中华民族共有精神家园，要以文化认同为抓手，深刻把握新时代民族工作之"纲"，在以文化人、德润人心中增强中华文化自觉，坚定中华文化自信，增强中华民族凝聚力，提升中华民族的文化认同；要传承和发展中华优秀传统文化，实现中华优秀传统文化的创造性转化与创新性发展，提炼各民族优秀传统文化资源中符合社会主义核心价值观的要素，塑造中华文化的丰满形象和精神面貌；要弘扬社会主义核心价值观，发挥其全社会价值追求"最大公约数"的作用，引领中华民族共有精神家园的建设与发展。

新时代背景下，中华优秀传统文化在大学生思想政治教育中的创新应用，有助于高校教育理念、教育内容和教育方法的革新。在此过程中，不仅需要深入挖掘中华优秀传统文化的精粹，还需要将其与时代特征相结合，以实现大学生思想政治教育的有效深化和创新。从教育理念来讲，创新思想政治教育应着重强调中华优秀传统文化的当代价值。中华优秀传统文化中包含着丰富的哲学思想、伦理道德和社会规范，这些内容不仅是文化传承的重要组成部分，也是培养大学生社会主义核心价值观的重要资源。因此，在大学生思想政治教育中，应当将中华优秀传统文化的智慧与现代社会发展需求相结合，提炼出适应新时代的教育内容，培育大学生的文化自信和道德情操。从创新教育内容来看，需要深化中华优秀传统文化与思想政治教育的融合。比如，将儒家思想中的"仁爱""中庸之道"等融入爱国主义教育中，将道家的"天人合一"思想融入生态文明教育中，这样不仅能够丰富高校教育的内涵，还能帮助大学生形成更加全面的价值观。同时，还应充分利用现代信息技术，将中华优秀传统文化的精髓通过网络课程、互动平台等，以更加生动、贴近大学生的方式进行传播。创新教育方法是实现中华优秀传统文化在大学生思想政治教育中创新应用的关键。中华优秀传统文化教育不能局限于课堂讲授，而应通过情景模拟、角色扮演、社会实践等多种形式，让大学生在参与中体验、在实践中学习。比如，通过情景模拟教学，让大学生深刻了解传统礼仪文化的内涵；通过社会实践活动，比如文化志愿服务、文化传承项目实施等，使大学生亲身感受中华优秀传统文化的魅力。这些方式能够使大学生在体验中加深对中华优秀传统文化的理解，从而在思想上受到启发和教育。中华优秀传统文化在大学生思想政治教育中的创新，既是对中华优秀传统文化的现代诠释，也是对大学生思想政治教育方法的创新探索。这种创新不仅体现在对中华优秀传统文化的现代化解读上，还体现在思想政治教育方法的多元化探索中。通过更新教育理念、深化教育内容和丰富教育方法，中华优秀传统文化的智慧能够更好地融入新时代大学生的成长过程，有助于当代大学生从多方面深刻理解和领会中华优秀传统文化的精髓，从而在全球化背景下增强文化自信和民族自豪感。

总之，进入21世纪以来，由于全球化趋势的进一步加剧以及国家经济和社会迅速发展过程中的一系列问题，思想意识领域出现了多元化、价值观念的物化、世界观和人生观的空洞化现象；在社会财富分配方面出现了地区差别和贫富差距扩大的现象。在这种新的历史条件下，党和政府除了在政治、经济等方面继续坚持改革开放的国策，还在思想文化领域不断创新，紧紧扭住了创造性运用中国传统文化这一主题，将以批判继承为基础、以弘扬和发展中华优秀传统文化为特色的思想政治教育的创新工作推向了新的境界，实现了批判继承传统文化的思想政治教育观念的历史性飞跃。

（二）传统文化热与新世纪思想政治教育的全面展开

新世纪的到来，使中国传统文化获得了新的发展契机。一方面，中国经济的高速发展以及综合国力的显著增强，使中华文化软实力大幅提升。国人的民族自尊心、自信心、认同感以及对民族传统文化的自豪感也与日俱增。这种社会心态的积极变化有效地清除了人们在传统文化传播与接受过程中的认知障碍与心理障碍。另一方面，党中央、国务院以及各级政府对于中国传统文化的高度关注、积极弘扬与创造性运用，不仅使20世纪90年代中国大陆学术界、教育界兴起的"国学热"持续升温，而且使中国传统文化在21世纪初的中国民间社会全面勃兴。中国大众传统文化情结的逐渐复苏，预示着中华优秀传统文化视域下的思想政治教育创新工作新时代的来临。

21世纪以来，在学校思想政治教育领域，弘扬中华优秀传统文化的工作也在不断推进。面对着进入新世纪以来国内外形势的巨变给我国思想教育事业所带来的极大挑战，党和国家不仅着眼于学科教学的视角，对基础教育领域中的传统文化教育进行积极的部署，以构筑中华民族传统美德的坚固长城，而且还注意从整个国家和社会的宏观大环境出发，适时展开对未成年人群体的思想道德教育工作的研究和探讨，并于2004年2月26日下发了中共中央、国务院《关于进一步加强和改进未成年人思想道德建设的若干意见》（以下简称《若干意见》）的文件。《若干意见》对未成年人的传统文化教育工作尤为关注，并将其作为"未成年人思想道德建设的主要任务"加以强调，要求对未成年人"从增强爱国情感做起，弘扬和培育以爱国主义为核心的伟大民族精神。深入进行中华民族优良传统教育和中国革命传统教育、中国历史特别是近现代史教育"，从而使他们逐渐"认识中华民族的历史和传统……从小树立民族自尊心、自信心和自豪感"；对于在中小学思想品德课和思想政治课程中渗透传统文化教育的问题，《若干意见》则强调要"充分利用和整合各种德育资源，深入研究中小学生思想品德形成的规律和特点，把爱国主义教育、革命传统教育、中华传统美德教育和民主法制教育有机统一于教材之中，并保证占有适当分量，努力构建适应21世纪发展需要的中小学德育课程体系"。

2006年3月4日，胡锦涛总书记关于牢固树立"社会主义荣辱观"重要讲话的发表，在我国文化教育界掀起了传统文化视阈下思想政治教育创新工作的新高潮。3月12日，教育部党组下发《关于学习贯彻胡锦涛总书记讲话精神切实加强社会主义荣辱观教育的通知》。《通知》指出："胡锦涛总书记的重要讲话……具有很强的民族性、时代性和实践性，体现了中华民族传统美德与时代精神的有机结合……对于推动形成良好社会风气，构建社会主义和谐社会具有重要意义"；《通知》进而对新时期"以社会主义荣辱观教育为重点"的思想政治教育工作进行了部署，要求"在中小学其他相关课程特别是语文、历史等课程以及高校人文社会科学有关专业课、基础课中融入社会主义荣辱观的内容"；强调"高校要积极创造条件，开设中国历史、文化、道德等内容的选修课，开办以弘扬社会主义荣辱观为主要内容的专题讲座"，从而使"社会主义荣辱观教育入耳、入脑、入心"。

党的十八大以来，以习近平同志为核心的党中央高度重视学校思想政治工作。围绕培养什么人、怎样培养人、为谁培养人这个根本问题，习近平总书记先后发表一系列重要讲话、做出一系列重要指示批示，系统、科学、深刻地回答了事关新时代学校思政课建设的一系列方向性、根本性问题，为学校思想政治工作指明了前进方向。2016年12月7日至8日，全国高校思想政治工作会议召开，习近平总书记强调，"要坚持把立德树人作为中心环节，把思想政治工作贯穿教育教学全过程，实现全程育人、全方位育人，努力开创我国高等教育事业发展新局面"。从高等教育到基础教育，再到职业教育，广大教育工作者持续加强和改进学校思想政治工作，汇聚起为党育人、为国育才的磅礴力量，为中华民族伟大复兴提供了强大的人才支撑。

中华民族上下5000年历经风雨洗礼愈挫弥坚，优秀传统文化如影随形，始终为中华儿女个人的思维方式和成长发展提供精神领航。坚守传统文化的行为准则，能够在新的时代背景下塑造中华民族的优秀品格，穿越事业发展征程中的迷雾惊涛破浪前行。中华优秀传统文化蕴含的核心价值内涵丰盈，经久不衰，在当代依然焕发出勃勃生机和独特的魅力。中华优秀传统文化注重把人的精神生活纳入社会理想，融汇成底蕴深厚的价值观念和文化传统，代代传承，绵延不绝，成为中华优秀传统文化独特的信仰支柱和精神追求。中华优秀传统文化是一个民族特性的标识，透过传统文化，我们可以深入地了解这个民族的"性格"。

中华优秀传统文化是在人类文明发展过程中形成的生活方式及生活内容的集合，蕴含着人们的集体智慧和共同记忆。中华优秀传统文化蕴含着古人的思想精华，我们可以透过传统文化窥见古人的智慧，把古人的智慧运用在如今的社会治理中。中华优秀传统文化与文化传播联系密切，中华优秀传统文化在形成的过程中就在传播，在传播的过程中又会产生新的文化内容。传统文化中还蕴含许多优秀的伦理道德和教育思想，把中华优秀传统文化运用在高校的思政教育工作中，可以提高教育工作的成效，让教育活动更加丰富多彩。我国传统文化中蕴含着许多先进人物的优秀事迹,把这些优秀的事迹当作思政教育的案例,可以取得较好的教育效果,同时也可以提升学生们的民族自豪感,增强学生们的优秀传统文化认同。思政教育具有浓厚的意识形态属性,在思政教育中加入传统文化的内容,可以保障意识形态领域的安全,让学生们对思政教育产生浓厚的兴趣。思政教育是高校教学体系的重要组成部分,融入优秀传统文化可以引导学生们深刻地认识传统文化的内在根基。优秀传统文化具有深邃的思想性和智慧性,学生们在思政教育活动中,可以得到思想的启迪,思想眼界会变得更加开阔,对自己的未来职业定位会更加清晰,同时也会增强对自己祖国的认同感。传统文化中蕴含的知识体系是经过历史锤炼的,具有稳定性和哲理性,当把传统文化与思政教育融汇到一块时,思政教育会充满浓厚的传统文化元素,学生们在这样一种文化氛围中接受到浓厚的爱国主义教育,他们的民族自豪感会越来越强。传统文化在现代化进程中融入了新的时代元素,具备了新的时代内涵,会更加贴近社会现实。思政教育与社会现实联系密切,具有极高的现实指向性,通过挖掘优秀传统文化的内容,可以更好地培养学生们的问题意识,让学生们主动从优秀传统文化中寻找解决问题的方案。

中国文化源远流长,中华文明博大精深。在2023年6月2日的文化传承发展座谈会上,习近平总书记深刻指出:"只有全面深入了解中华文明的历史,才能更有效地推动中华优秀传统文化创造性转化、创新性发展,更有力地推进中国特色社会主义文化建设,建设中华民族现代文明。"学校具有集中式、系统化、持续性进行中华优秀传统文化教育的独特优势。将中华优秀传统文化融入思政教学育人全过程,用以培根铸魂、启智润心,必将更好地引导广大学生立大志、明大德、成大才、担大任。

第三节 中华优秀传统文化视域下大学生思想政治教育创新前提

一、思想政治教育是中华优秀传统文化软实力的重要部分

文化是人类发展到一定历史阶段的产物。作为一种复杂的社会现象,文化的产生是人类从茹毛饮血、屈从于"天道"的"直立之兽"状态,逐渐演变而形成人猿相揖别的"人道"的创造过程。所谓"人道"就是指人的主体意识的觉醒和

自我观念的增强。因此，在文化的创造和发展中，其核心乃为天地之精华、万物之灵长，有着深厚而绵远的丰富内涵和创造潜能的"人"。文化本质上即"人化"，是人类主体通过社会实践活动，适应、利用、改造自然界客体而逐步实现自身价值观念的过程，是人类自身的本质力量外化与对象化的结晶。人类社会在其发展过程中所创造的一切文化是一本打开了人的本质力量的书，是感性地摆在我们面前的人的心理学。人在创造文化的同时，也在由自发到自觉地以文化创造着人自身。人是在创造文化的历史中不断为文化所塑造从而不断超越自身的产物。因此，从总体上说，"人化"是文化的起点和背景，而"化人"则是文化的目标和宗旨，也是文化社会功能的具体体现。正是在这个意义上，有学者指出，不仅我们创造了文化，文化也创造了我们，个体与文化是具有民族性的。文化的民族性表现为它以具有民族风格的语言作为自身的载体，着意于塑造民族心理素质和民族性格，从而形成一定的民族传统及生活方式。历经5000年的生息化育，中华民族创造了辉煌灿烂的家国一体化的传统文化。用客观的价值尺度来评价，尽管其中包含了一些糟粕，但是，传统文化的主体部分却滋养了世代中华儿女，保持了中华民族生生不息的创造力，使中华民族成为世界上少数几个拥有一部完整的从上古到当代文明发展史的民族之一。从本质上说，中华优秀传统文化是一种伦理型的文化，它是以儒家思想为核心的，而儒家思想基本上是一种社会哲学，重实践、重人事、重伦理、重教化，注重社会中的人伦事务，可以说是一种入世的学问。儒家最重要的内容是其伦理道德学说，以仁义、礼乐为精髓的宗法伦理价值系统构成了儒家的核心。以儒家思想为核心的中华优秀传统文化崇尚道德、注重教化的伦理特征影响了中国几千年的发展。其丰厚的道德教化思想积淀成一种独特的思想教育力。而这种力量的存在，不仅形成了中华民族的独特性格，塑造了中华儿女无私的精神境界和高尚的道德操守，成为中华优秀传统文化软实力的重要组成部分，而且对于我国现代的思想政治教育创新也有着重要的借鉴意义。

"国家实力"概念是一个国家的综合国力，既包括由经济、科技、军事实力等表现出来的"硬实力"，也包括以文化、意识形态吸引力等体现出来的"软实力"，即通过精神和道德诉求，影响、诱惑或说服别人相信和同意某些行为准则、价值观念和制度安排的力量。由此可见，"软实力"是和"硬实力"相对而言的，它由一个国家和民族的文化传统、意识形态、民族习性等多方面的精神因素所构成，并通过各种文化媒体、信息资源和学术著作表现出来，具有超越时空、传递迅速等优势，甚至可以与经济、军事等硬实力相媲美，是国家力量的重要组成部分。"软实力"的拥有者要想实现自己的意志，必须通过潜移默化的渗透和感染，以期最终获得对方的信任、同意或配合，这就需要重视文化的力量。因此，文化成为构成软实力的基本支柱。相应地，文化软实力也就成为软实力中最重要的因素。

（一）文化软实力的含义及其表现形式

任何国家的软实力都主要来自三种资源：文化、政治价值观以及外交政策。在这三种资源中，文化软实力是指一个民族、国家或地区文化的影响力、凝聚力和感召力，它是国家软实力的核心因素。这是因为，文化作为一个民族或国家的灵魂和血脉，凝聚着这个民族对世界和生命的历史认知和现实感受，积淀着其最深层的精神追求和行为准则，并承载着整个民族自我认同的核心价值取向。

我们知道，文化是由物质层面的文化、制度层面的文化和精神层面的文化三个类别组成。与此相对应，文化软实力便以物质文化的软实力、制度文化的软实力和精神文化的软实力的形态存在。其中，物质文化的软实力，是通过引导人们在实践中，把自己的知识、愿望、信仰、技能、审美情趣等物化出来，以改变自然物的形态，做成凝聚、体现、寄托着人的生存方式、生存状态、思想感情的物质产品的方式来对我们的生活产生影响的一种力量，它是文化软实力得以发挥的物质前提；制度文化的软实力，是通过将一定范围内人们社会交往和公共行为的结构和规则，加以确定化、形式化的方式来对我们的行为进行规范的一种力量，它是文化软实力得以发挥的制度框架；而精神文化的软实力，则处于核心的地位，它作为人们在实践中，通过对人的全部精神生活领域——知识和经验、思想和观念、情感和意志等意识活动的作用，来认知世界、表现情感和意志、形成价值意识，塑造国家、民族、阶级、群体、个人的心理定式、精神风貌等的过程和成果，是文化软实力得以发挥的方向保证，对于我们树立理想和信念、构筑精神家园具有重要意义。当今时代，以文化形态为主的软实力竞争已成为综合国力竞争的新趋势，文化软实力对于民族、国家或地区之间及其内部整体实力的消长来说，其杠杆的作用也越来越明显。在某种意义上，我们甚至可以说，文化软实力正是综合国力未来整合和发展的不二选择。文化软实力之所以在人类社会的进程中具有如此重要的地位，是与其在国际交往和国内发展中所显示出的巨大力量密切相关的。

首先，从国际交往的视角来看，文化软实力表现为一个民族或国家文化的对外亲和力和渗透力。

在当代的国际关系中，虽然运用经济、军事等硬实力来实现战略目标的作用仍很重要，但通过以文化为核心的软实力的无形影响和渗透，充分利用文化手段来展示本国的形象，宣传自己的价值观念，扩大国家的影响力，能够更好地获得国际社会的理解和信任。这是因为，任何一个国家所创造的文化成果，一方面为整个人类文化的发展增添了色彩，另一方面也为其他民族的发展贡献了可以分享的精神财富。一个民族的文化历史越悠长、文化成果越丰硕，就意味着这个民族越有能力使本民族成员的生活变得更好，也意味着这个民族越有可能为其他民族的更好生活作出贡献。这样的民族是比较容易赢得其他民族观念上的尊重、情感上的亲近和行动上的支持的。这种基于民族层面上的亲和力，正是文化软实力的重要体现。

在国际交往中，文化软实力还表现为一个民族或国家文化的对外渗透力。我们知道，文化与思想是没有疆界的。在当前和平、发展与合作已成为时代主题的背景下，国家与国家之间的交流日益增多。在这种交流中，一个民族的文化传统、精神气质，一个国家的形象以及它的价值观念、意识形态和制度体系，会通过各种途径向外辐射和传播。这种辐射和传播的过程虽然是无形的、温和的，但正是在这种潜移默化中，这个国家和民族的对外影响力和渗透力得以增强，最终使别国政府和人民想其所想，进而做其所想，于不露声色中顺利达到自己的目标。

其次，从国家发展的视角来看，文化软实力表现为一个民族或国家文化的对内凝聚力和塑造力。

从广义上说，具有相同文化背景的人一般也具有共同的生活方式、伦理道德、风俗习惯、宗教信仰等，这些相同的因素把人们整合、凝聚在一起，形成一种向心的、排他的力量。这种认同斥异的文化内聚力强化了民族国家的凝聚力，使文化呈现出整体性和统合性的特征，并由此整合民族和国家内部各行为主体的精神追求和行为规范，形成相同的民族心理、民族性格和国家主流价值取向，从而有利于协调国内各民族、种族、阶级、阶层、社会集团以及这些群体中个人的行为，实现各民族的融合和国家意志的高度统一。马克斯·韦伯曾深刻地剖析了文化的这种凝聚力和塑造力。他指出，在任何一项事业的背后必然存在着一种无形的精神力量；尤为重要的是，这种精神力量一定与该事业的社会文化背景有密切的渊源。

就一个民族或者国家自身的发展来说，文化软实力主要表现为一种精神上的整合力，它有利于国家凝聚力的形成和民族性格的养成，有助于促进民族的团结、国家的统一、政权的巩固和国民精神上的自信和自豪。从世界各国历史发展的规律来看，国家的兴衰在很大程度上取决于该国的文化发展状况：文化兴，则国家兴；文化衰，则国家衰。一个国家如果对本民族或本国的文化缺乏自信、妄自菲薄，忽视自身文化软实力的开发与建设，甚至数典忘祖、崇洋媚外，那么就等于放弃了本民族和本国的文化主权，其结果也只能是民族的离散和国家的分裂。众所周知，中国是一个由56个民族所组成的、统一的多民族国家，民族问题错综复杂，正确处理民族问题，协调各民族之间的关系是国家制订大政方针的重要关注点。在这种情况下，加强中华优秀传统文化软实力的开发和建设，充分发挥中华文化对全国各族人民的思想教育和价值引导作用，增强民族凝聚力，塑造民族性格，维护国家和社会的稳定就成为一项非常紧迫的现实任务。

（二）中华优秀传统文化软实力与思想政治教育创新

作为一种文化，中华优秀传统文化也和世界上其他民族的文化一样，是植根于民族的土壤中的，它从总体上反映和代表着一个民族或社会的思维方式、价值观念、伦理道德，体现在人们的生活方式、风俗习惯、心理特征上，内化、积淀、渗透于每一代社会成员的心里，往往凝聚为民族特有的国民性格和社会心理。因而，从本质上说，中华优秀传统文化的软实力也就体现为其对外的亲和力、渗透力以及对内的凝聚力和塑造力上。然而，从中华优秀传统文化社会功能最终实现的层面来说，无论是其对外的亲和力、渗透力还是其对内的凝聚力和塑造力，都要通过思想教育和引导的方式才能实现，只不过这种教育是隐性的、潜移默化的，正如同古人所说的"随风潜入夜，润物细无声"，是于无声处见精神的。可以说，中华优秀传统文化与思想政治教育创新的有机结合正是我国传统文化软实力能够得以充分发挥的基本保证。

首先，我国思想政治教育的民族属性需要中华优秀传统文化提供土壤。我们知道，思想政治教育创新是教育者根据一定民族、国家和受教育者的需要，遵循品德形成规律，采用言传身教等有效手段，通过内化和外化，发展受教育者的思想、政治和道德等方面素质的社会实践活动。思想政治教育创新活动的实践本质决定了它的开展必然要受到各种环境因素的影响和制约。就我国的思想政治教育创新来说，一方面，它是具有继承性的。我国的思想政治教育不能从零开始，而必须在中国五千年文明史的基础上进行新的创造和新的发展。另一方面，它是具有民族性的。在中华民族数千年的历史实践中，历代先辈给我们留下了许多优秀的文化传统，也给我们留下了许多关于如何推进道德理论教化的理论成果。毫无疑问，这些优秀的传统文化成果不仅有益于增强思想政治教育内容体系的民族特色，构成我国思想政治教育所需具备的文化环境的一部分，也在很大程度上影响着国人思想品德的形成和发展，指导着国人的生活方式与行为取向，并推动社会思想意识和价值观念的发展，为我国思想政治教育创新的健康发展提供了重要的文化支撑。

其次，中华优秀传统文化本身也具有能动的思想政治教育功能。任何伟大的民族都有本民族的传统文化，这是不同民族之间的主要差异之一，是一个民族得以自立于世界民族之林的基本依据。中华优秀传统文化，是中华民族在漫长的历史过程中所创造的特殊文化体系，是我们的祖先在数千年的社会历史发展过程中所积淀下来并且渗透于中华民族整体意识和行为之中，世世代代传承下来的最具生命活力的部分，它和我们今天的生活仍然息息相通，它所反映出的许多中国文化特有的精神，已经深深地融进中华民族的血液里，铸就了中华民族的灵魂。在中华优秀传统文化中，伦理型的儒家学说居于主导地位，而以"仁"为核心、注重道德教化的孔子思想则又是儒家学说的中心内容。中华优秀传统文化的这种内在的构成模式使它呈现出浓郁的重德色彩，其之所以而具有的思想政治教育功能也是显而易见的。其中，最有代表性的当数孔子教子的事例。据《论语》记载："陈亢问于伯鱼曰：'子亦有异闻乎？'对曰：'未也。'尝独立，鲤趋而过庭。曰：'学诗乎？'对曰：'未也'。'不学诗，无以言。'鲤退而学诗。他日，又独立，鲤趋而过庭。曰：'学礼乎？'对曰：'未也'。'不学礼，无以立。'鲤退而学礼。"众所周知，《诗》和《礼》是中华优秀传统文化中指导人们立身行事的重要典籍，孔子循序渐进地引导他的儿子学《诗》、习《礼》，是其肯定并重视发挥传统文化之思想政治教育功能的典型例证。

以《论语》《孟子》等儒家经典为代表的中华优秀传统文化的思想政治教育功能是不容忽视的。这种育人功能以及由其体现出来的思想政治教育力已经成为中华优秀传统文化软实力的重要组成部分。作为世界上唯一连续发展的，并且创造过辉煌成就的文化，中华优秀传统文化中所包含的思想政治教育资源是极其丰富的，而对这些宝贵的资源进行系统的发掘、梳理和富有创新性的转换，不仅是我们加强中华优秀传统文化软实力建设的重要工作，也是当前我国思想政治教育创新领域所面临的现实课题。

中华优秀传统文化是中华民族的宝贵财富，具有深厚的历史底蕴和独特的价值观念，能够为思政课建设提供深厚力量。这为新时代高校思政课如何对待中华优秀传统文化指明了方向。思想政治理论课是立德树人的关键课程，既要以马克思主义作为思想灵魂，也要以中华优秀传统文化作为精神底蕴。高校思想政治理论课与中华优秀传统文化紧密相连，二者紧密契合。中华优秀传统文化作为代表性教育资源被引入和应用到高校思政教育工作，拥有着重大且深远的价值与意义。

中华优秀传统文化和大学生思政教育内容相联通。在中华优秀传统文化体系中，以儒家思想为核心内容，诸如儒家倡导仁义礼智信、道家倡导无为而治等。这些内容恰恰与高校大学生思政教育内容有着诸多相通之处。纵观当前高校所开展的大学生思政教育工作现状，教师在思政教育中所讲授和渗透的很多内容都是在中华优秀传统文化基础上提炼和总结出来的，是对中华传统优秀文化的高度凝练。高校大学生思政教育工作的一项主要任务是保留和发扬中华优秀传统文化，逐步引导大学生认识到中华优秀传统文化的重要性，并且将中华优秀传统文化的内容和现代社会中的丰富元素紧密结合到一起，所以，从这一角度来分析中华优秀传统文化和大学生思政教育内容有着非常紧密的关联性。近些年高校大学生思政教育的内容范畴得到了极大程度的拓展，其不仅包括日常思政教育，同时系统思政教育和专题思政教育也涵盖其中。如今，将中华优秀传统文化内容融入大学生思政教育工作当中，学生在接受思政教育和引导的同时也可以接受到革命教育，从中挖掘和了解到更多与爱国主义相关的内容，感受优秀传统文化的魅力，如此一来，高校大学生思政教育内容便得到了极大程度的丰富和拓展，学生也可以在此过程中学习和接触到更多充满正能量的文化元素。在中华优秀传统文化体系中，其中诸多价值观念、思想观念以及经典思想教育案例等都和当前高校大学生思政教育内容有着紧密关联性，而且中华优秀传统文化中的很多内容和当今社会核心价值体系也是相通的。将这些内容引入和应用到思政教育工作，学生可以时刻被优秀传统文化和正确精神理念所浸润和影响，这必然有助于在潜移默化中提高学生的文化修养，进而逐步提升和优化思政教育的实际效果。

二、中华优秀传统文化是思想政治教育创新的历史积淀

对人的培养和塑造是任何一种文化的根本宗旨。在长期的历史发展中，中华优秀传统文化通过对天人、群己、义利、理欲等关系的厘定，逐渐形成了自己的处理人与自然、人与民族和国家、人与社会和他人以及人与自身关系的价值准则，并通过文化本身所特有的遗传机制，逐渐形成了巨大而深厚的思想政治教育力的历史积淀，由此决定了中国人的思维模式，铸造了中华民族的根本精神，形成了以儒家思想为正统和核心的价值体系，对中华民族人文精神的确立和社会生活实践产生了持久的影响，成为中华民族思想政治教育的重要资源。正是在这个意义上，我们说上下传承了几千年的中华优秀传统文化，已经成为中国社会的基本文化背景，成为中国国情的重要组成部分。

思想政治教育创新被认为是一项富有阶级性、时代性和民族性的社会实践活动。这意味着，其发展和实施必须深深扎根于中国独特的国情和丰富的传统文化之中，无法将其与中国特有的社会背景和历史文脉相分离。因此，在当前的思想政治教育创新工作中，对中华优秀传统文化的道德化倾向进行审视显得尤为重要。通过审视，我们能够更清晰地认识到传统文化中蕴含的价值观念和道德规范，为思想政治教育提供有益的参考和指导。此外，对中华优秀传统文化中丰富的思想政治教育资源进行整合与创新，有助于构建更为有深度和广度的教育体系，为培养具备良好思想政治素质的新一代大学生提供更为坚实的基础。

（一）德育至上是中华优秀传统文化的重要特色

道德文化是中华优秀传统文化的显著特征。中华民族在长期发展中，形成了足可引以为自豪的优秀文化传统。传统思想文化的重心，是伦理道德的学说。传统思想文化的突出特点和优点之一就是它的道德精神。故我国素以"礼仪之邦"著称于世。客观地说，能在几千年的漫长时间里始终把道德看作文化的核心，这在世界上是少有的，中华优秀传统文化的这种道德取向，决定了道德教育在传统教育中的核心地位。我们知道，道德教育是一种塑造灵魂的社会实践活动，中国古代长期推行的重视道德的教育模式，不但产生了极大的社会效益，而且给我们留下了丰富的思想道德教育遗产。

中国崇尚道德的传统深厚而绵远。就我国历史的发展来看，历代圣主明君，无不推崇道德，甚至传说中的三皇五帝也是以道德治天下的典范。在中国古代的重要典籍《尚书》中便有关于帝尧在位时，"克明俊德，以亲九族"的相关记载。至周朝，周初的人们已从殷商覆亡的历史教训中悟出了"惟不敬厥德，乃早坠厥命"的道理，周公的"皇天无亲，唯德是辅。民心无常，惟惠之怀"的训诫，更为"以德配天"思想的成型奠定了基础，并最终在周代建立起了一套以血缘为纽带的宗法伦理制度，产生了维系其制度的"礼""孝"等观念，由此形成我国古代社会道德教化的重要内容。

春秋战国时期，作为诸子百家杰出代表的孔孟儒家学派的诞生更将道德教化思想提到新的高度。"大学之道，在明明德，在亲民，在止于至善。"人们把发扬光明美好的道德作为思想教育的目标。孔子认为，教育就应该以"志于道，据于德，依于仁，游于艺"为内容，并说"德之不修，学之不讲，闻义不能徙，不善不能改"是自己最大的担忧。为此，他主张"弟子入则孝，出则弟，谨而信，泛爱众，而亲仁。行有余力，则以学文"，他这里所讲的，"行"指的就是履行

"孝""悌""仁"之类道德准则的"德性",其意在于要求人们要先学做人后学技艺。在做人的教育中,孔子主张文、行、忠、信。在这四项做人教育的内容中,关于道德教育的事项便占据了三项,凸显了孔子对道德教育的重视。因此,我们可以说,在其教育思想中,孔子是将道德教育放在首位的。

孟子则继承和发展了孔子的德育优先的教育思想。人之所以为人,主要是因为人有道德,道德是人区别于禽兽的标志,基于此,"德教"当然就是人之成为人的基础。孟子主张人性皆善,从"性善论"出发,他提出了独具特色的"四端说",声称:"恻隐之心,仁之端也;羞恶之心,义之端也;辞让之心,礼之端也;是非之心,智之端也。人之有四端也,犹其有四体也,有是四端而自谓不能者,自贼者也。"为此,他强调每个人都应遵守道德准则,努力发挥善性,扩充"德性"。孟子还认为,不但每个人要追求"德性",整个社会和国家也要通过道德教育来弘扬"德性"。由此,他首先对中国传统教育模式进行了归纳,认为夏、殷、周三代教育机构的名称虽然不同,教育内容也有差异,但"明人伦"即道德教育则是其共同的内容和功能。继而,孟子还对道德教育的治国意义进行了阐释,他说:"以力服人者,非心服也,力不赡也;以德服人者,中心悦而诚服也,如七十子之服孔子也。"又说:"善政,不如善教之得民也。善政民畏之,善教民爱之;善政得民财,善教得民心。"这就为我们进行思想政治教育的发展与创新提供了理论上的依据。为了巩固政权,稳定社会秩序,我们必须把道德教育放在首位,以实现人心的真正归附。

此外,儒家另一位代表人物荀子虽然抱持性恶论的观点,但其德教思想却和孔孟殊途同归。荀子认为人性本恶,但后天的道德教化却"能化性,能起伪,伪起而生礼义",并最终达致"涂之人可以为禹"的目标。汉儒董仲舒则认为仁、义、礼、乐是治国的工具,只有通过以仁、义、礼、乐为内容的道德教育才能"化民成性",使被教育者"正其谊不谋其利,明其道不计其功"。唐儒韩愈则从师德的角度出发,提出"道之所存,师之所存"的主张,认为"传道"是教师的首要职责。宋代思想家王安石也说过"天下不可一日而无政教,故学不可一日而亡于天下",这是对德育的作用以及重要性的肯定和确认。值得一提的是,自宋儒程颢和程颐开始,以《大学》《中庸》《论语》和《孟子》为标志的"四书"成为儒家道德教育的主要内容,从而最终实现了儒家德育思想的理论化和系统化。而后陆九渊的"今所学果为何事?人生天地间,为人自当尽人道,学者所以为学,学为人而已,非有为也"的论断,则强调了"学为人"的道德教育是读书学艺、应事接物的基本前提。到了近代,启蒙思想家龚自珍在人才教育方面的"尊德性"和"道问学"

主张，也凸显了高尚道德对于一个有用之才的标志性意义。陆九渊、龚自珍以及其他的一些思想家关于道德教育的真知灼见都是对以儒家教育思想为核心的中国传统德育思想的重要补充和进一步的完善与创新。

当今世界竞争激烈，我们要立于世界民族之林，就需要有大批高素质人才。教育是国之大计、党之大计。要培养德智体美劳全面发展的社会主义建设者和接班人，提高国民素质，应当充分运用优秀传统文化资源。传统德育虽历经千年，其精华仍可以为今天的大学生思想政治教育提供有益的借鉴。

中华优秀传统文化源远流长、博大精深，是中华文明的智慧结晶。高校德育工作旨在培养具有良好思想道德品质和具备综合素质能力的新时代高质量人才，这是推动我国社会主义文化建设的关键环节。因此，将传统文化与高校德育教育工作相结合，不仅能够促使中华传统文化在高校绽放新的光芒，还能够助力高校德育教育工作取得良好成效，更快、更好地达成新时代高质量人才的培养目标。德育教育工作的开展是高校立德树人目标实现的重要途径，高校德育教育主要包括对大学生的思想道德教育、法治教育、心理教育、历史文化教育等，对于大学生的全面发展具有重要影响。高校开展德育教育工作的目的主要是通过学校的教育教学活动促使学生形成良好的思想品质、道德修养，拥有基本的政治法律意识，并能够积极投入到社会主义建设中，满足社会主义新时代对高质量人才的多方面需求。而将中华优秀传统文化与高校德育工作相结合，具有增强学生文化自信、提升高校德育工作实效、促进学生全面发展等多重意义。

近年来，党和国家高度重视中华传统文化的传承与建设，尤其强调要通过中华传统文化的传承与建设来增强学生的文化自信，使其能够在中华几千年的文化发展中汲取力量，成为其奋斗发展的不竭动力。因此，将中华传统文化与大学生德育教育工作相结合，不仅能够促进中华传统文化在高校中的传播与发展，还能够促进中华传统文化与青年学生群体产生奇妙的"化学反应"，使中华传统文化在高校中绽放新的魅力与价值，使大学生群体能够真正了解中华优秀传统文化的内涵、弘扬民族精神、增强其民族自信，这也是支撑大学生屹立于世界的精神力量。高校不仅是要培养高质量专业人才的机构，更承担着实现立德树人、促进学生全面发展的重要任务。而将中华传统文化与高校德育教育相结合，可以利用璀璨的中华传统文化丰富高校德育工作的教育内容，提升高校德育教育工作的实效性。例如，在高校德育教育工作中，倡导学生积极践行社会主义核心价值观念、主动投身于社会主义建设是非常重要的内容，而社会主义核心价值观念正是对中华民族精神和中华传统思想道德价值观念的有效提炼，这也为学生践行社会主义核心价值观提供了基本遵循，有利于培养其吃苦耐劳、自强不息、勇于拼搏、乐于奉献的精神品质，以及以国家、民族利益为重的观念，从而使其能够主动投身于社会主义建设之中，为国家的发展贡献力量。

综上所述，重视道德教育是我国的优良传统。德育是一切教育之首。中华优秀传统文化将德育置于首位，有着巨大的历史贡献。它丰富了中华民族的道德理性，促使人们自觉向善，增强道德修养，超越名利的羁绊，讲究礼仪，成为富有文化精神生命的人。与此同时，这种德育至上之传统已经形成了中国人的一种特殊的思维方式和思想情感，积淀为一种独特的民族心理和民族精神，其所产生的巨大的精神力量，对于振兴中华、实现现代化，具有极为重要的作用。

从本质上看，作为一种历史积淀，中国传统道德文化具有高度的稳定性和深刻的内在性，它已经深深地渗入中国人的价值观念、行为标准、道德情操和处世态度之中，因而它对人们的深刻影响和制约绝不会因为环境的改变而轻易消除。基于此，对于中华优秀传统文化中浩如烟海的思想道德教育资料进行整理和开发，以期对我国现代的思想政治教育活动提供有益的启示，同时进行有效创新，便是我们每一位思想政治教育工作者的当务之急。

（二）中华优秀传统文化中丰富的思想政治教育资源

从根本属性上说，中华优秀传统文化是一种崇德型的文化，对于道德的注重，使传统文化洋溢着浓郁的人文气息，积累了极其丰富的思想政治教育资源。这些资源无论从广度还是从深度上讲，都有着非常厚重的历史积淀，包括了许多值得我们关注和认真研究的内容。具体地说，我们可以从中华优秀传统文化对思想政治教育的目标、内容、原则和方法的思考和描述中展开梳理和整合工作，有效开展思想政治教育的创新活动，进而揭示"文化化人"的深刻内涵。

1. 塑造圣贤人格——中华优秀传统文化中的思想政治教育目标

在中国古代，虽然并没有像现代社会那样使用"人格"这一特定词汇，但对人的品质和品德的探讨却在传统文化中占据着重要地位。传统观念将人格主要理解为个体的道德水平，认为一个人的行为和言行反映了其内在的道德品质。因此，个体展现出的一定人格往往成为其所处道德层次的标志，反映了其对价值观和道德规范的理解与遵循。在中华优秀传统文化中，追求圣贤人格被历代的文人雅士视为毕生所追寻的目标，这也是中国古代思想政治教育的核心目标之一。圣贤人格的追求强调了道德修养的重要性，主张通过塑造高尚的品德和崇高的道德境界，达到人格的圆满和完善。

中国传统的理想人格可以以儒学代表作《论语》为划分原则，进而划分为三个层次。这三个层次分别强调了不同层面的品德和道德修养，为个体在社会中的行为提供了相应的准则和标杆。通过追求这些层次的人格理想，个体不仅能够在道德上实现自身的升华，还能为社会和谐、进步做出积极的贡献。具体而言，这三个层次主要如下。

第一个层次为圣人。圣人是中华优秀传统文化中理想人格的最高境界。关于圣人，孔子在《论语》中共有四次言及。在这些论述中，他把尧、舜、禹、汤、文、武、周公等中国远古的最高统治者所统治的社会看作人类的理想社会，把他们当成圣人，认为他们的道德品行堪称理想的人格典范。例如，对于尧，孔子便赞美道，"大哉，尧之为君也！巍巍乎，唯天为大，唯尧则之！荡荡乎，民无能名焉！巍巍乎，其有成功也！焕乎，其有文章！"然而，孔子在肯定古代先王圣人品性的同时，却对现实中圣人存在的可能性加以否定。究其原因，应该在于孔子制订的圣人标准过于严格。因为，从孔子《论语》中的相关言语来分析，他所崇尚的圣人品格，正类似于《左传》中所说的"太上有立德，其次有立功，其次有立言"的"三不朽"事业创造者所达到的道德境界。与孔子界定的圣人人格标准所截然不同的是他的传人"亚圣"孟子。孟子从性善论出发，认为既然人人都有仁、义、礼、智"四端"，其结果便是"人皆可以为尧舜"。孟子还站在儒家积极入世的立场上，把社会所需要的理想人格设计为善、信、美、大、圣、神六个不同的发展层次，并对每个层次的人格价值标准做出了相应的规定。孟子为一般人经过努力而最终成为圣人的理想的实现搭起了一座实实在在的桥梁，并通过对圣人人格得以成就时的那种非人智所知、非人力所及的奇妙境遇的描绘，使人们看到了理想变为现实后的美好图景，从而有力地增强了其理论的现实性和感召力。作为儒学的另一位代表性人物，荀子也提出了"涂之人可以为禹"的观点，并对传统教育中的最高人格理想教育进行了阐述。荀子所说的"至足为圣"，表明了早在先秦时期，教育就以培养圣人人格为终极目标，而这也正说明中华优秀传统文化中理想人格教育的历史之悠久。

第二个层次为君子。在中华优秀传统文化中，君子人格不仅仅是一种人格特质，更是一种社会角色的典范。中华传统文化对君子人格的关注度更高，因为君子人格不仅代表着道德的高尚和品德的完善，同时相对于圣人人格，君子人格在实践的层面上更为切实可行，更具实际操作性，能够为社会的和谐稳定做出实质性的贡献，因此，君子在不同的社会阶层中都能够找到共鸣，成为道德榜样和行为规范。"君子"这一概念早在《尚书》和《诗经》中就有所涉及，《尚书》中有五六处出现"君子"一词,《诗经》中见于《国风》《大雅》和《小雅》者,则多达150多次,其义大致是指有社会地位的人,如"窈窕淑女,君子好逑""彼君子兮,不素餐兮"等。"君子"获得道德内涵,成为社会普遍人格的楷模则是到春秋战国时期。孔子认为君子是美好道德的追求者和体现者,是德才兼备的人,是理想人格的化身。对于君子人格的实现,孔子则强调君子必须摆脱物质利益的引诱,把远大的政治理想和抱负放在第一位。他还要求君子必须具有崇高的道德气节,能够"无求生以害仁,有杀身以成仁"。对于孔子的这一思想,孟子也深表赞同,他呼应道:"生,亦我所欲也;义,亦我所欲也。二者不可得兼,舍生而取义者也。"这种杀身成仁、舍生取义的独立不屈的人格精神是可贵的,它曾给予无数志士仁人、民族英雄以精神力量。当一个人成为君子以后,按照孔子的说法,他就获得了一种"完全的人格",便可以达到"饭疏食饮水,曲肱而枕之,乐亦在其中矣"的境界,成为像颜回那样的"一箪食,一瓢饮,在陋巷。人不堪其忧,回也不改其乐"的"坦荡荡"的君子,从而最终"其为人也,发愤忘食,乐以忘忧,不知老之将至云尔",为自己确立一个安身立命之所。

第三个层次为士或成人。士或成人是中华优秀传统文化中理想人格的基本标准。"士"的本意为具有"万夫不挡"之勇的武士和能够"运筹帷幄,决胜千里"的文士。无论是成士还是成人,基本的礼仪规范和人格尊严都是必备的条件。儒家道德的"成士""成人"之标志,首先是明晰"礼"的秩序。《礼记》有云:"凡人之所以为人者,礼义也。礼义之始,在于正容体、齐颜色,顺辞令。容体正、颜色齐,辞令顺,而后礼义备。以正君臣,亲父子,和长幼。君臣正,父子亲,长幼和,而后礼义立。"其次是确立凌云之志,孔子说:"三军可夺帅也,匹夫不可夺志也。"他还说,对于有仁德的君子,摧残其身体是小事,而侮辱其尊严则是不能忍受的,此所谓"士可杀,不可辱"。孟子也很重视人格尊严,提出"是故所欲有甚于生者,所恶有甚于死者。非独贤者有是心也,人皆有之"。他还说:"生亦我所欲,所欲有甚于生者,故不为苟得也。死亦我所恶,所恶有甚于死者,故患有所不辟也。"这就表明,所谓"所欲有甚于生者",是指人格的尊严,而所谓"所恶有甚于死者",则指人格的屈辱。为了保持人格的尊严,宁可牺牲自己的生命也绝不屈服。明清之际杰出的思想家王夫之也非常强调人格的尊严,他提出"志之自立者,人也"的观点,把"立志"作为"成人"的标准,把高尚的节操作为人生的必备品格。由此可见,中华优秀传统文化中对于士和成人人格理想的追求,着重培养人的一种社会责任感,即帮助人们走出"私"的园囿,追求一种忘私、无私的道德境界。其目的在于引导人们向圣人、君子理想人格看齐,从而尽可能地提高自己的道德水平和人生境界。

总而言之，无论是"圣人人格""君子人格"，还是"士的人格"抑或"成人人格"，都是中华优秀传统文化对人们道德品质的总体要求，也是人之为人的具体标准。客观地说，在中国长期的社会发展中，尽管成圣成贤的人格理想没有也不可能完全实现，但这种理想却鼓舞了一代又一代的知识群体，造就了不少令后人由衷钦佩的仁人志士，其思想政治教育的意义是显而易见的，同时也为大学生思政教育活动的创新提供了重要基础。

中华优秀传统文化融入思政教育是培养大学生全面发展的有效途径和方式。融入的有效途径和方式多种多样，通过多方位的努力，可以实现思政教育与传统文化的有机结合。

第一，逐步健全和完善相应保障机制。深入挖掘中华优秀传统文化中的育人资源，将中华优秀传统文化中的优质内容充分融入高校大学生思政教育工作，需要有科学合理、切实可行的机制作为保障。高校在推动中华优秀传统文化和思政教育工作融合的过程中必须充分认识到这一点，建议高校可以从如下几个方面来着手：其一，高校要对中华优秀传统文化在思政教育工作融合的迫切性和重要性给予高度重视，要时刻将此项工作任务摆在重要位置当中，并根据实际需求来逐步健全和完善相应保障机制，并不断调整相应激励政策，统筹协调，有效推进。其二，高校要立足自身实际发展情况，在现实条件允许之下可安排专项经费，专门服务于中华优秀传统文化与大学生思政教育的融合工作，应用于各项投资和支出。与此同时，高校需要安排责任部门和责任人员紧密结合相关融合工作来制定切实可行的设计方案，确保每一次投入都能获得理想的回报与结果。

第二，全面提升思政课教师的文化素养。在高校大学生思政教育工作中，思政课教师是最为核心的一个主体，也是整个思政教育工作的主导者和执行者。所以，高校必须对思政课教师群体给予高度关注，要充分认识到只有思政课教师具备了足够强大的文化素养和高尚的道德品质才能够更为熟练地引入和应用中华优秀传统文化的知识内容，给学生们讲授传统文化与思政内容之间的关联性。如果从传播学的角度来分析，高校大学生思政教育工作的开展需要有一个完整的传播过程作为依托，而这个完整的传播过程又共包括传播者、传播渠道、传播内容、传播对象以及传播效果五部分，那么思政课教师便是其中传播者的角色。传播者不仅仅是整个传播活动的发起者，更是整个传播活动得以顺利进行的重要保障，起着至关重要的主导作用。落实到实际教学层面，思政课教师的主要任务便是给学生们讲授思政理论知识，带领学生们学习和了解最新的社会政策，并在此过程中逐步提升学生的思想觉悟，确保学生能够在正确的方向和轨道上学习和成长。这是一项非常艰巨且伟大的教学任务，思政课教师必须树立起自主学习和提升意识，要积极主动去更新自身的知识体系，加强对中华优秀传统文化的研究力度，逐步丰富和增加自身传统文化内容的知识储备，同时提升自身的传统文化素养，为中华优秀传统文化在思政教育中的融入奠定重要基础。此外，高校也需要根据思政课教师的实际情况，多组织开展一些关于中华优秀传统文化的培训活动，为思政课教师提供更多学习和了解传统文化的机会，让思政课教师得到专业专项培训，如有机会也可鼓励和支持思政教师走出校门，多参与一些社会活动，让思政课教师感受与学校不同的培训氛围。

第三，借助先进信息技术，搭建新型教学载体。近些年伴随着科学技术的不断创新与升级，在高校思政教育工作中可利用的先进教学技术和设备越来越丰富。在此背景下，高校在思政教育工作中融入中华优秀传统文化内容更要充分利用起先进信息技术，搭建起新型教学载体，为二者的融合发展搭建起新的教学平台和载体。建议高校可以从以下三个方面着手：首先，高校要积极引进和应用先进的多媒体技术和互联网平台，为在思政教育工作中融入、渗透和弘扬中华优秀传统文化内容提供强有力的技术支持和帮助。充分利用互联网的信息便捷性以及广泛性来全面开展落实中华优秀传统文化的网络宣传教育，以此来吸引学生高度关注，激发起学生参与学习的积极性和主动性。其次，高校可根据实际教学情况来组织开展与中华优秀传统文化相关的线上主题教育，比如借助先进虚拟现实技术来实现思政教育和传统文化资源的互动融合，为学生营造出沉浸式学习和体验氛围。最后，高校要加强对实践教学的重视程度，将思政课堂教学和实践教学有效衔接到一起，将中华优秀传统文化的学习教育融入丰富多样社会实践活动当中，切实推进中华优秀传统文化与大学生思政教育的深度融合与发展。

第四，灵活调整，让更多中华优秀传统文化进入课堂。将中华优秀传统文化引入和应用到高校大学生思政教育工作当中，首选途径和方式便是将中华优秀传统文化引进到思政课堂。但如何选择出合适的中华优秀传统文化内容，并使用合适的教学方式还需要进一步思考和研究。高校专业众多，不同专业学生的学习需求和培养方向也不尽相同，因此，高校在思政教育中融入中华优秀传统文化的相关内容时必须秉承灵活调整、因地制宜的原则，具体问题具体分析，紧密结合学科种类、专业特点、地方特色等诸多因素来进行精心设计和谨慎选择，将有代表性的、合适的中华优秀传统文化融入大学生思政课堂当中，在培养和引导大学生树立正确价值观念的同时有效唤起学生的思想觉醒。举例说明：在思政课堂上，教师可以从中华优秀传统文化的角度来切入，先激发起学生对中华优秀传统文化的了解兴致，再引导学生逐步认识和理解社会主义核心价值观与中华优秀传统文化的相通之处，鼓励学生自主挖掘和发现更深层次的文化底蕴。

2. 培养整体观念———中华优秀传统文化中的思想政治教育内容

从本质上说，中华优秀传统文化植根于古老的农耕文明，是一种以宗法血缘关系为机制、以伦理道德为基础的庞大而复杂的文化系统，对中华民族的思维模式、价值观念、行为方式和风俗习惯产生了重要影响。这种影响体现在思想政治教育领域则是以华夏儿女所特有的、富于民族特色的自然观念、民族精神、国家意识、社会理想和人生取向等为主要标志，形成了源远流长的传统思想道德教育的长河。

第一，追求"天人合一"是中华优秀传统文化中的自然观念。在传统文化中，人与自然环境的关系被称为"天人关系"。而"天人关系"的首要层面是人源于天，即人来自自然界。如道家指出的："道生一，一生二，二生三，三生万物。"人源于天，但并不意味着人在天的面前无足轻重。老子也认为"道大、天大、地大、人亦大，域中有四大"，对人在天地之间的重要地位加以肯定。但是，中华优秀传统文化中对于人在以天、地为标志的自然环境之中的地位界定是建立在人性自我实现的基础之上的，而人性的自我实现则须依赖"与天地合其德，与日月合其明，与四时合其序"，即"天人合一"。由于人出于自然，以天地为父母，以万物为友朋，人对于自然便应采取顺从、友善的态度。人类只有返璞归真、"知天命"而用之，合理地开发、利用和保护自然环境，才能达到与自然的相类、相通、相知和最终的相合。因此，人与自然的和谐统一，便是人类自足其性并最终达至理想境界的基本路径，而"能尽人之性，则能尽物之性，能尽物之性，则可以赞天地之化育，可以赞天地之化育，则可以与天地参矣"。人与"天地参"的出现，标志着人与天、地并列而三的最高价值目标的实现，人的精神世界获得了解放，实现了创造性的自我转换，最终达到真正的天人合一的最高境界。

第二，恪守"自强宽厚"是中华优秀传统文化中的民族精神。中华民族是由以汉族为主体的多民族在长期的共同生活中逐渐混合、融合而成的温暖的大家庭。在这个大家庭中，各族人民互帮互助、互谅互让，同心协力地应对自然和社会中的一切挑战，逐渐孕育出了以爱国主义为核心的伟大民族精神。其基本要旨有两个方面。其一，"天行健，君子以自强不息"这句话形象地概括了中华民族刚健有为、奋发向上的民族精神。孔子说过："不知命，无以为君子也。"其弟子曾参也认为，"士不可以不弘毅，任重而道远，仁以为己任，不亦重乎？死而后已，不亦远乎？"在此，他对知识分子提出了刚毅品质的要求。《礼记》中更是倡言："苟日新，日日新，又日新。"这些都形象地体现了中华民族百折不挠、完善进取的开拓精神和刚毅果敢、坚忍不拔的传统美德。其二，"地势坤，君子以厚德载物"，这句话集中阐发了中华民族精神中宽宏博大、兼容并蓄的内在情怀。老子说过："人法地，地法天，天法道，道法自然。"而自然之道则是"生而不有，为而不恃，长而不宰"。因此，人们要效法自然，就要像大地一样虚怀若谷、包容万物、善待天下。其所提倡的"报怨以德""上善若水"则进一步强化了这一思想。孔子的仁者"爱人""己欲立而立人，己欲达而达人"的观念；孟子的"亲亲而仁民"的主张，以及墨子的"兼相爱"的意识都包含了理解、宽容和善待他人的内涵，体现了人与人之间的相互尊重和团结友善，并由此构成了中华民族宽厚仁爱、贵和持中的基本精神。如此，由自强不息和宽厚兼容的有机统一，便形成了中华民族绵延五千多年的刚柔并济的民族精神。而正是这种民族精神，成就了"富贵不能淫，贫贱不能移，威武不能屈"的民族气节和操守，形成了极为强大的民族凝聚力，使中华民族成为世界历史上几大古代文明中唯一的没有中断文明发展的民族。

第三，信奉群体至上，是中华优秀传统文化中的国家意识。中华优秀传统文化素以重视国家利益、集体利益和大局利益著称于世。这种精神既是中华文化的核心内容，也是传统的国家意识的基石，在传统文化中，天、地和人是合而为一的整体，国、家和个人之间的利益也是一致的、统一的。由于天下、国家和个人之间的利益是一致的，所以，为了天下和家国的利益而牺牲个人的利益就是值得的。国家、群体和个人利益的一致性，表现在社会政治的层面上，如子夏所说的"四海之内，皆兄弟也"和荀子所说的"四海之内，若一家"。孟子更是直接地提出了期待天下能够"定于一"的口号。这些主张都为最终建立能够维护国家统一、中华一体的，大一统的中央集权政治体制奠定了社会心理基础，同时也为爱国主义意识的萌发准备了条件。早在两千多年前的周秦之际，中华大地上就出现了爱国的观念和思想。汉代史学家司马迁怀着"常思奋不顾身，而殉国家之急"的信念，忍受宫刑之痛苦而发愤著书；文天祥在吟咏"人生自古谁无死，留取丹心照汗青"中慷慨赴死等均表现出舍弃小我、守志爱国的壮烈情怀。总之，中华优秀传统文化中的以群体至上为特征的国家意识不仅塑造了中华民族的整体主义精神，为国家的长期统一和稳定提供了心理支撑，而且孕育了伟大的爱国主义传统，从而为中国传统的道德教育积累了宝贵的财富。

第四，强调"内圣外王"是中华优秀传统文化中的人生取向。以儒家文化为中华优秀传统文化核心的推动力，从根本上说，是一种基于"德性"的"人世"文化，它强调有所作为，并且认为有为的基础是个人高尚的道德境界。因此，鼓励道德为政治服务、主张通过道德修养来追求理想、实现政治抱负便成为中华优秀传统文化在数千年历史长河中始终不渝的人生追求。而这一目标的高度浓缩便是"内圣外王"之道。儒家认为，一个人的人生理想的实现在于不断地自我完善。正所谓"大学之道，在明明德，在亲民，在止于至善"。这种通过内在修养以实现主体对真、善、美之把握的过程便是"内圣"的过程，即如孟子所说的"可欲之谓善，有诸己之谓信，充实之谓美，充实而有光辉之谓大，大而化之谓圣，圣而不可知之之谓神"。内在的"成圣""成神"标志着儒家理想人格的实现，即"小我"的成就和"修身"环节的完成。但是"小我"和"修身"只是为人生理想的最终实现打下基础。实现理想人格的最终愿景是将完善的个人人格推广到社会生活中去，把修身工夫转化为"家齐""国治""天下平"的业绩，实现"外王"目标，成就"大我"。儒家理想中的未来世界是美好的，他们眼中的"太平天下"即"大道之行也，天下为公。选贤与能，讲信修睦。故人不独亲其亲，不独子其子，使老有所终，壮有所用，幼有所长，矜寡孤独废疾者皆有所养。男有分，女有归。货恶其弃于地也，不必藏于己；力恶其不出于身也，不必为己。是故谋闭而不兴，盗窃乱贼而不作，故外户而不闭"。这种上下和谐、其乐融融的"大同之治"既是儒家的最高境界，也是中华优秀传统文化的基本追求。

由此可见，中华优秀传统文化经过中国几千年文明的积淀，其对自然、民族、国家、社会和人生问题的独特看法深刻而综合，与人类的整体生存环境密切相关。这种文化性格不仅赋予中华民族共同的思维方式和团结向上的价值取向，同时为中国传统道德教育提供了丰富的思想资源。在当今社会，深入挖掘和传承中华传统文化的价值观念，对于构建和谐社会，培养有责任心、仁爱之心的公民具有重要的意义。

将中华优秀传统文化融入高校思政教育工作已然成为一种必然趋势，各种尝试性教学也充分证明了中华优秀传统文化在高校大学生思政教育工作中的应用价值。中华优秀传统文化内涵丰富，可供选择空间非常之广，这为其在高校思政教育工作中的融合提供了诸多便利。就目前中华优秀传统文化在高校思政教育中的融合现状来看，思政课教师可以选择的途径和方式是比较多元的，其需要思政课教师秉承一切从实际出发的原则，紧密结合实际教学情况来谨慎选择出合适的融合方式，与此同时要大胆进行创新和尝试，充分利用先进的教学技术和设备，借助更具先进性的教学手段来为学生营造出不一样的教学氛围，想办法激发和调动起学生对中华优秀传统文化的了解兴趣。

中华优秀传统文化中蕴含着丰富的价值观念资源，如儒家思想的仁爱等。将这些优秀传统文化元素纳入思想政治教育可以引导大学生树立积极进取、崇德向善、承担社会责任的优良品质，激发大学生关注社会、融入社会、服务社会的使命感和责任感。高校思想政治教育工作把马克思主义世界观教育同中华民族优秀传统文化相结合，可以达到提高大学生的思想道德修养，增强大学生的思想政治素养的实际效果，让青年学生对国家和民族命运产生情感认同，成为社会主义现代化建设所需的合格人才、优秀人才、可靠人才。中华优秀传统文化既是中华民族的"根"和"魂"，也是中华儿女文化自信的"源"和"本"。面对百年未有之大变局，思想文化领域多元交锋，正确与谬误、先进与陈旧的观念交织，非马克思主义的思想意识在高校潜滋暗长，西方国家对中国青年一代的思想文化渗透从未停止。高校思想政治教育工作应当以显性教育和隐性教育齐头并进开展。通过专门开设中华优秀传统文化相关课程，参加社会实践、建设校园文化设施等显性教育方式，让大学生接受优秀传统文化熏陶，汲取丰富的精神营养，加强自身文化素养。通过把中华优秀传统文化的精髓和内涵融入大学生的日常学习、生活，融入理想信念教育中，以润物细无声的隐形教育方式，让中华文化"新"起来、"动"起来、"活"起来，在广大青年大学生心中生根发芽，进而成为中华优秀传统文化的坚定继承者、积极传播者。

第五章 中华优秀传统文化视域下大学生思想政治教育创新实践

本章为中华优秀传统文化视域下大学生思想政治教育创新实践探讨，分别阐述了中华优秀传统文化视域下大学生思想政治教育创新使命，中华优秀传统文化视域下大学生思想政治教育创新机制，中华优秀传统文化视域下大学生思想政治教育创新实践路径。

第一节 中华优秀传统文化视域下大学生思想政治教育创新使命

中华民族的文明历史和传统文化堪称丰富而悠久，已经延续了5000多年，不仅见证了中华民族的崛起和发展，更在全人类文明史上留下了杰出的贡献。这一文化传承不仅是历史的记忆，更是代代相传的宝贵财富，炎黄子孙始终将这份文明传统珍藏在心中，而这种传承不仅仅是形式上的，更是在思想和行为层面上以不同的方式发挥影响，成为后继者的精神支柱。

现如今，中华优秀传统文化所蕴含的显著育人功能在当前的社会背景下显得尤为重要，为培养社会主义新人提供了深刻的启示。我国的思想政治教育工作明确了以德为本的方向，其目标是提高人的思想文化素质，培养健康完善的人格，并促进个人的全面发展。这与中华传统文化强调德行、修身齐家治国平天下的理念相契合，为现代社会培养有道德情操、具备全面素养的公民提供了重要的理论基础。

文化传统对于民族的认同和发展而言至关重要，而中华民族在这方面有着深厚的底蕴和自信。值得注意的是，世界上很少有民族以否定、割断自身历史文化传统作为文化和教育方针。而且，越是在全球化时代，民族化就越会成为一种有价值的追求。一个不尊重自身历史文化传统的民族，不可能赢得其他民族的尊重。中华人民共和国成立前后近百年来，世界历史的发展变化也从正反两个方面给我们提供了宝贵的教益。对于我国当前的思想政治教育而言，以"返本"而求"开新"，无疑是一个重大的战略性抉择。可以说，我国新世纪的思想政治教育能否真正地拥有优势和凸显特色，其核心环节就在于能否充分发掘和发扬中华优秀传统文化，并将之纳入我国当代的思想政治教育体系，从而使社会主义时期的思想政治教育扎根于中华民族几千年优秀传统文化的土壤之中。与此同时，及时把握并利用世界文化发展进程中的有利因素，为思想政治教育创新工作的顺利推进打造较为完备的文化生态，使之既凸显时代精神，又体现历史继承性；既有中国特色，又符合社会历史发展潮流的思想政治教育方略。这是我国当代传统文化视阈下的思想政治教育创新工作的基本思路，也是每一位思政教育工作者必须肩负的历史重任。

中华优秀传统文化蕴含着丰富的精神和理念，思想政治教育的发展离不开对中华优秀传统文化的研究。对于思想政治教育而言，中华优秀传统文化是一门用之不尽、取之不竭的资源学科。优秀的传统文化对于学生具有激励的积极作用，可以激发学生的爱国情操和民族意识，可以增强大学生的自信心和民族自豪感。我们要积极弘扬中华优秀传统文化，与时代精神相结合，加强思想政治教育的创新和发展。因此，时代必然赋予大学生思想政治教育新的使命，具体包括以下两个方面。

一、推动思想政治教育"化人"本性的复归

文化性是思想政治教育的基本属性之一。从本质上讲，思想政治教育既是一种政治和社会现象，表现出鲜明的党性和阶级倾向，同时也是一种文化现象，体现出浓郁的文化属性和人文精神。作为一种文化现象，思想政治教育以特定文化成果的传递、传播、践行等为基本载体，以个体由"自然人""生物人"向"社会人""政治人""文化人"的发展为基本取向，是"文化化人"现象的特殊表现形式。由于其文化属性的存在，思想政治教育就涉及了文化本性的归属问题。就我国的思想政治教育工作来说，其文化本性的归属，实质上就是文化主体意识在我国思想政治教育中如何彰显的问题。而所谓文化的主体意识就是一种对本国文化的认同，包括对它的尊重、保护、继承、鉴别和发展等。我们知道，中华民族在长期的历史发展进程中积累了极为丰富的文化资源。深厚的中华优秀传统文化不仅成功地建构了我们的文化本性，使我们拥有了自己的文化身份，而且其本身所包含的丰富的伦理文化因素，也为中国传统道德教育提供了丰富的思想资料，

营造了良好的文化语境，进而形成"人文化成""文以载道"以及"礼乐教化"等优良的思想道德教育传统。改革开放以后，中华优秀传统文化视域下的思想政治教育创新工作正在稳步推进，举国上下此起彼伏的传统文化热潮和民族自尊、自信与自豪的回归，使我们深信，中华民族的伟大复兴指日可待。

（一）思想政治教育的文化本性及选择

思想政治教育具有特殊的文化本性，这种文化本性，是从其本身所涵摄的文化属性的角度出发而形成的。作为一种政治性、社会性和文化性有机统一的教育活动，思想政治教育不仅肩负着传播意识形态、引领社会思潮的重任，以实现其为特定阶级和政党服务的政治和社会功能，而且还承担着实现社会个体的文化归化、塑造国民精神的使命，以彰显其为特定民族和国家构建精神家园的思想和文化功能。首先，从文化学的维度来看，思想政治教育的文化本性从它的内容上凸显出来。所谓思想政治教育，简单地说，就是为达到一定政治目标服务的意识形态教育。我国学术界所公认的文化包含的三个部分：物质文化、制度文化和思想文化。而意识形态正是思想文化所统摄的基本内容。因此，正是在这个意义上，我们说思想政治教育其实就是思想文化教育，是一种特殊的文化传播。其次，思想政治教育的文化本性还体现在它本身就是一个"人文化成"的过程上。思想政治教育是一门科学，但从本质上说，它更是一种人文。它的人文性体现在其主体和客体并非是生物性的存在，而是作为一种文化存在物的人。而人之所以为人，从根本上看是由文化所熏陶、滋润和塑造的。在此情况下，思想政治教育要想取得理想的效果，就必须按照文化的逻辑、遵循文化运作的原理来行事，以逐渐实现教育主体和客体之间的一体化，从而保证特定阶级与社会价值的授受与传承。最后，思想政治教育的文化本性还以一种表征其本身所具有的工具理性的"人文力"的形式表现出来。思想政治教育作为阶级社会中统治阶级对社会成员进行统治和控制的一种手段，是一个社会文化生态的重要部分。作为文化生态的必要结构，它必须也必然要发挥一定的文化功能，于是必定具备一定的"力"。它不是一般的"力"，而是"人文"或"文化"的"力"，即通过人的精神和文化的机制发挥作用的"力"。没有这种力，思想政治教育就不可能对人的思想、行为、生活产生影响。因为人是文化的生物，人首先是文化的创造者，反过来受文化的控制，然后又反控制文化。人的精神是由文化环境和教育所塑造的。任何一个人不管他多么伟大也不能超越时代，也难以摆脱民族文化所施加的限制。

从上述的分析我们可以看出，思想政治教育的本质远不止是一种教育手段，更是一种独特的文化现象。其所肩负的责任不仅仅是传授知识，更是通过塑造思想观念和价值观念来引导社会行为，从而促进社会的稳定和健康发展。思想政治教育的文化本性既使其是对主流思想文化的高度概括，同时也让它无法回避特定民族长期历史发展中所形成的传统文化的影响和控制。可以说，这种文化属性为我们更深入地认识我国当代思想政治教育提供了有益的启示。

首先，从基本内容上来看，作为一种意识形态教育，我国的思想政治教育是中国共产党所领导下的无产阶级和广大劳动人民的意志和愿望的集中反映，是在努力完善社会主义并最终过渡到共产主义的政治目标指导下，有目的、有步骤地对我国人民进行思想文化教育与渗透，以期转变其观念，规范其举止，塑造其理想人格的一种社会行为。由于其鲜明的社会主义和共产主义政治属性的存在，马克思主义思想理论在我国当代思想政治教育园地中的指导地位是毋庸置疑的，它也是我们必须坚持的基本原则。

其次，从基本过程上来看，我国当代的思想政治教育在总体上表现为政治性与文化性的分离，特别是其文化本性的缺失更是显而易见的，所造成的负面影响也是显然的。我们在坚持思想政治教育政治性的同时，否定或忽视了思想政治教育的文化性，从而导致了思想政治教育资源的单一化和教育形式的呆板化。思想政治教育本应具有的文化含量的丰富性与不断提升性，在有意无意中常常为我们忽略，其结果则是本可生动活泼的思想政治教育读物有时成为政策、文件、语录的简单汇编与转述，本可情趣盎然、文采飞扬的思想政治教育有时成为枯燥、空洞的政治说教与道德说教。对文化性关注的缺失，还将对人的文化素质发展的促进从思想政治教育目标中割裂开来，从而将思想政治教育的目标定位于纯粹的思想政治的目标，它将育人的职责，从极其广泛的文化领域卸将下来，从而将思想政治教育的职责仅仅归位于思想理论战线或者是思想政治教育工作者；它将具有丰富育人力量的文化资源从思想政治教育资源中排除出去，从而使思想政治教育的资源日趋有限。基于此，面对人们精神文化生活水平的提高和精神文化生活需要的进一步增强，关注、彰显思想政治教育的文化性，提升思想政治教育的文化品位，是我们思考思想政治教育发展与创新时应该切实予以关注的重要话题。

最后，从基本手段上来看，我国当代思想政治教育"人文力"的发挥还存在着很大的局限性，其最为集中的表现就是中国传统文化在思想政治教育中的地位尚且没有得到应有的肯定，其作用也就没有得到充分地发挥。客观地说，造成这种现象的原因是多方面的。但是，始于20世纪初期"五四"新文化运动并长达近百年的反传统浪潮及其所产生的深刻的社会影响，无疑是其中最为主要的因素。新文化运动从我们的价值观念、思想方式等方面否定了传统，但在生活样式和风俗习惯上并没有根本的改变，人们在日常的生活习俗、家庭观念等还保存着传统的概念。后来随着时间的推移，又破除了旧思想、旧观念、旧风俗、旧习惯。要知道，扎在风俗习惯里面、融在风俗习惯里面的文化才有生命力，如果我们的风俗习惯都改变了，就不会认同该文化了。从这个角度来看，中国传统文化的根基已经损失了许多。中华人民共和国成立以来，特别是20世纪80年代改革开放以后，我们逐渐意识到了这一问题的严重性，并采取了一系列积极而有效的措施，推动了中华优秀传统文化视域下党和国家思想政治教育创新工作的稳步开展，并取得了显著的成效。但是，必须指出的是，与绵延近百年的反传统运动对国家和民族所造成的消极影响相比较，我们所取得的成绩是微不足道的。因此，我们前面还有很长的路要走。

总之，从根本上说，我国当代思想政治教育的文化本性较之中华人民共和国成立初期所建立起来的、与计划经济时代相适应的传统思想政治教育的文化本性来说，在政治属性与文化属性的结合方面已经有了很大的进步，思想政治教育的文化语境日渐丰富，"文化化人"的效果也开始彰显。然而，由于中华优秀传统文化在思想政治教育中的"教化"功能尚未得到充分的发掘和利用，基于传统文化的思想政治教育的"人文力"还有待于进一步增强，因此，我国当代思想政治教育的文化本性还有很大的提升空间，而这种文化本性的提升与否，则与我国当代思想政治教育的文化选择密切相关。

在我们认识思想政治教育的文化选择之前，必须首先了解文化选择问题。文化选择有广义和狭义两种。广义的文化选择是个"人化"的问题，是指与自然选择相对应的人的实践活动，是对人的存在方式的选择；而狭义的文化选择，则是指文化环境发生改变时，关于文化改造与发展的态度、取向及行为的设计。从上述文化选择的定义来看，我们所说的思想政治教育的文化选择，很明显是属于狭义的文化选择的范畴，它是指特定的阶级、政党和国家按照一定的社会、政治的需求及思想政治教育本身的特性所进行的，对某种或某部分文化的撷取与吸收或排斥与舍弃。

思想政治教育的文化选择必须按照一定的原则和尺度进行，如此，方能保持其正确性与合理性。而正确且合理的文化选择，将有助于受教育主体迅速而有效地领会与吸收特定的思想政治文化，进而将其内化为个人的思想政治品德之中，促进其思想道德素质的切实提高，并由此极大地促进社会文化的发展；相反，不符合社会历史发展规律的、短视而草率的文化选择，将不仅无助于社会个体思想道德境界的提升，反而会造成特定社会政治文化的异化，其结果将是整个社会主流文化的空洞化和精神家园的荒芜。有学者曾经为教育的文化选择确定了四个尺度，分别是：民族的尺度，即要选择浓缩了民族优秀传统的文化；科学的尺度，即要选择有文化价值的文化；社会发展的尺度，即要选择合乎一定社会需求的文化；教育的尺度，即要选择适合教育过程的文化。其中，民族的尺度在这些原则中是居于第一位的主要因素，民族传统文化在教育事业中的重要地位由此可见一斑。在一定意义上，我们甚至可以说，对民族传统文化的态度如何，是决定特定民族或国家的教育事业成败的关键。

思想政治教育从其本质上来说，它是教育体系中的一个组成部分，因此，这些作为教育事业文化选择指导原则的基本尺度，也应该成为人们在进行文化选择时必须遵循的根本准则。而对于我国思想政治教育的文化选择来说，民族的尺度则显得更为重要。这是因为，中国传统文化不仅仅是一种5000多年从未断绝的、源远流长的文化形态，而且其本身即是一种崇德型文化。在中华优秀传统文化形成和发展的数千年中，传统道德文化始终居于核心的地位，因此，在一定意义上，中华优秀传统文化的发展，可以说是以传统道德文化的发展为主线的。伦理道德要求又必须通过一定的途径才能为社会成员所广泛接受和遵循，这就使得我国古代思想道德教育的氛围极为浓厚，并进而形成了体现思想道德教育与传统文化密切整合的"文化化人"和"文化育德"的优良传统。正是因为社会道德理想的存在和不断强化，才使得中华民族表现出极大的生机和活力，中华民族的凝聚力和向心力以及中国人民的民族自尊、自信、自豪的情感和精神品格也因此而逐渐形成。由此可见，中国传统文化自古以来便是我国思想政治教育的重要资源和载体，也是其文化本性的基本体现，这是任何了解和正视中国历史的人们都无法否认的事实。

然而，遗憾的是，在中国近现代历史上的特定时期内，由于种种原因的存在，人们对于这一显而易见的道理却置若罔闻，甚至远远地走向了它的反面，从而使我国思想政治教育的文化选择，经历了一个颇为曲折的过程。20世纪中叶，中华人民共和国的成立，特别是党的"八大"的召开，确立了中华优秀传统文化在党和国家思想政治教育工作中应有的地位。20世纪80年代以来，改革开放政策的推行使我们国家的物质文明建设硕果累累，党和国家适时提出社会主义精神文明建设的方略，也使这一时代传统文化的地位有所提高。

值得一提的是，在20世纪六七十年代，正当国内反传统的政治运动汹涌澎湃之时，同样是在东方，同属儒学文化圈的日本以及"亚洲四小龙"的经济却开始快速崛起。工业东亚经济奇迹的出现，使亚洲乃至整个世界的人们开始重新审视以儒学为核心的中华优秀传统文化的独到价值。与此同时，随着建立在西方文化及其价值观基础之上的西方工业化国家在进入后工业时代时的一系列道德危机的出现，中华优秀传统文化的伦理意义得到了全世界范围的人们的越来越多的关注与阐释。这种世界性的传统文化热潮也在我国国内引起了强烈反响。进入21世纪以来，"国学热"不但热度不减，而且因为得到了政府的强力推动和民间的大力支持和配合而产生了日益广泛而深远的影响，标志着我国当代的思想政治教育已经做出了明智的文化选择。

现如今，我们需要继续努力弘扬和创造性地运用中华优秀传统文化。这并不是对过去的盲目崇拜，而是通过返璞归真，寻找传统智慧中的创新灵感。为了更好地加强大学生思想政治教育，我们需要在传统文化的视阈下，对党和国家思想政治教育进行创新，以适应当今社会的需求和挑战。这一努力有助于培养出具有坚定信仰、远大理想、高尚品德的高校人才，而这样的人才又将为中国特色社会主义事业注入新的活力。

（二）中华优秀传统文化与中华民族精神家园的建构

对于我国当代的思想政治教育来说，弘扬和培育民族精神，建设中华民族共有精神家园，不仅是传承中华优秀传统文化，以进一步实现新时期思想政治教育的文化选择的体现，而且是推动思想政治教育文化本性的世纪复归的实际举措。这是因为，民族精神是贯穿于特定中华优秀传统文化的孕育、产生、发展和完善全过程的基本线索，是中华优秀传统文化的精华和灵魂。对本民族传统文化无知、无情的人，是不可能承担起接续并光大民族基本精神的神圣职责的，也是不可能形成表征民族精神与时代精神内在统一的思想政治素质和高尚的道德情操的。

对弘扬和培育民族精神的强调，是中华人民共和国成立以来党和国家历代领导集体都极为重视的核心问题。例如，以胡锦涛为代表的中国共产党人之所以提出"弘扬传统文化，建设中华民族共有精神家园"的执政理念，主要是基于应对我国思想政治教育工作在新时期所面临的国内外形势的变化所作出的战略选择。随着经济全球化和政治多极化的迅猛发展，全世界范围内各种历史的和现实的、外来的和本土的、积极的和颓废的思想文化之间相互激荡，其间既有相互吸收、融合和渗透，也有互相排斥、对立与斗争。全球化时代所出现的思想文化多元化现象，使得各民族文化之间的交流日益频繁，不同类型的文化在相互冲突和融合中的统一性和共通性不断增加,从而为我们学习和借鉴西方先进的理性文化、培养逻辑批判性思维模式以及处理问题的客观态度提供了难得的机会。然而,必须指出的是,在目前西方国家的经济、政治和文化的整体实力明显处于优势地位的情况下所出现的全球化趋势,在很大程度上其实就是一种"西化"现象。

由于旧的、不合理的国际政治、经济秩序以及民族国家间利益多元化的格局依然存在,各民族国家经济发展的差距不但没有消弭,而且有进一步扩大的趋势。在这种情况下,西方的一些的国家便利用全球化时代思想文化多元化的有利时机,以自身所具有的雄厚的经济实力为后盾,运用强大的技术手段和文化载体来对其文化价值进行广泛的传播。作为世界上最大的发展中国家,以个人主义为特征的西方文化对我国的影响显而易见的,加之随着改革开放事业的不断推进和社会主义市场经济的日益发展所形成的社会经济成分、组织形式、物质利益和就业方式的日趋多样化,我国在实现经济腾飞、综合国力显著增长、人民群众物质生活水平大幅提高的同时,由于同市场经济相伴而生的拜金主义、享乐主义、个人主义和自由主义等思想观念和意识倾向的大肆泛滥,中华民族数千年来所形成的许多优良传统受到了极大的冲击,传统道德准则的监督职能遭到解构,社会公德、职业道德、家庭美德的大厦也出现了不同程度的"坍塌"现象。

习近平总书记在文化传承发展座谈会上的重要讲话,从党和国家事业发展全局的战略高度,对中华文化传承发展的一系列重大理论和现实问题进行了全面系统、深入的阐述,突出强调了"在新的起点上继续推动文化繁荣、建设文化强国、建设中华民族现代文明,是我们在新时代新的文化使命",并号召我们"要坚定文化自信、担当使命、奋发有为,共同努力创造属于我们这个时代的新文化,建设中华民族现代文明"。习近平总书记的重要讲话指明了传承中华优秀传统文化、建设中华民族现代文明的基本规律与根本特征,为我们在新的时代征程上赓续历史文脉、汲取文明智慧,增强实现中华民族伟大复兴的精神力量指明了根本价值遵循和前进方向。坚定文化自信自强,是事关国运兴衰、事关文化安全、事关民族精神独立性的大问题。文化不仅镌刻着一个民族来自何处、去往何方的变迁史,更蕴含着民族何以持存、何以兴盛、何以创新的精神命脉。作为世界上唯一自古延续至今、从未中断的文明,中华文明是中国人民在5000多年的漫长历史中创造的,积淀着中华民族最深层的精神追求,代表着中华民族鲜明的精神标识。中华文明的连续性、创新性、统一性、包容性、和平性等突出特性,使中华文化屹立于世界文明之林,对人类文明进步做出了重大的贡献。习近平总书记指出:"中华文明具有突出的连续性,从根本上决定了中华民族必然走自己的路。如果不从源远流长的历史连续性来认识中国,就不可能理解古代中国,也不可能理解现代中国,更不可能理解未来中国。"中华文明突出的连续性,从根本上决定了中华民族必然要坚定文化自信自强,坚持走自己的路不忘本来才能开辟未来。建设中华民族现代文明,就要立足中华民族伟大历史实践和当代实践,把弘扬优秀传统文化和发展现实文化有机统一起来,在继承中发展、在发展中继承。

习近平总书记指出:"要坚定文化自信,坚持走自己的路,立足中华民族伟大历史实践和当代实践,用中国道理总结好中国经验,把中国经验提升为中国理论,实现精神上的独立自主。"中国共产党是中华优秀传统文化的坚定传承者、持续创新者,当代中国文化的积极开拓者、践行者。坚定文化自信自强,就是要坚持把马克思主义基本原理同中国具体实际、同中华优秀传统文化相结合。马克思主义传入中国,并同我国传承千年的优秀历史文化与广大人民习以成风的行为价值习惯相互契合、融通,既深刻改变了中国,又在中国大地上不断丰富。"结合"筑牢了道路根基、打开了创新空间、巩固了文化主体性,予中华优秀传统文化以时代要素、予马克思主义以中国特色,造就出了一个有机统一的新的文化生命体,让经由"结合"而形成的新文化成为中国式现代化的文化形态。人民是创造中华文明的主体力量,在艰难曲折、艰苦拼搏和新益求新的历史长河中不断推进中华优秀传统文化的创造性转化和创新性发展。无论是千年的文明赓续,还是近代百年来的艰苦拼搏,都已经深刻证明,中国人向来都把对文化的自觉、自立、自信当作民族生存与发展的核心要务。中国共产党自成立以来,始终坚持以人民立场传承和坚守中华文明,在推进民族复兴的伟大实践中不断确证和尊重人民群众的文化主体地位,始终坚持文化发展以人民为中心、为人民服务。坚定文化自信自强的一个重要方面就在于实现人民对中华文明的全面认知,强化人民群众对文化生命力、文化感召力与文化影响力的高度认同。中国文化源远流长,中华文明博大精深。我们要认真地发掘中华文明内涵的价值,更有效地推动中华优秀传统文化创造性转化、创新性发展,来丰富我们今天现代化建设的思想资源,让它成为推进中国式现代化、建设中华民族现代文明的精神力量,在人类文明发展史上作出中华民族新的贡献。

从意识形态的维度来说,社会上的道德感衰退和诚信失落在于核心价值观的迷失,而其根源则在于文化的失衡和人文精神的萎缩。因此,摆正失衡的文化天平,重塑国人的人文情怀,重建中华民族的精神家园,便成为我国当代思想政治教育创新所面临的历史性课题。作为中华民族基本精神的主要载体,中华优秀传统文化为所有的华夏儿女找回了共同的精神依托,使之树立了共同的理想信仰和精神追求，从而真正懂得了生存的本根和生命的真谛之所在，进而保证了中华民族的精神之花长盛不衰。

中华优秀传统文化是民族的灵魂，是维系民族团结，塑造民族自尊、自信与自豪，增强民族凝聚力与向心力的思想基础与精神纽带，它记录着一个民族治乱兴衰与聚散离合的发展足迹和奋斗历程，反映着一个民族的精神品格和道德定位，体现着一个民族的综合实力与发展潜力。正是基于中华优秀传统文化的这一本质属性，我们在当代建设中华民族共有精神家园时，就应该扎根于中华优秀传统文化，从博大精深的优秀传统文化中汲取无尽的智慧与力量，以充分激发全国各族人民共同参与建设精神家园的热情与活力，进一步提升人们精神生活的价值与意义，使其在精神超越中步调一致地朝着共同的奋斗目标前进。

二、实现思想政治教育文化生态的优化

在 20 世纪 50 年代中期，人们提出了"文化生态"这一概念，其目的是探讨人类的文化及行为与周边自然生态环境之间的互动关系。特定的自然生态环境决定了相应的文化表现形式。在思想政治教育领域，文化生态可理解为不同文化间相互影响、交流与融合所塑造的文化整体演变格局。中华优秀传统文化因其固有的思想政治教育属性，在构成我国当代思想政治教育文化生态中具有显著的优越性。

作为以爱国主义为核心的中华民族基本精神的摇篮，中华优秀传统文化不仅是构成社会主义主流文化的重要因素，而且也是我国当代精英文化的主要载体。这种文化属性的综合性使中华优秀传统文化在新时期的思想政治教育工作中获得了极大的整合功能，从而在我国当代思想政治教育的内化过程中能够发挥出自身所具有的独特的资源优势和引导作用。正是在这个意义上，我们说，在我国当代思想政治教育的创新工作中要确保中国传统文化应有的地位，并高度重视和充分发挥其历史的功用。

在全球化背景下，文化的多样性与民族性相互交融，这与我国现代思想政治教育的社会主义特质紧密相连。因此，在继承、批判与创新性运用诸多优秀文化资源的过程中，要将中华优秀传统文化的认同与马克思主义的坚定信仰相结合。这不仅是中国特有的观念和政治教育文化生态优化的必要环节，还是在中华优秀传统文化视域下，党和国家的重要使命。

（一）中华优秀传统文化与思想政治教育的内化

"内化"是思想道德领域特有的概念之一。它的提出最早可以追溯到春秋战国时期的道家代表性人物庄周。庄周在《知北游》中对古今之人在道德意识与道德行为方面的差异做了说明，他指出："古之人，外化而内不化；今之人，内化而外不化。""内化"一词由此诞生，并进而逐渐成为人类思想史和教育史上大家所公认的一个专有名词。西方第一个提出"内化"概念的是 20 世纪初的法国社会学家爱弥尔·涂尔干（Émile Durkheim），他是从社会学的角度提出这一概念的。

在综合我国古代以及西方国家道德内化现有研究成果的基础上，我国思想政治教育界对于内化问题目前已经形成了较为一致的看法，即所谓思想政治教育的内化是指个体积极吸纳社会规范、观念和思想，并将其融入自身的价值体系中，形成内在的力量，从而主动控制和引导自己的行为、情感和思维的过程。

内化问题可以说是事关思想政治教育成败的关键性议题。这是因为，思想政治教育本身具有过程属性，这种属性在于，思想政治教育工作就是通过教育引导的方式，使来自特定国家、阶级、政党的外在客观要求被受教育者转化为其内在主观意识，并以此升华成为受教育者特定的思想、道德和行为概念，最终达到对社会产生影响的目的。只有这样，才有可能实现对思想政治教育目标的追求，并在一定程度上对社会产生积极影响。因此可以得出结论，在思想政治教育中主要要实现的目标是推动个人内心的道德意识转化为实际行动。

其中，内化即关键性的前提，没有内化环节的实现，也就不可能有外化的结果。然而，中华人民共和国成立以来，从 20 世纪 50 年代到 80 年代，我国思想政治教育界并没有认识到思想道德意识内化问题的重要性。只是到了改革开放以后，特别是随着由计划经济向社会主义市场经济体制转轨的过程中，我国思想政治教育工作中一系列问题的出现，才引起我们对于这一问题的高度关注。从教育心理学的维度来说，教育心理学强调，人类行为是以主体性为基础展开的。主体性活动的显著特征在于，为实现行动的高效推动，各类行为需内化为真实意义上的自觉动力，并在主体思维的引导下，受主体自觉意识的支配得以实施。

从本质上说，人的需要是人的实践活动最为根本的内在动因和原发性力量，正是在这种需要的基础上，作为自主、自为和自觉的人才有了明确的目标、强烈的动机、顽强的意志和热切的欲望，并在此精神力量的推动下为实现自己的追求而从事各种社会实践活动。简言之，人类为实现自身需求，往往会以自我为中心去调整和解读世界。为实现个人需求，通过设定明确的目标，并积极付诸实践以达成这些目标。这种以行动作为中介的人的需要和目标之间的双向互动，为我们研究思想政治教育的内化问题提供了很好的借鉴。

作为一项为特定阶级、国家和社会培养合格接班人的意识形态教育事业，思想政治教育必须具有鲜明的党性，反映特定阶级和国家的意志和需要，这是毋庸置疑的。然而，必须指出的是，思想政治教育同时也是一门科学，它也有其内在的属性和自身运行的基本规律。这种客观情况的存在，就决定了我们在思想政治教育工作中既要考虑到国家和社会的需要，以凸显其意识形态属性，也要注重受教育主体自身的需要，以保证思想政治教育内化环节的顺利完成，进而经由外化环节以取得实效。如果单纯地突出国家和社会的需要，而有意忽视或抹杀受教育主体自身的需要，在思想政治教育实际工作中只见"物"，不见"人"，就会违背思想政治教育内在的客观规律，重犯中华人民共和国成立初期所形成的传统思想政治教育模式的错误。改革开放以来，特别是在计划经济向社会主义市场经济体制转轨过程中，我国社会生活中所出现的各种各样的不正之风和腐败行为以及在青少年中大肆泛滥的利己主义、享乐主义和拜金主义思潮，一方面是市场经济本身所具有的负面效应的体现，另一方面与我国在经济转型和政治改革时期，探寻思想政治教育改革之路过程中所出现的另一个极端，即只见"个人"，不见"整体"也不无关系。

基于此，为了保证我国当代思想政治教育内化过程的顺利进行，我们必须做好国家的需要与社会成员的个人需要的有机整合工作。从本质上说，在思想政治教育过程中，受教育主体个人的教育需求和特定阶级或国家的教育要求之间并不存在矛盾，而是完全能够加以整合的。实现两者有机整合的关键，在于找到它们的价值同构关系。

思想政治教育旨在深刻影响和启发特定的社会群体、国家、政治组织，培养具有优良品行、坚定信仰、高尚思想和全面综合素质的杰出人才。但与此同时，思想政治教育还要立足于满足社会上不同群体、不同阶层的受教育主体在思想、情感和愿望等层面的实际需要，以求普遍提高人们的思想政治素质以及文化水平。因此，这种建立在社会需要和个体需求相互统一基础之上的，在培养目标上的先进性要求与广泛性要求的有机整合，就使思想政治教育工作呈现出明显的层级性。而这种具有方法论意义的层级性教育，对于我国当代思想政治教育的内化工作也有重要的借鉴价值。在进入21世纪不久，就有学者提出了社会主义思想道德教育的层次理论。该理论主张将我国当前的社会主义道德教育划分为三个层次。其中，第一个层次是普及做人的基本道德，这是最低也是最基本的，是基础，须让每个公民牢记在心，形成潜意识和自发行为。第二个层次稍高一点，是"适合推行社会主义初级阶段要求的道德"，其特点是适合于全体社会成员的普遍性要求，须用纪律和制度等来确保其实施。第三个层次属于道德教育的最高境界，即弘扬共产主义道德，这是只适合于少数先进分子的提高性要求，须用榜样或模范的形式来予以肯定和宣扬。社会主义道德教育的层次理论与中国传统文化之间的密切关系，第一个层次的道德教育资源基本上是从中华优秀传统文化中来。通常所说的道德继承性，主要就是指做人的基本准则这一部分；而在第二个层次的思想道德教育过程中，则可以从中华优秀传统文化中吸取有利于我们经济发展、有利于当代化的成分加以改造而成为适合时代需要的道德内容；同样，在第三个层次，仍需从中华优秀传统文化中寻求若干有用的思想资料。从中华人民共和国成立以来我国思想政治教育创新的具体实践来看，这种关于新时期社会主义道德教育的层次理论及其与中华优秀传统文化之关系的观点显然是有道理的。21世纪初，党中央所颁布的《公民道德建设实施纲要》，第一次提出了更为广泛的"公民道德建设"的概念，并明确强调"要继承中华民族几千年形成的传统美德"，以作为新世纪公民道德建设的思想支撑。基于以上的分析，我们可以看出，自中华人民共和国成立以来，随着中华优秀传统文化视域下思想政治教育创新工作的稳步推进，我国思想政治教育的层次性逐渐明朗，其先进性和广泛性的结合也日益密切。而在我国思想政治教育的总体目标由高到低逐渐与人们的社会生活实际相吻合的过程中，中华优秀传统文化的重要性也越来越得以彰显。

众所周知，我国拥有独特的传统道德文化，其丰富性与深厚性为其他国家或民族所难以企及。随着人们对中华优秀传统文化中道德价值观的关注日益增多，我国思想政治教育对这部分文化的重视程度也在不断提升。中国先贤提出"祈天永命者，乃在德与民"的信念。这种信念孕育出许多杰出的思想家和教育家，同时也促成了诸多众所周知的经典著作。中国传统文化丰富多彩，包罗万象，不仅广泛涵盖道德规范，而且深入到天地万物、世间百态及个人生活的方方面面。其中，知行合一、恪守伦理法则、关注公共利益等理念，深入人心，塑造了深刻的价值观和道德认知。这种文化对个人在职业生涯、日常生活以及公共交往中的行为举止亦具有启示意义，同时，对于国家构建正义社会、传承历史责任感和民族使命感具有积极作用。它助力个体提升道德品质，培养自律精神，共同致力于构建和谐社会。中国因其悠久的历史和丰富多彩的文化而被誉为"文明之邦"和"礼仪之邦"。中国文化历史源远流长，不断发展壮大，形成了独特的传统和价值观念，为世人所称道。中国传统文化的价值观念对人们的思想道德具有启示和塑造的作用。这一作用使得我们国家在历史变革后逐渐摒弃情绪化和虚浮的思想政治教育，转向了理性和实际的方向。随着时代的进步，越来越多的人重新意识到中国传统文化所蕴含的价值，并将其融入当今的思想政治教育中，这不仅是一种创新，也发挥了至关重要的作用。我国20世纪90年代的"国学热"，特别是进入21世纪以来，在政府、学界以及民间社会掀起的经久不息的传统文化热潮便是明证。因此，在促进当代思想政治教育内化过程时，应更加注重引导和教育人们学习传统文化，发挥中华优秀传统文化的作用。只有这样，才能成功地将思想政治教育进行个人的内化，进而对社会和民众产生积极的影响。这不仅可以助力符合中华民族传统美德的社会主义思想道德体系建设和社会主义市场经济建设、社会主义法律规范的实现，同时可以引领社会风气、维护好的民俗。

（二）中国特色思想政治教育文化生态的新图景

文化对人们的思想和行为有着深远影响，它是社会发展和历史积累的产物，包含了人们对世界认知、行为规范、价值取向等方面的共同认知和体验。这些文化因素贯穿在人们生活、语言交流、艺术创作、宗教信仰等方方面面，构成了社会的文化生态系统。同时，思想政治教育作为一种特定的社会教育活动，旨在通过传播和引导特定的思想观念和价值观，对人们的思想、情感和行为进行有意识的引导和塑造，它可以以多种形式和载体存在。这种教育活动往往受到特定社会、政治、经济背景的影响，其内容和方法会在一定程度上反映出当时的社会文化特征和主流价值观。因此，思想政治教育和文化之间存在着相互渗透、相互塑造的关系。一方面，文化通过传承和表达，影响着思想政治教育的内容和形式，决定了教育活动所传递的思想观念和价值取向；另一方面，思想政治教育又在特定社会文化的背景下开展，对社会成员的思想和行为模式产生作用，同时也会影响和塑造特定文化的发展轨迹和走向。文化生态对思想政治教育的实际操作带来了重要的影响和启示。思想政治教育工作者需要充分认识到所处文化生态的特点和变化规律，努力促进这一文化生态的发展和进步，使之更好地适应社会主义初级阶段的需要和时代发展的要求。只有这样，思想政治教育工作才能更加贴近实际需求，更好地发挥作用，实现其应有的目标和意义。

客观地说，自改革开放以来我们已经形成了彰显社会主义基本意识形态属性的主流文化和以精英文化、民众文化为代表的各种非主流文化层级分明、有序竞争、和谐共存的文化生态，这为我国当代的思想政治教育工作营造了较为适宜的文化语境。

当前我国的文化生态看似和谐，但实际存在明显问题。大众文化、精英文化和主导文化之间并未形成真正的平衡，大众文化不断壮大，精英文化影响力和覆盖面不足。大众文化已成为主流，其对大学生的审美观、价值观和思想产生的影响值得关注。大众文化是现代社会中一种面向大众消费和娱乐的文化形式，其以商业利润为主要目的、通过大众媒体广泛传播。它在社会生活中的角色是不可忽视的，能够为人们获取娱乐休闲的方式，缓解紧张的生活节奏，为社会提供一种娱乐的出口。然而，与此同时，也要认识到大众文化的局限性。大众文化以追求经济利益为核心，甚至在追求利润的过程中可能违背道德伦理或贬低传统价值观，其注重满足人们的消费需求，强调享乐主义和物质主义。这种情况下，大众文化较少关注人文精神的追求，往往无法使人进行深度的思考和探索。近年来，大众文化的这些问题得以体现。例如，一些红色经典影视作品被恶搞，对历史进行歪曲，广告和时尚宣传违背社会道德和传统价值观。当前，大众文化在如何影响人们的思想观念和价值取向方面具有明显的社会影响力。其影响可能导致一些不良价值观在民众中蔓延，甚至对传统的思想政治教育理念和实践造成冲击。因此，我们需要审慎看待大众文化对思想政治教育的影响，并采取相应的措施。

坚持马克思主义的指导是优化我国思想政治教育文化生态的重要前提，同时我们还需要在其他方面进行全面发展和进步，以推动更好的思想政治教育实践。在我国当代思想政治教育文化生态的优化过程中，马克思主义的指导地位必须得以坚定维护。马克思主义既是我们前行的思想灯塔，也是我国当代社会主义主流文化的基石。作为中国特色社会主义事业的领导核心，中国共产党在意识形态领域彰显了社会主义的本质。马克思主义成为我们党的精神支柱，代表了我国社会主义信仰的高地，更是当前中国文化发展的内核与灵魂。唯有持之以恒地秉持并落实马克思主义的基本原则与中国特色社会主义理论体系，才能确保社会主义核心价值观得到切实维护，从而引领我国思想政治教育文化生态步入正确轨道。实践层面上坚定贯彻马克思主义指导思想，是我国革命和社会主义建设事业不断取得辉煌成果的关键所在。

中华优秀传统文化作为我国当代思想政治教育的独特特色，为优化思想政治教育文化生态提供了重要保证。中华优秀传统文化的优势还在于其深厚的渊源和历史底蕴。它承载了中华民族的智慧和精神传统，凝聚了丰富的文化内涵和人文精神。通过学习和弘扬中华优秀传统文化，人们可以更好地理解和传承自己的文化根脉，从而形成独特的思想观念和价值观。中华优秀传统文化在思想政治教育属性方面具有独特优势。中华优秀传统文化深厚丰富，道德学说尤为卓著，历经

第五章 中华优秀传统文化视域下大学生思想政治教育创新实践

岁月的沉淀使之形成一套完备的道德教育体系，对于培育高尚情操和民族精神起到了至关重要的作用。中华优秀传统文化作为我国当代思想政治教育文化生态的特色，对于优化思想政治教育起着重要的保证作用。文化其本身就蕴含着教化的意义。中华优秀传统文化更加突出了这种意蕴。以一定程度来看，中华优秀传统文化事实上就是一种传统道德教育文化。

按照目前有文字可考的历史来看，我国传统道德教育始于西周。周王朝在总结夏商王朝灭亡的深刻教训以后，就提出了"惟不敬厥德，乃早坠厥命"的"以德配天"思想，并由此开辟了中国传统道德教育之先河。西周不仅是我国历史上迄今所知最早进行思想道德教育的王朝，而且它的以"礼乐"为主要形式的道德教育之模式也颇具优势，以至于在后来中国的大教育家孔子发出"郁郁乎文哉！吾从周"的慨叹。春秋战国时期是我国传统思想道德教育学说的"轴心时代"。在这一历史时期，以孔子及其传人孟子和荀子等儒家代表性人物为主体的教育家和思想家在继承殷周以来的教化理论的基础上，以人性学说为逻辑起点，以"性善论"和"性恶论"为脉络，建立起一套以"仁""义""礼""乐""正名"等为核心概念，以"学而不厌，诲人不倦"、因材施教、循序渐进等为基本原则和方法论的道德教育理论体系，并由此奠定了中国此后长达数千年的思想道德教育的理论根基。逮至汉儒董仲舒，则在"推明孔式，抑黜百家"思想的指导下推进了儒家道德教育思想的神圣化，并在中国传统思想道德教育历史上第一次提出了"教化"的概念。同时，董仲舒还在其"性三品说"的理论基础上，提出了"三纲五常"的伦理思想和"重义轻利"的价值理念，实现了道德教育和政治教育的结合，构筑了中国传统思想政治教育的雏形。作为宋代思想道德教育理论和实践经验的集大成者，朱熹不仅从哲学本体论的高度，论证了"三纲五常"等传统伦理道德的至高无上性，实现了其由人间到宇宙的升华，而且在其"二重人性论"的基础上，提出"学者须是革尽人欲，复尽天理，方始是学"的道德教育思想，以及"格物致知""省察克治""践行明理"等一系列原则和方法论，其思想道德教育理论后来成为明、清两代官方意识形态教育的主体，对中国社会产生了深远影响。中国传统文化的思想政治教育属性不仅体现在其所包含的深重的思想道德教育资源中，而且还彰显在其对中华民族基本精神孕育上。

中华优秀传统文化作为中华民族的瑰宝，不仅凝聚了民族共同的文化精神，而且在促进团结、融合、统一和发展中发挥着独特的作用。在当代思想政治教育中，传承和弘扬中华优秀传统文化是实现国家繁荣和人民幸福的重要保证。中华优秀传统文化展现了修齐治平、追求"大同"的崇高理想。传统义化强调和谐、平等、公正和共享的价值观念，鼓励人们追求社会的和平繁荣，追求人与人之间的平等和团结。可以说中华民族独具特色的卓越品质是由中华优秀传统文化经过数千年的传承塑造而成的，而这些优秀品质的高度浓缩与凝聚，则最终形成了中华民族的基本精神。随着现代科技的飞速发展，人们进入了一个充满多元文化交流的时代。在这个时代的背景下，传统的封闭式教育已经难以满足现代社会的需求。因此，要打破传统观念，积极借鉴来自世界各地的不同文化，为思想政治教育注入新的元素和思考方式。在促进多元文化融合的过程中，可以从古今中外各种文化中吸取有益的思想和观念。我国正以宏大的历史步伐迈向现代化。在新时代的文化生态建设中，文化生态的积极演变有助于引导和保障我国现代化事业的稳健推进。同时，政治、社会和经济的现代化进程推动了文化生态的重组与变革。文化生态作为一种具有现实影响力的文化体系，在个体微观层面彰显了个体的精神风貌，表现为个人的文化素养和文化权益；在社会宏观领域呈现为国家的软实力，体现了国家的文化实力。因此，在优化文化生态方面的工作中，要从多个角度全面地观察文化生态环境。

我们在当代对于思想政治教育文化生态多样化道路的坚守不仅是客观形势使然，而且还基于中国特有的文化属性和思想政治教育的实际需要。从其5000年生息化育的历史渊源来看，中华优秀传统文化本身就是一种开放性的文化，"求同存异、和而不同"的基本理念，打造了中华文化"厚德载物"的宽容心态和"民胞物与"的博爱精神。文化交流与吸收应以"和而不同"的原则为根基，推动文化之健康发展。对于中华优秀传统文化的传承与发展，以及人类文明的贡献，我们应以开放的心态对待其他文化，推动传统文化与时俱进，汲取其精华，创新适应现代社会的新文化。在现时代思想政治教育中，应以多元文化发展为基石，参照他文化，丰富教育内容与方法，培育具有国际视野及跨文化能力的新一代。人类文明的发展离不开历史文化的影响与引领，优秀的传统文化则是民族生存与发展的重要支柱。文化传统的传承使人们逐渐适应社会道德规范，并将其内化为个体行为的指导原则，成为心灵深处不可或缺的支撑力量。我国中华民族千百年来积淀的优秀传统文化，构成了中国特色思想政治教育体系的基础，为我国思想政治教育提供了丰富的文化底蕴，是智慧与经验的结晶。在当前思想政治教育的创新过程中，我们应立足于传统文化，紧密围绕中华民族千年传承的优良文化传统，逐步实现思想政治教育文化价值的回归，确保在党和国家思想政治教育创新的道路上始终秉持正确的方向，为建设中华民族共有的精神家园贡献力量。

新时代中国特色社会主义思想品德主要包括思想素质和道德品质两个部分。

思想素质主要包括世界观、人生观和价值观。世界观是指人们对整个世界的根本观点和看法，人生观是指人们对人生目的和意义的根本态度和看法，价值观是指基于人的一定的思维感官之上而作出的认知、理解、判断或抉择。道德品质是指人们依据一定道德行为准则行动时所表现出来的某些稳固的特征，包括道德认识、道德情感、道德意志、道德行为方式等。高校应自觉用习近平新时代中国特色社会主义思想去引导大学生树立正确的世界观、人生观和价值观，关注大学生思想品德养成的整个矛盾统一过程，不断提升大学生的思想素质和道德品质。

高校应把思想品德培养渗透融入大学生学习生活的各个环节，持续开展辩证唯物主义、历史唯物主义、马克思主义认识论、社会主义核心价值观教育，坚持把立德树人、规范管理的严格要求和春风化雨、润物无声的灵活方式相结合，引导大学生正确认识时代责任和历史使命，勇做走在时代前列的奋进者和开拓者。思想政治工作是我们党的优良传统和政治优势，是我们党发展壮大历程中积累的宝贵经验和传家宝。高等学校始终将大学生思想政治工作摆在突出位置，将其贯穿教育教学工作全过程，把思想政治工作作为实现高等学校立德树人根本任务的重要抓手，作为实现高等教育"四为"目标的重要保障。新时代思想政治工作取得了许多有目共睹的成绩，同时也面临着新形势、新问题，面临着如何保障学生发展与人才培养工作的人才培养目标底线实现的压力冲击等等。因此，新时代高校思想政治工作必须守正创新，为党的二十大提出的实施科教兴国战略、人才强国战略、创新驱动发展战略提供有力支撑。

新时代中国青年是国家和民族发展的支柱，更是祖国的建设者、捍卫者、见证者。青年有理想、敢担当、能吃苦、肯奋斗，国家才能有光明未来。培养新时代中国青年肩负起传承中华优良传统的重任，对弘扬民族精神、传播中华文明至关重要。当代青年作为实现中国梦的主要力量，其对社会义务的承担程度直接影响到国家的命运，也影响着他们自己的人生价值。中华优秀传统文化博大精深，蕴含着丰富的内涵，提炼出中华优秀文化的精华，将其作为一种责任感，把它与青年的思想政治引领工作结合起来，才能收到春风化雨、润物无声的效果。继承和发扬中华文化，是实现伟大梦想的一项重大战略措施，也是实现文化强国的根本所在。对此，我们要深刻理解青年继承中华优秀文化的使命感和责任感，要让他们在继承中华优秀文化的过程中，保持理性的精神，发扬国家的情怀，保持创新的精神，成为学习、实践和继承中华灿烂文明的合格接班人。

中国历史上，特别是现代，多少志士仁人，为之奋斗的梦想，就是国家的富强和民族的复兴。在新的历史起点上，提出了"中国梦"，这是全党上下的共识，也是我们党和国家的重大战略目标。前进的路是艰辛的，但是我们有信心，为了这个伟大梦想砥砺奋斗。无论是为了国家的强盛，还是为了民族的振兴和发展，青年一代要勇于担当，奋发有为。青年人有理想、有责任，我们的祖国就有未来，中华民族的伟大复兴也就有希望。从这一点上，我们可以看到，要实现中华民族伟大复兴，必须培养新时期的青年的责任感，这是我们党和人民对青年的殷切期望。对新一代的青年而言，现在正是"追梦"的最佳时期，他们要找到自己的问题，认清自己的时代需求，履行自己的职责，在完成自己的梦想的过程中，为实现中华民族伟大复兴作出贡献。实现伟大梦想，是每个中国人，也是每个青年的梦想。作为中国梦的关键要素，每个青年都要具有责任感和担当的品质。我们国家的每一个人都在为中国梦而努力，青年也应该用积极的行动来承担起这个重任。青年是中国梦的强大力量，担当的勇气，担当的意识，担当的能力，三者缺一不可。要让青年承担起自己的责任，要通过宣传教育，引导示范，在实践中培养。培养青年的责任感十分关键，要加强对青年的教育引导，增强责任感。可以通过举办讲座、开设相关课程、开展社会实践活动等方式，让青年更加了解自己的职责和使命，明确自己的责任和担当。同时，应该注重宣传和教育的内容和形式，使之更加贴近实际、贴近生活，更加具有针对性和实效性。注重发挥表率模范作用，激发勇于承担的精神。榜样是最具有说服力和感染力的。要注重发挥榜样的作用，以榜样的实际行动来影响和激发青年勇于承担的精神。同时，还应该注重激励和鼓舞青年，让其感受到自己的价值和意义，从而更加积极地投身到传承中华优秀传统文化的行列中去。

中华民族在长期的发展过程中，创造出了灿烂而又独一无二的中华文化。纵观整个世界，中华文化是唯一没有中断过的文化遗产，也是我们最宝贵的财富。中华优秀传统文化，蕴含着深厚的责任感和使命感，它是一种力量，一种精神，一面旗帜，深刻体现了对祖国、民族、亲情、社会等的实际关怀和孜孜奉献、顽强不息的担当精神，它能让新时代的青年坚定自己的价值观和信仰，确立人生的意义，正是这样一种责任感，鼓舞着一代又一代的青年勇于承担起自己的使命，投入到社会主义事业和国家的改革发展事业中去，创造出新的辉煌的成就。新一代的青年要坚持学习，在学习中肩负起传承中华优秀传统文化的责任，并对其中的精华进行深入地理解，在坚定文化自信中谱写新时代青年的青春答卷。中国青年要始终高举马克思主义旗帜，在将中华优秀传统文化和马克思主义结合起来的进程中，找准中华优秀传统文化同马克思主义基本理论的契合点，不断推进马思主义中国化时代化。始终坚定地信仰着马克思主义的灵魂，这是推进传统文化走向当代文化的先决条件，对传统文化的传承要具有辩证的态度，要准确地掌握其含义，在这一点上，要对传统文化进行进一步的守正创新，并将其应用于实践。马克思主义认识论是一种科学的世界观和方法论，指导着我们所有的行动，我们在坚定推进马克思主义中国化时代化的基础上，来培育新时期新青年的责任感和使命感。在马克思的理论指引下，我们持续地从社会实践中汲取培育新时期新青年责任担当精神的方式，并将其运用到实际工作中，辩证统一地处理社会与个人、责任与自由之间的关系，在承担社会责任、履行个人责任的过程中，勇敢地实现人生的价值。新时期，新青年要用马克思主义的观点，对当前的社会问题、矛盾进行辩证地分析，始终弘扬爱国主义精神。其次，新时期的青年要将马克思的历史唯物主义和科学理论进行研究和应用，在推动为人民谋幸福的社会事业中，能够有意识地、英勇地承担起自己的职责，从而推动整个人类和社会的整体发展。

中国共产党是以"全心全意为人民服务"为根本宗旨的马克思主义政党。中国共产党在革命、建设和改革的历史过程中，一直贯穿着这样的责任和担当，这也是中国共产党能够在无数次的磨难中屹立不倒的原因，也是华夏民族在漫长的历史长河中，逐渐养成的一种坚韧的性格。判断一个共产党员的政治立场是否坚定、执政能力是否卓越，一个主要的衡量指标是其职责。这是一个共产党员经过长时间的努力和不懈地实践而形成的一种宝贵的经验，表明共产党人不忘初心、牢记使命。中华民族复兴之路，青年应认真研究、全面领会国家对青年一代的殷切期盼和谆谆教诲。中国共产党从创立之初，就不断地用马克思主义及党的创新理论对青年进行思想政治教育，并为他们指明了新的道路，为广大新青年提供一个宽广的平台。新青年迫切地要求有一个能够体现人生理想和展现自己价值的舞台。搭建舞台、创造机遇、提供帮助，充分显示出中国对青年的关怀。在党和国家的关怀培养下，青年的眼界更加开阔，思维更加开放，是充满机遇和前途的新一代青年。青年是推动国家发展和社会变革的中坚力量，赋予了其伟大而又艰巨的历史任务，充分体现了党和国家对青年的充分信赖。中华民族的伟大复兴，离不开青年的艰苦奋斗，也离不开年轻人的创新开拓，这就给新时代的年轻人以巨大的历史责任。在建设文化强国征程上，青年一代要勇挑重担，锐意进取，在守正创新中将中华优秀传统文化发扬光大。

创新理想是激励大学生进行创新思考、推动大学生进行创新实践的内在动力。思想政治教育要加强对大学生的家国情怀教育，让大学生继承和发扬老一辈科学家胸怀祖国、服务人民的优秀品质，心怀"国之大者"，树立为中华民族伟大复兴事业而创新、为人类命运共同体事业而创新的崇高创新理想。任何创新实践都具有探索性，这意味着创新过程不可能一帆风顺、一蹴而就、马到成功。回顾我国数百名顶级科学家的奋斗历史，他们的共同点是凭借顽强的创新意志和无坚不摧的爱国精神，在常人难以想象的困难条件下，创造出举世瞩目的科学奇迹。思想政治教育要引导大学生继承和发扬科学家精神，在从事创新实践过程中，一定要有不怕艰苦、不怕失败、不怕险阻的精神品质，坚定不移地向着崇高的创新理想而奋斗。成功的创新实践离不开科学的世界观和方法论的指导，离不开科学思维的帮助。当前，网络对大学生科学创新思维的形成和发展带来了负面影响，主要表现在：固化的"网络搜索答案"模式削弱了大学生创新知识建构的训练；碎片化的网络信息制约了大学生思想的深刻性；跳跃式、浅表式的网络浏览方式降低了大学生的理性思辨能力。针对这些状况，思想政治教育应加强对大学生进行辩证唯物主义和历史唯物主义的教育，为大学生的创新实践提供科学的世界观和方法论；要引导大学生尊重创造对象的客观规律，不唯书、不唯上、不唯古、不唯洋、不唯网，善于打破思维定势、超越常规，培养自身思维的独立性、批判性、独创性。中华优秀传统文化是中华文明几千年来的积累和沉淀，它是一门宝贵的学科文化，思想政治教育学科必须借鉴和学习中国传统文化中的精华部分。

由此可知，中华优秀传统文化视域下大学生思想政治教育创新的使命是培养学生坚定的中国特色社会主义信仰，使其成为党和国家事业的合格建设者和可靠接班人；培养具有中国特色、世界眼光和国际素养的高素质人才。只有通过科学的政治教育和价值观教育，才能为学生的成长成才提供有力的思想武器，为实现中华民族伟大复兴的中国梦贡献力量。针对新时代大学生的思想政治教育工作逐渐升级和完善，其使命与目标也得到了进一步明确。其中，培养学生坚定正确的世界观、人生观和价值观成为新时代大学生思想政治教育的重要任务。中华优秀传统文化具有博大精深、源远流长的特点，它所蕴含的丰富精神文化内容是我们一生都学不完的，思想政治学科能否进行创新和改革，与中华优秀传统文化相结合是一个非常重要的环节，思想政治教育应吸收中华优秀传统文化的营养为自身所用。

第二节 中华优秀传统文化视域下大学生思想政治教育创新机制

一、中华优秀传统文化视域下大学生思想政治教育认同机制

将中华优秀传统文化融入高等教育阶段的思想政治教育，既有助于激发大学生对思政课程的兴趣与热情，亦有助于丰富教育内容，推动学生全面发展。同时，这一举措为增强大学生对文化的认同感和自信提供了契机，能够使他们更深入地领略中华优秀传统文化的独特魅力，从而鼓舞他们更加积极地承担起传承与弘扬中华优秀传统文化的历史使命。

尽管现代大学生普遍具备较高的学术素养，但仍有一部分学生对本民族文化的自信不足。鉴于当前现状，为推动中华优秀传统文化的传播，借助思想政治教育这一平台探索构建身份认同机制的有效途径，成为高等教育中进行思想政治教育与培养德才兼备人才的重要使命。

（一）增强大学生对中华优秀传统文化认同感的重要性

1. 提升国家文化软实力的客观需要

认同本民族文化，是国家文化软实力显著增强的具体体现。大学生是塑造中国特色社会主义的重要力量，因此高校应将中华优秀传统文化融入教育中。通过了解、认识和热爱传统文化，学生可以培养自己的文化信仰和价值观，展现出强大的文化自信。这有助于抵制外来负面影响，提升国家的文化软实力，塑造国家形象，增强国际认可。

2. 维护国家文化安全的必然要求

随着全球文化交流的不断深化，各国之间的文化异同愈发凸显，与此同时，文化冲突也日益显现。互联网的普及使得学生能够通过网络平台广泛涉猎文化信息资源。然而，这也意味着他们更容易受到不同文化冲突的影响。对于部分大学生而言，由于鉴别力和抵制诱惑能力的不足，他们容易受到负面文化的影响，进而导致道德品质受到影响、价值观发生动摇。因此需要提升学生对中华优秀传统文化的认同，在思想教育中注重此方面的内容。这样的方法旨在帮助学生更好地区分有价值和无用的信息。不管是来自本民族的传统文化或是其他文化，学生需要学会获取有益的思想和理念，摒弃无益的重复或无意义的部分，以此融会贯通，

获取所需。为了确保维护国家文化的安全，在跨文化交流中必须具备基本的文化辨识能力。中华优秀传统文化在保持国家整体和社会平衡方面发挥着重要作用，这是由多个民族共同孕育和演化而形成的。学生认同中国优秀的传统文化是维护国家安全的重要手段之一，同时也能够提高自身的政治素养。

3. 促进个人全面发展的内在需求

中华优秀传统文化弘扬了爱国主义精神，鼓励人们为国家和民族的利益而奋斗。在大学生的成长过程中，这一精神会对他们产生深刻的影响。此外，优秀传统文化还倡导诚实守信、勤俭节约、拼搏进取，这些品质对于大学生的成长和个人发展非常重要。然而，现在的一些大学生没有形成正确的消费观念，存在奢侈和浪费的生活习惯。为了改变这种情况，应当通过思政教育引导学生更加深入地认识中华优秀传统文化中的勤俭节约等价值观念，通过课堂教育和校园活动等方式，让学生了解传统文化中强调节约和艰苦朴素的精神，理解其对个人和社会的重要性。同时，还可以通过组织实践活动，使学生能够践行节约，从而深入理解节约理念并掌握节约的方式和方法。通过思政教育，可以帮助大学生树立正确的消费观念，培养他们勤俭节约的生活习惯。这不仅有助于个人成长和全面发展，还有助于推动可持续发展和环境保护。通过践行勤俭节约，学生可以从小事做起，改变自己的生活方式，并通过自己的行动对社会产生积极的影响。通过将优秀传统文化融入思政教育中，可以引导学生珍视传统文化的价值观念，并将其践行于日常生活中。

（二）认同机制构建对策

中华优秀传统文化是思想政治教育的重要组成部分。它包含丰富的思想政治教育资源，涵盖了伦理、价值观和命运等关键议题。同时，思想政治教育的合法性也依赖于中华优秀传统文化的要素。中华优秀传统文化富有生命力，扎根于人们的意识和无意识之中，对传统精神产生深远影响。因此，以中华优秀传统文化为基础，研究并推动思想政治教育的文化认同机制，将提升其效果和实际作用。

通过借鉴中华传统文化的深厚底蕴，可为营造共有的思维框架提供基础，即提供共享语境。在这个框架内，教育者可以帮助学生融合思想政治教育的内容，从而提升教育的效果。在整个过程中，要确保每个阶段都有充分的交流，以促进中华优秀传统文化资源的挖掘和传承。同时，还需要建立有效的师生互动机制，以实现教育者与受教育者之间的良好互动。因此，需要从宏观的角度来掌握认同机制变化的规律。

第五章 中华优秀传统文化视域下大学生思想政治教育创新实践

"共享语境"表示行动者和接受者在社会、政治、经验、民族等领域共同具有相似的背景和基础,从而可以更好地理解彼此的交流和相互作用。可以根据所覆盖的调查范围进行分类,如社会背景、认知背景等等。在复杂的情境中,当人们拥有共同的语言和文化背景时,他们之间会建立更为牢固的信任关系,这种信任能够促进思想的交流和传递。因此,这是提高沟通效率以及实现不同视角融合的重要基础。基于共享的语境实质,它不仅是各种背景环境的融合,同时也被视为传达和阐述思想政治教育内容的"语言工具"。

只有在与社会主义核心价值观保持一致的前提下,才能适当地探究中华优秀传统文化,解决社会发展所面临的问题。因此,如果在实施思想政治教育的过程中,没有充分考虑到每个个体的差异,没有对马克思主义理论和方法的深刻理解,或者缺乏对听众困惑和误解的敏感觉察能力,即使在共享语境下,达成共识也会很困难。

在认同某个事情之前需要先理解它。若不明白思想政治教育所追求的原则和内容、目标,则难以赞同思想政治教育的重要性。在思想政治教育中,大学生在思考和活动中所接触和参与的认知领域被称为"视界",它可以被扩展以涵盖新的领域。"视界融合"是不断更新的一个内在动态,指接受思想政治教育的人通过了解内涵,让自己的观念与思想政治教育产生交集,从而形成一个更全面、更深入的新视角。这个"视角"蕴含了接受者的"个体意识"历史的深刻体察,超越了预设的边界,并能够观察到当前的自我,进而产生新的含义。接受思想政治教育的过程,实质上是不断融合新旧视界的过程。

认同过程被视为一种经过深思熟虑和审慎判断的决策过程。这个过程涉及共享语境的建立与视界的融合,并通过一系列系统性的涵化过程得以实现。在此过程中,各方参与者需保持理性和严谨的态度,以确保最终决策的科学性和合法性。涵化是指由文化碰撞引起的全部文化变化,而认同过程则是主体对所认同的文化进行诠释和建构的过程。对于思想政治教育主体来说,认同的变化是对认同对象的诠释和建构过程,表现思想政治教育的地位已经从次要逐渐提升到主要的地位。主体的态度和立场会影响这一过程的取向,最终影响认同机制的方向。

思想政治教育的文化认同机制,是以提高思想政治教育实效为目的,中华优秀传统文化资源渗入并促进整个认同过程实现的机制。对中华优秀传统文化认同机制的把握需从整体着眼,以正视认同主体所嵌入的文化结构、认同场域的状态和变化规律为前提,从中华优秀传统文化出发,激发和营造共享语境,达到视界融合，实现对思想政治教育内容的认同，从而增强思想政治教育实效性。在实践过程中，要求客观看待个体差异，重视思想政治教育接受者面临的问题与诉求，从整体把握教育环境、整合教育资源、尊重并利用认同的规律。对中华优秀传统文化的挖掘要结合中国当下经验与时代需求创造性思考，并且运用多学科资源辅助提升思想政治教育实效性。

1. 丰富载体形式，增强感性认同

（1）通过活动载体感染人

为了让"00后"大学生更好地认同中华优秀传统文化，仅靠理论宣传是不够的，需要将传统文化融入校园活动的方方面面，从而吸引学生，让他们深刻体验传统文化的魅力，自主接受文化熏陶。高校可以创新活动形式，引入各种文化元素，并与学生的日常生活结合，吸引更多人参与。此外，可以探索全新的活动形式，为学生提供更多表达自我的机会。通过让学生演绎历史事件，能激发他们对历史的想象力和参与度，从而使其深入理解和认同优秀传统文化。

（2）通过传媒载体吸引人

为了让大学生更好地认同优秀传统文化，可以在校园内融入多种载体，在校园内营造浓厚的传统文化氛围。例如，学校可以利用午休前的时间，通过校园广播来讲述优秀传统文化的历史故事。这种方式不仅能够丰富同学们的精神生活，还能让他们在轻松愉快的氛围中了解到我国历史的厚重和文化的丰富。这种方式有助于增强学校内部的传统文化氛围，让同学们在潜移默化中接受和认同优秀传统文化。学校还可利用校刊和校报。在这些刊物中，可以详细介绍中华传统文化的精髓和核心价值观，可以开设专栏介绍中华优秀传统文化的经典读物，让同学们更深入地了解和接触到我国的文化底蕴。此外，学校还可以举办各类传统文化活动，如诗词大会、书法比赛等，让同学们亲身参与到传统文化的实践中来。这样既能增强同学们对传统文化的兴趣，也能提高他们的实践能力和创新意识。

（3）通过制度载体引导人

中华优秀传统文化经过漫长演变，形成了制度化的规范和引导方式，确保了代代相传。为了使大学生更好地了解和传承这些文化，高校需制订相关规定，增强学生对自己文化的认同感。高校还应承担起传承和推广优秀传统文化的责任，通过举办"传统文化周"等活动，帮助大学生逐步认识并喜爱传统文化，提高情感认同。这些措施将加强大学生对传统文化的认识和理解，使其更容易接受并喜欢中华优秀传统文化。

2. 创新传播方式，促进理性认同

（1）做好线下与线上双渠道宣传

文化传承对于推动各类卓越文明成果的互动交流，以及影响更广泛的人群具有积极作用。高校应加大宣传力度，以使我国优秀传统文化在思想政治教育过程中被大学生认同。宣传方式包括线下推广和线上传播，两者的结合能让大学生全面、深入地体验、感受和理解传统文化，从而实现传承和认同的目标。线上宣传策略则利用互联网和新媒体平台，推广并加深学生对优秀传统文化的认识，提高他们的文化自信心。例如，在微信、微博等平台发布相关内容，开展互动交流，或打造具有中华传统文化特色的网站等。线下宣传策略主要通过潜移默化的方式加深大学生对优秀传统文化的信仰，提升他们的文化素养。具体形式包括教学楼标语、悬挂横幅、校园宣传栏海报等。

（2）开设中华优秀传统文化课程

高校致力于将思政教育融入常规课程，以实现立德树人的目标。实践证明，此举有助于提升学生的专业素养和道德水平。高校可以开设中华优秀传统文化课程，满足学生了解传统文化的需求，并借鉴其优秀元素，推动思政教育和实现德才兼备的培养目标。教育形式上，可采用选修课或在线课程，如慕课。慕课能让学生不受时空限制地参与课程，有助于传播和弘扬传统文化，培养大学生的认同感。

3. 促进文化交融，增强理性认同

（1）本土文化与外来文化的融合

当今世界，多元文化融合成趋势，文化间的摩擦不可避免。我们应坚守理念，有选择地吸收外来文化有益元素，创新发展传统文化。大学生对外来文化有高容忍度，通过融合本土与外来文化，大学生能够认识中华文化魅力。在思政教育的同时，应当引导学生避免过分推崇个人英雄主义，注重文化学习，体验自豪与认同感。教师可以挑选中华优秀传统文化中的代表人物进行介绍，对比中西文化异同，提升学生的辩证思考能力，激发其对中华优秀传统文化的热爱和信心。

要深入理解中华优秀传统文化，需全面考虑文化环境。通过研究优良文化，增强对思政教育内容的认同，提升其实效。教师可从优秀文化中获得灵感和资源，提升思政教育效果。还需探索新颖方式传承和弘扬传统文化，如开设课程、组织活动等。这些方法可促使学生深入理解传统文化，提升素养，增强认同。

为了培育学生正确的道德观念和人生观，高等教育机构应当构建中华优秀传统文化的认同体系，这是教育成果的关键所在。要实现文化认同，首先要尊重学生，深入探究其需求和个性差异，保持与学生的紧密沟通，理解"00后"大学生的需求和特性。其次，还需整合教育资源，探索创新的思政教育模式。构建此认同体系的目的是充分利用教育资源，实现理论与实践的有机结合，并注重实际成效。通过先进的方法和高效的组织管理，打造思政课程。中华优秀传统文化中的理性思维有助于思政教育的实践，其丰富的思想资源和教育价值为当代学子提供指引，帮助他们解决成长中的困境，凸显其在实践中的实用性。

融合优秀传统文化与大学生思想政治教育是一项挑战。为使大学生深入理解中华民族的核心精神和内涵，首先需构建价值认同机制，确保中华优秀传统文化的持续吸引力。这一机制的建立需多方资源的协同作用，以形成与我们价值认同相符的机制。在认同传统文化价值的过程中，应考虑到高校及教师的认可，以及大学生所属群体的认同感。高校外部环境对大学生价值观的形成具有深远影响，因此，高校应重视课程教学，兼顾中国优秀传统文化的传承与弘扬。如此一来，高校能为大学生营造良好的学习氛围，激发他们对传统文化的热爱，进而塑造其积极向上的价值观。重视中国优秀传统文化教育，还可以提升教师的认知和重视程度，从而使教师更好地将其融入教学过程中。高校教师对中华优秀传统文化的价值认同至关重要，既属职责所在，又是将价值观有机融入思想政治教育的基础。在制订实施方案时，需充分兼顾大学生的认知水平，以他们的意志、情感、信仰和认知等为出发点，量身定制。这些方案应助力大学生将中国优秀传统文化内化为心灵深处的信仰，同时将其融入日常生活。

（2）传统文化与现代文化的融合

中华优秀传统文化之所以蓬勃发展，源于其吸收多元文化的独特品质。源远流长的传统文化仍具有重要传承价值，同时亦需与时俱进，不断革新。在思想政治教育领域，应有机融合传统文化与现代文化，激发大学生对传统文化的热爱。如程门立雪所体现的尊师重道精神，大学生应感念师恩，严守纪律，课堂上积极参与讨论。通过有效整合传统文化与现代文化，古老智慧将在当代社会焕发独特魅力，为年轻人所接受与欣赏。

二、中华优秀传统文化视域下大学生思想政治教育引导机制

（一）引导大学生文化态度与理想信念

1. 引导大学生形成正确的文化态度

首先，应引导学生认识并珍视中华优秀传统文化，培养他们对传统文化的尊

重与认同。我国传统文化源远流长、博大精深，汇聚了历代先贤的才情与智慧，虽历经沧桑，却依然充满生机与活力。其中诸多重要思想及理念，至今仍对我们的生活产生着积极的引导与启示。此外，通过教育可使学生巩固文化自信，从而抵御负面文化的影响。

其次，有必要引导学生树立不断追求先进文化的目标。文化及社会均在不断发展和变革，从未止步。中国特色社会主义文化汇聚了中华传统文化的精髓，同时汲取了世界各地文化的养分，并以马克思主义为指引。此文化顺应历史发展潮流，具备先进性，满足了人民群众需求，彰显了时代精神。作为大学生应该做到，积极拥护和支持中国特色社会主义先进文化，并对其保持积极的态度和坚定的信心。

最后，教育学生保持对多元文化的包容与接纳至关重要。大学生应展现出开放的文化观念，避免陷入狭隘的思维模式，并积极吸收各民族的优秀思想。在全球化趋势下，文化交流日益频繁，学生应保持包容与尊重的态度，对待其他国家和民族的文化，不应过分坚持本国文化，这种态度实为固执与保守的体现。同时，学生应具备鉴别能力，有选择地吸收其他文化的精华。

2. 引导大学生形成正确的理想信念

理想信念作为一种社会意识形态，是人类独有的一种精神文化体现，源于特定的社会经济关系。个体的理想信念精准地诠释了其价值观、人生观与世界观。在中华优秀传统文化的指导下，思想政治教育领域至关重要的一环是培养大学生树立坚定的信念和正确的理想。引导学生深入了解和掌握传统文化的精髓，有助于他们更好地认识到思想政治教育的重要性和必要性，从而坚定马克思主义在思想体系中的主导地位。

第一，鼓励大学生积极学习与马克思主义相关的理论知识，并将所学知识运用到实际中去，实现理论与行动的相融合。为更好地领悟我国的社会主义核心价值观，在日常生活中正确应对各种问题，大学生应当深入学习马克思主义理论，并积极将其与实践相结合。

第二，倡导学生以理论知识为基础，进行深度思考并探讨全球一体化潜在的文化挑战，以冷静的心态接纳并汲取其中的优势，进而将其有机地整合到自身所处的文化环境中。

第三，发挥楷模的示范带动作用，通过借助杰出人物的经历和辉煌成就，鼓舞学生确立正确的信仰和理想。同时，通过借鉴身边先进的经验，吸取其优点，弥补自身的不足。

第四，鼓励大学生拓宽学习领域，将学习范畴拓展至人文和自然学科，以增长理论知识。这些专业知识不仅可以培养学生的学习思维，还可以帮助学生全面提升综合素质。这样，他们就能为未来的发展打下坚实的基础，同时更好地理解终身学习的概念。

第五，在对大学生进行思想政治教育的内容进行选择时，应以着力传播先进的思想理念为目标，结合大学生审美趣味和兴趣点，充分发挥文化艺术魅力的优势，将富含艺术感染力的优秀作品融入思想政治教育体系之中。

（二）营造健康的心理环境

心理环境，源于个体的思维方式和信仰，是指在个体内心深处所存在的一种环境，对个体的行为产生着深远影响。高校应当致力于营造有益于大学生心理健康的环境，因其心理状态和行为表现会受到思想政治教育环境的影响。在此背景下，中华优秀传统文化可作为高校思想政治教育工作的基石，确保这些工作得以顺利且有效地展开。高校思想政治教育的心理环境由多个方面共同构成，包括课堂心理环境、学校心理环境、家庭心理环境以及社会心理环境等诸多因素。这些因素相互影响，共同塑造出不同层次的心理环境。下面主要探讨如何构建良好的社会心理环境和家庭心理环境。

1. 社会心理环境

第一，优化学生心理环境。人类易于受到社会环境的影响，因此，高校要引导学生抵制负面信息，塑造正确观念。构建健康心理环境是实现此目标的有效途径。高校应发掘有利于学生成长的积极因素，同时避免阻碍其发展的不利因素。人类具有主观能动性，能够认知世界、改造世界并实现自我价值。积极的环境有助于学生的健康成长。同时，高校要引导学生认识到积极与消极因素之间的相互依存关系，使其提高自身的辨别能力，降低从众倾向，以抵御不良影响。同时，还应加强心理健康和政治思想教育，提升学生的心理素质和品德素养。

第二，坚持正确的社会导向。人们需要生活在社会环境中才能全面生存和成长，因此，社会导向对个体有很大影响。方针政策是社会导向的具体体现。在高校思想政治教育中，方针政策应作为实施教育的基础。社会观念对大学生思政教育影响显著，因为大学生价值观不稳定，思想未成熟，社会经验少。他们易受媒体信息影响，社会信息的价值观念会极大影响他们的判断和价值观。高校须认识到社会媒体的影响，引导学生理性识别信息。通过学校传媒和教育方式，高校可培养学生具备精确判断力。

2. 家庭心理环境

家庭的日常行为和气氛可以形成家庭心理环境,从而对个体的心理状态产生重要的影响。习近平总书记说:"不论时代发生多大变化,不论生活格局发生多大变化,我们都要重视家庭建设,注重家庭、注重家教、注重家风,紧密结合培育和弘扬社会主义核心价值观,发扬光大中华民族传统家庭美德,促进亲人相亲相爱,促进下一代健康成长,促进老年人老有所养。"家庭环境对大学生有着不容忽视的影响,因此要重视家庭心理环境建设。

首先,遵循教育规律,科学教学。中国家长常过度干涉子女生活,不知孩子从幼年便开始独立思考。父母应支持孩子塑造独特个性,尊重其思考方式,鼓励其探索。若父母拥有教育心理学知识,理解孩子心理难题,能事半功倍。其次,提升家长道德伦理素养。家庭对孩子的成长影响深远,家长言传身教至关重要。家长应利用中华传统文化元素,创造优良家庭氛围,培养优秀人才。这需要家长不断提高道德修养和思考能力。最后,尊重孩子心理习惯,以此为基础进行教育,深入体察孩子内心世界。

三、中华优秀传统文化视域下大学生思想政治教育践行机制

大学生思想政治教育的目标是深化大学生对中华优秀传统文化的理解和欣赏,使大学生认识到传统文化的独特价值,并将其内化为日常生活的一部分,传承并发扬传统文化的精髓。为此,确立恰当的行为准则和规范至关重要。构建全面贯彻践行机制,旨在为大学生提供一个实践平台,引导大学生理解中国传统文化的核心价值观,以助力高校思政课育人目标的实现,让他们亲身体验传统文化的魅力,践行并深刻理解实践教育的必要性和重要性。此外,精心策划和组织实施各类社会实践活动同样至关重要。通过多样化和生动有趣的形式,激发大学生对优秀传统文化学习的积极性。为实现活动内容的独特价值和吸引力,不仅要引起他们的关注,更要引导他们在实践中探讨问题,激发他们的思考,使他们能在过程中深入理解和掌握优秀传统文化。

四、中华优秀传统文化视域下大学生思想政治教育保障机制

促进中华优秀文化与大学生思政教育二者的融合不能停留在口头上,必须有相应的人、财、物的投入,以及有力的组织安排,这是确保优秀传统文化与思想政治教育有效融合的基础和前提。因此,组织保障机制的建立至关重要。

首先，要加强对中国优秀传统文化教育队伍的建设，定期对相关工作者进行培训和提高。

其次，要重视学校制度建设，制订和完善促进大学生践行传统文化精神的规章制度，为二者的融合提供制度保障，同时改善校园环境，确立全员育人的育人格局，从环境和管理双方面保证融合有条不紊地开展。

再次，要加大经费投入，尤其是对传统文化教育的投入，同时要合理分配教育经费并监督经费的使用情况，将传统文化教育的专项资金落到实处。

最后，要在学校层面成立专门的分管部门，负责统筹协调相关学生教育工作的开展，避免出现传统文化活动"一窝蜂"开展的局面。

第三节　中华优秀传统文化视域下大学生思想政治教育创新实践路径

一、重视思想政治教育的文化使命，增强文化自觉自信

高校大学生的思想政治教育独具特色，关键在于对传统文化的传承与融合，汇聚了多元要素。除传授知识外，思政教育还肩负起了文化传承的使命。教学理念受社会群体和政治观念的影响，通过思政活动等途径，引导大学生正确把握文化发展。其核心目标是引导个人认识和珍视文化的重要性，推动大学生对文化的传承以使其适应社会生活。这一目标彰显了思政教育在塑造民族或国家精神文化中的关键作用，可视其为独特的文化传承教育形式。

文化自觉是指在长期社会实践中，对特定文化环境中重要的公共道德标准和璀璨文化的深入理解和追求。在某种程度上，它是人们对自身文化认知和认识的体现，也是对公共道德标准和优秀文化的审视与追求。大学生思想政治教育与文化自觉密切相关。通过培养文化自觉意识，鼓励大学生学习和运用中华优秀传统文化，并使其能够在多元文化中准确识别各种元素，有助于传承和发扬中华优秀传统文化。然而，在提升大学生对思政教育文化使命的重视方面，仍须克服诸多困难。

习近平总书记在哲学社会科学工作座谈会上指出："坚定中国特色社会主义道路自信、理论自信、制度自信，说到底是要坚定文化自信。文化自信是更基本、更深沉、更持久的力量。"习近平总书记在庆祝中国共产党成立95周年大会上，

又一次强调:"文化自信,是更基础、更广泛、更深厚的自信。在5000多年文明发展中孕育的中华优秀传统文化,在党和人民伟大斗争中孕育的革命文化和社会主义先进文化,积淀着中华民族最深层的精神追求,代表着中华民族独特的精神标识。"

文化自信,作为一种稳定的文化认同心理,植根于民族历史之中,彰显着一个民族在历史演进过程中的独特精神气质。为使大学生具备文化自信,必须促使他们不断加深对文化的认同感,激发其对中华优秀传统文化核心内容的追求热情,进而唤起其对中华传统文化的尊崇之心。大学是文化气息浓厚的地方,各类文明思想与杰出人才汇聚一堂。它既是知识积累的宝库,又是文化自觉转化的阵地。在此背景下,思想政治教育发挥着举足轻重的作用,能够引导学子认识自身文化使命,强化其对民族文化的认同感,并培育其对传统文化的传承意识。高校应深入挖掘思想政治教育的文化传承功能,助力大学生树立文化自信与价值自信。在多元文化交流与融合的过程中,大学生应学会尊重并汲取各类文化的精髓。大学生的文化自觉与自信是推动思想政治教育有效实施的基石与载体。

二、打造大学生思想政治教育的立体课程体系

课堂讲授作为大学生汲取优秀传统文化的主要途径,深受广大师生的喜爱。课堂讲授在大学生获取优秀传统文化的方式中位居榜首,而课外阅读紧随其后,成为第二大途径。这充分说明,课程资源在传承和弘扬中华优秀传统文化方面发挥着举足轻重的作用。一方面,课堂讲授通过系统、深入地讲解中华优秀传统文化,使大学生对中华优秀传统文化有了更为全面和深入的了解。另一方面,课外阅读则为大学生提供了更多的自主学习空间,能够让他们在阅读中汲取优秀传统文化的精髓。这两者相辅相成,为大学生提供了丰富的学习资源,使他们能够在日常生活中更好地践行中华优秀传统文化。为了进一步提高大学生思想政治教育水平,要将中华优秀传统文化与校本课程、地方特色课程、思想政治理论课有机结合起来。通过整合各类课程资源,构建全方位、多层次的教育体系,使中华优秀传统文化在大学生思想政治教育中发挥更大的作用。

(一)立足思想政治理论课,发挥思想政治理论课主渠道作用

思想政治理论课作为师生互动、双向交流的重要载体,是我国高校思政教育的不可或缺的部分。通过传承并发扬传统文化的优秀价值观,全面提升大学生的素养与修养,可以使他们始终坚定中国特色社会主义的共同追求。教育目标应与

个人成长、民族复兴、国家繁荣以及社会发展有机结合，从而实现整体推进。在思想政治理论课的框架内，应当倡导高校重视思政课在传承传统文化中的关键作用，提升思政课教师的文化修养，同时深入挖掘中华优秀传统文化与思想政治理论课的融合点。

事实上，在思想政治理论课程中，许多教育工作者并未将中华优秀传统文化进行有效的融入。中华文化源远流长，历经5000年传承。为了提升学生对思政课的实际价值认知，并激发学生的学习热情，可以将中华民族中具有深远意义的民族精神和优秀的文化元素融入课程的各个主题和具体内容，从而提高教学成效。在思想政治理论课的讲授过程中，运用中华优秀传统文化中的经典论述并结合实例教学，有助于加深大学生对知识的理解和吸收。教师专业素质的提升是确保思想政治理论课优质的关键。为了让大学生在思想政治理论课上获得更好的教育效果，教师的优秀传统文化底蕴和知识储备需要与课程特点相匹配。教学的深度和教育的效果深受教师理论水平和专业素养的影响。在教学过程中，教师不仅要精通理论知识，还要善于运用教学方法，帮助学生理解和掌握课程内容。这就要求教师具备较高的专业素养，能够因材施教，激发学生的学习兴趣和积极性。此外，教师的人格魅力也起着至关重要的作用，它能够拉近师生之间的距离，创造和谐的课堂氛围，使教学更加顺畅进行。为了提高思想政治理论课的教学质量，学校也应承担起相应的主体责任。首先，学校应建立健全激励机制，鼓励教师积极参与教学改革和研究工作，不断提高自身教育教学水平。其次，学校要关注教师队伍的建设，注重选拔和培养具有较高学术水平和专业素养的教师，以充实思想政治理论课教师队伍；此外，学校应加强对思想政治理论课教师的培训，提升他们的理论修养，为优化教学质量奠定基础。

思想政治理论课程是一门通识类课程，具有广泛的影响力，它面向全校学生，旨在培养和提高学生的思想政治素质。然而，在现实中，不得不面临这样一个尴尬的事实：许多高校对这门课程缺乏足够的重视。相较于专业课程，思想政治理论课程似乎缺少直接的职业应用性，这使得一些学生和教师误认为这门课程无关紧要。但实际上，思想政治理论课程对于学生的全面发展具有重要意义。它不仅可以帮助学生树立正确的世界观、人生观和价值观，还可以引导他们积极投身于我国社会主义事业。因此，大学应该积极引导学生认识到这门课程的重要性和意义，从而激发他们对思想政治理论课程的兴趣和热情。

为了实现这一目标，高校应当采取以下措施：首先，为学生提供学习和交流的平台。这将有助于激发学生对思想政治理论课程的兴趣，同时也有利于学生之间的交流与合作。通过这一平台，学生可以分享自己的学习心得和体会，相互启发，共同成长。其次，注资培养一批精通传统文化的教师。这些教师将成为传承和弘扬中华优秀传统文化的生力军，他们将以其丰富的知识和独特的见解，引领学生领略传统文化的魅力，从而激发学生对思想政治理论课程的兴趣。再次，与国内一流大学开展合作，为学生提供更多学习机会。这将有助于提高学生的思想政治素质，培养他们的国际视野，使他们更好地了解我国的发展现状和未来走向。最后，为了更好地强化思想政治理论课的政治文化责任，高校需要加强对教师的评估。这既包括对教师教学水平的评价，也包括对教师思想政治素质的考察。通过建立更为完善的奖惩机制，可以激励教师更加重视思想政治理论课程的教学，从而提高课程质量。

（二）发展地方特色课程，培养大学生的家国情怀

特色课程的设立目的在于满足当下社会对多元化人才培养的迫切需求。这类课程的核心理念在于，通过提供具有鲜明本校及地域特色的课程，充分展示学校文化理念和地区优势，从而为学生提供更加丰富和多元的学习体验。特色课程的实施，为传统的高校思想政治教育注入了新的活力。它不仅对教育内容进行了深度拓展，使学生在感受文化魅力的同时，也能深入理解和掌握知识，而且对教育形式进行了创新，使教学过程更加生动活泼。这种全新的教育方式，极大地提升了学生的学习兴趣和积极性。地方特色课程的独特之处在于，它们充分整合了当地的自然资源和人文资源，将地域特色与人文历史深度融合。这样的课程设计，使得学生在学习的过程中，既能感受到文化的魅力，又能深入了解和掌握知识。此外，地方特色课程还为大学生提供了更多接触和了解中华优秀传统文化的机会，丰富了教育资源，提升了教育质量。地方特色课程的研发与实施，是基于高校所处的特定地理位置和历史背景，对当地文化和历史事件进行深入总结和反思的结果。课程内容既包含了地域文化的独特性，也体现了我国思想政治教育的核心价值观。例如，可以组织学生深入地方历史古迹进行实地考察，从而使其全面了解和感受地域文化，进而提升思想政治教育的实效性。

许多当代大学生热衷于通过参观博物馆、历史遗迹等旅游景点，以此提升自身的传统文化素养。我国历史悠久，传统文化博大精深，透过这些历史遗留的痕迹，可以感受到中华民族的厚重底蕴。然而，仅仅依靠参观游览的方式，难以系统、深入地了解和掌握传统文化。因此，地方特色课程为大学生提供了全新的学习途径。

地方特色课程的核心理念,是将当地深厚的人文历史和风景名胜背景中所蕴含的人文情感,转化为学生可接触、可感知的教学资源。这样的课程设计旨在让大学生更加深入地了解和认识本土文化,增强文化自信心。在课程实施过程中,学校应以自身为中心,突出地方特色,使课程内容与地方文化紧密相连。

此外,学校可以创立针对特定地方特色的文化实习基地,为学生提供周末或假期实习的机会。这样,学生在课堂所学理论知识的基础上,可以亲身参与到实地考察、调研等实践活动,从而将理论知识与实际应用相结合,提高学习效果。同时,这种实习方式也能让学生更加深入地了解地方文化,为未来从事相关领域工作打下坚实基础。

除此之外,学校还可以与历史悠久的当地企业合作,共同开展实践教学项目。通过企业实地参观、座谈等形式,让学生深入了解当地文化发展历程,以及企业在传统文化传承与创新方面的经验。这将为企业培养一批具有文化底蕴、创新意识的人才,同时为课程学习提供更丰富的实际经验。

同时,充分利用本地资源,特别是乡村资源,对于传承和发展地方文化具有重要意义。乡村资源包括学校所在地的自然环境、文化风俗、历史文化等独具特色的资源。这些资源包括但不限于当地地理环境、社会发展历史、传统文化和风俗等。学校可以引导学生走进乡村,深入了解这些资源,从中感受地方文化的魅力,进而培养他们对本土文化的热爱和传承意识。

随着全球化进程的迅猛发展,各国对本土文化的传承与保护愈发重视。民间文化以情感和精神的方式传递着一个民族的独特品质与个性,是促进民族团结、互帮互助、彼此理解的重要基石。它彰显了民族独特的风貌与特征。乡土文化凭借多样化的表现形式,展示了地域特色和现实生活的鲜明特点。学生可通过了解身边的民俗风情和历史人物,拓宽视野、培养家国情怀,同时丰富自身的知识体系。

(三)开发校本课程,挖掘校本资源的育人功能

高校课程体系的完善和独特性反映了学校的核心竞争力。高校思政教育课程体系主要包括:国家统一安排的思政理论课、地方特色课程和校本课程。校本课程是在我国教育体系中具有重要地位的一种课程形式。它是由学校教师自主编制、实施和评价的课程,旨在为学生提供更加丰富、多元的学习体验。校本课程的实践基础在于,它能够根据学校的实际情况和学生的需求,对国家教材进行深入挖掘、补充和延伸,从而实现教学内容的个性化和社会化。校本课程的独特之处在

于，它能够结合地方特色资源和中华传统文化，将思政教育与校园实际相结合。这样的课程设计不仅能够提高学生的学习兴趣，还能在他们心中树立起强烈的文化认同感和民族自豪感。通过对国家教材的拓展和丰富，校本课程为学生提供了一个更加宽广的视野，使他们能够在学习中感受到家乡的独特魅力和祖国的悠久历史。

在校本课程的实施过程中，学校教师发挥着至关重要的作用。他们需要根据学生的年龄特点、认知水平和兴趣爱好，设计出既有趣又有教育意义的课程内容。同时，教师还需要关注学生的学习进度和成果，以便对课程进行不断的调整和优化。这样，校本课程才能真正实现其教育目标，为学生的全面发展奠定基础。

校本课程的开发并非随意制订，而是根据一系列特定的原则和要求来进行。首先，校本课程的开发要对学校的建设起到一定的推动作用，同时要能够促进学校的综合实力和办学水平的提升。通过有针对性和个性化的校本课程，学校可以打造独具特色的教育环境和校园文化。这不仅有助于提高学生的学习积极性和学习成效，也能吸引更多优秀的学生和教师加入。同时，校本课程的开发还有助于建立完善的校本教学机制和课程评价体系，推动教育教学质量不断提升，实现学校的全面发展和长远发展目标。其次，校本课程的构建对教师综合能力提出了更高水平的要求，需要教师积极发挥创造力、深化专业知识，并具备优秀的教学设计和教材编写能力，以满足学生个性化需求，并提升教学质量。这就要求高校教师对所在地的独特文化底蕴具备深入的理解与研究，并对所在学校的校史文化具备全面的认识和掌握。教师不仅要具备启发学生思考和探索的能力，培养学生对传统文化的兴趣和理解，还要通过生动的故事、实践活动和互动讨论等教学手段，激发学生的学习兴趣和动力。教师应具备深厚的中华传统文化修养，能够洞悉学生在传统文化素养方面的短板，并在制订校本教材及讲授校本课程时，提供具有针对性的补充与指导，从而促进学生传统文化素养的全面提高。再次，校本课程的内容选择是将特定学校独特的文化元素和特定区域纳入学校的教学体系中，以实现文化的多元传承。通过校本课程，不同地方的学生可以了解到当地的传统风俗习惯，促进文化的多元化发展。校本课程不仅要关注国家统一教育目标，也要体现地方特色和学校特质。通过在校本课程中融入当地特色资源，借助地方历史悠久的文化积淀，使高校思想政治教育能够恰如其分地结合中华传统文化，培养学生对本土文化的认同感和归属感。最后，校本课程的开发要对大学生具有多重益处，既能注重满足个性化培养的需求，同时也能促使他们得到全面的发展。校本课程应该关注学生的发展需求，根据学生的兴趣、特长和个性，提供多样化的选修课程或个性发展项目。通过校本课程的开发，学生可以在传统文化的熏陶中培养自信、创新和合作精神，同时增进对社会责任和历史使命的认知。

校内课程的制订具有多种不同的方式和形式。通过将本地特色文化和少数民族文化融入教学，以及重视大学生实际需求，可以在思想政治教育的基础上进行改进。此外，可以在校内课程中适当降低政治教育的比重，加强文化教育，以提高学生的文化素养。校内课程的制订是一个多元化、多层次的过程，它具有多种不同的方式和形式。这个过程不仅需要遵循教育规律，还要充分考虑地域特色和文化背景。在我国，丰富的地域文化和少数民族文化为课程制订提供了丰富的素材和灵感。大学生是国家的未来和民族的希望，他们的实际需求应该得到充分重视。在课程制订过程中，要充分调查和了解大学生的需求，以满足他们在思想政治教育、专业技能和综合素质等方面的成长需求。在此基础上，还应对课程进行调整和改进，使之更加贴近学生的实际需求。在当前的课程体系中，政治教育的比重较高，这可能导致学生在文化素养方面的培养不足。为了提高学生的文化素养，可以在校内课程中适当降低政治教育的比重，加强文化教育。这并不意味着削弱政治教育的重要性，而是在保证政治教育质量的前提下，平衡课程结构，使学生在政治、文化、专业等多方面得到全面发展。

为满足学生的个性化学习需求，应提供多元化的校内课程。课程应涵盖各个学科领域，特别是在中华传统文化方面，须注重课程的多样性和针对性。在设计学校课程时，须充分考虑不同学科的特性，以便为学生提供更为契合其需求的文化课程。例如，针对理工科大学生，应增加经典文献、个人修养、国家意识及人文历史等方面的课程，以培育其综合素质；而对于文史类学生，则可通过强调自然资源、科技成果等内容，使其在这些领域有所收获。同时，也应关注传统文化对文史类大学生的影响，让他们更深入地了解和传承中华文化。此外，要为学生提供多样化的校本课程，让他们能依据个人兴趣和需求进行选择。为了保持校本课程的新鲜度和吸引力，要定期对热门课程进行更新，并及时淘汰不受欢迎的课程。这样做的目的是让学生在学习过程中能够持续感受到对传统文化的兴趣和热情，避免因过时的内容导致学生的学习兴趣和动力下降。同时，为了提升学生对传统文化的修养水平，还要引进高品质的校本课程。这些课程应当以丰富多样的形式呈现，从而激发学生的学习热情，增强他们对传统文化的理解和认同感。在实施这些措施的过程中，我们需要特别关注教学成果所蕴含的文化内涵。课程设置和教学方法应当注重传统文化的内涵、精髓和价值观，使学生在学习过程中能够深入理解和感受到中华传统文化的魅力。为了更好地融入国家课程体系，要优化课程设置，使其与国家课程目标相衔接，并确保传统文化的学习能够与其他学科知识相互渗透、相互促进。通过这种方式，能够培养学生全面综合的素养，提升他们与日常生活和社会环境的融合能力，还能使他们更好地传承和弘扬中华文化。

要将课程设计与学校的独特特色进行有机结合。学校之所以具有独特的特色，源于其深厚的人文历史底蕴。在我国，每所学校都有其独特的历史背景和优秀传统，这些特质为学校赋予了鲜明的个性。此外，每所学校都培养出了大批在各领域取得卓越成就的毕业生，这是不容忽视的事实。他们的成长历程不仅为在校学生树立了榜样，更是学校宝贵的财富。为了充分发挥这些优势，将这些优秀毕业生的成长经历融入学校课程显得尤为重要。这样，在校学生可以在学习过程中感受到前辈拼搏进取的精神，从而激发他们自我提升的动力。课程设计应充分挖掘这些成功案例的价值，让学生从中汲取经验和教训，为自己的未来规划提供参考。将学校独特特色与课程设计相结合，有助于提升课程的实用性和针对性。学校特色课程应以培养学生的综合素质为核心，既要关注理论知识的学习，也要重视实践能力的培养。

此外，可以建立一个专门为本校课程实践服务的基地。这个基地将致力于挖掘和整合我国丰富的人文和自然资源，以促进学生对本土文化的深入了解和传承。中国国土辽阔广袤，各地均有杰出人物和独特的本土文化。然而，将所有的本土文化资源列入教科书并不切实可行。为了解决这个问题，学校可以建立一座校史馆，展示学校的发展历程和所在地的人文风貌。校史馆可以定期开放，吸引学生自行参观并学习相关知识，激发他们对本土文化的兴趣。在校内课程的安排上，可以增加实地参观和实习的内容。学生可以参观当地的红色旅游景点、名人故居、博物馆、历史遗迹，亲身感受家乡的历史底蕴和文化特色。通过实地参观，学生可以将课堂所学知识与实际场景相结合，加深对课程内容的理解。在实习结束后，学生要举行心得交流会，分享他们在实习过程中的所见所闻和心得体会。这样的交流会有助于加强校内课程的教学效果，也有利于培养学生的团队协作能力和表达能力。此外，学校还可以组织一系列与本土文化相关的活动，如讲座、研讨会、文艺表演等，邀请校内外专家和优秀校友参与，以丰富校园文化生活，提升学生的文化素养。

三、创新教学模式，转变教育方式

（一）教师集体备课，分专题讲授

为了确保思想政治理论课能够精准地传达相同的思想政治教育目标，我国高校可以采取集体备课的方式，对所有思想政治理论课教师进行统一的教学培训。这一举措的主要目的是确保教学目标、教学重点和疑点的一致性，同时防止自由主义观点的出现，以保证高校思想政治教育水平的整体提升。

在集体备课的过程中，教师们可以通过合作思考，将中华优秀传统文化划分为不同的专题，并有针对性地将其运用到思想政治理论课的教学当中。这种方法有助于将抽象的理论知识具象化，使得学生更容易理解和接受。此外，可以将每个课堂的难点内容转化为具有简明易懂性的中华传统文化小专题，通过生动的故事、录像、视频等形式，深入引导学生进行探讨。这样既能激发学生的学习兴趣，又能帮助他们深入理解理论知识。

集体备课的过程中，教师之间可以互相启发和互相学习、相互交流，进一步优化教学技巧，同时提高年轻教师的传统文化教育水平。这种团队合作的方式有助于教师们取长补短，提升自身教学能力。

因此，应当鼓励团队协作，充分利用集体合作的优势，重视教师之间相互合作、共同探讨的精神，促进科研氛围的形成，从而提高教师的教学能力。同时，也要注重教师个人能力的提升，鼓励教师们通过不断学习，使自己具备丰富的知识体系和扎实的教学技能。

通过集体备课，可以确保思想政治理论课的教学质量，提高学生的学习效果，为实现我国高等教育的发展目标奠定坚实基础。同时，也要注重培养教师的教学创新能力和团队合作精神，以适应新时代教育的需求，为培养具有全面发展的社会主义建设者和接班人贡献力量。

（二）创新立体教学模式

为了将中华优秀传统文化全面且深入地融入思想政治教育，有必要创新并拓展多元化的教育环节，包括"讲、论、看、读、写"等多种形式。

"讲"，是指教师打破传统课程框架，通过深入而系统地阐述主题，将中华优秀传统文化与相应学科知识巧妙结合，进而构建一个完整体系。凭借教授学科的专业素养，教师能够通俗易懂地讲解专题的源起、演进及历史变迁，从而增进知识的连贯性，增强学生的求知热情。

"论"的主要形式有讨论、辩论和发表演讲，在我国的教育体系中占据了重要的地位。这种地位不仅体现在思想政治理论课上，也同样可以延伸到各类选修课程中。例如，通过举办专题讨论、辩论和演讲活动，可以有效强化大学生的传统文化修养，进一步提升他们的个人涵养水平。这种教学模式，既是对传统专题讲授的一种有力补充，也是推动大学生自主学习、提升自身知识体系的重要手段。在参与专题沙龙、辩论和演讲活动的过程中，大学生有机会挖掘自身独特的观点，对知识进行更深层次的理解。而在教师的引导下，这些零散的、感性的认知最终会被整合、提升为严谨的理性认知和系统的知识。这种教学模式还有助于巩固学生的知识体系。在讨论、辩论和演讲的过程中，学生能够吸收新的知识，同时能够通过自我思考和同伴交流，将已有的知识进行整合和巩固。这样的学习方式，既能够提高学生的学习兴趣，也能够提升他们的思维能力和创新能力。

"看"这一概念主要包括观看实况录像和亲身进行实地参观考察。大学生获取传统文化的途径有多种，其中一种方式是参观博物馆和名胜古迹。许多大学生表示喜欢这种方式来提高自己的传统文化素养。通过亲身参观考察，学生们能够深入了解历史遗迹、文物艺术品等，感受到传统文化的魅力和独特之处。为了帮助学生更好地理解课程内容，高校可以每学期安排一次校外实践课，组织学生前往当地的名胜古迹进行参观考察。另一种方式是通过观看影视戏剧来提高传统文化素养。影视戏剧是一种比较直观的教育方法，通过观看实况录像，学生能够更好地运用课堂所学的基本理论和观点，直观地分析现实生活中所面临的问题。因此，高校可以开设相关传统文化选修课程，以影视赏析和纪录片展示等形式为主要教学手段。通过以上这些方式，大学生在学习教材和听老师讲课的同时，能够更加形象、生动地理解传统文化的内涵和意义。这样的教育安排有助于培养学生的文化认同和追求能力。

"读"主要指涉及思想政治理论课的原著，以及集结中华优秀传统文化经典著作的书籍的阅读。在我国的高等教育体系中，思想政治理论课是一门至关重要的课程。为了提高学生的文化素养，培养他们的独立思考能力和批判性思维，课堂上应注重引导学生阅读原始著作，同时涉及与中国传统文化密切相关的经史子集类书籍。这样的教学方式既能使学生深入了解我国传统文化的精髓，也能激发他们对经典著作的兴趣。为了进一步推广经典阅读，大学应积极采取措施鼓励学生阅读经典著作。例如，校园图书馆可以策划"读书月"等活动，通过举办各类讲座、展览等形式，引导学生关注经典著作，为学生提供更多阅读选择。此外，学校还可以在教学中，由老师提供经过精心筛选的经典书目，供学生自行研读。

这种方式有助于激发学生的阅读兴趣，培养他们的自主学习能力。在思想政治理论课的课程设置中，加入原著选读是一项有益的尝试。通过阅读原著，学生可以更直观地了解作者的立场观点，深入理解课程内容。为了帮助学生更好地拓展知识范围，提高思维意识水平，学校还可以定期组织读书心得交流活动。这些活动有助于培养学生分析和解决问题的能力，同时能够丰富大学生的精神生活。在实施这些措施的过程中，还需注重课程的实践性与应用性。例如，鼓励学生在阅读经典著作的过程中，结合现实生活进行思考，将所学知识运用到实际问题的解决中。这样既能提高学生的理论素养，也能培养他们的实践能力。

"写"这一概念主要指的是在"讲、论、看、读"等综合活动的基础上，要求学生撰写调查研究报告、观后感、专题论文、读书心得等。这一过程并非简单的文字输出，而是有意识地将所学知识进行整合、梳理和升华。撰写调查研究报告和专题论文，可以帮助学生将所学的碎片化知识整合为系统化知识，从而提升自身的理论水平。在这个过程中，学生不仅需要对所学内容有深入的理解，还要具备独立思考、分析问题的能力。撰写观后感和读书心得，则能让学生在反思自身的同时，培养审美情趣和文学素养。大学生可以在寒暑假期间利用回家的机会，深入了解家乡的文化历史、自然风光和经济状况，并完成相关报告的撰写。这种方式既能让学生充分感受家乡的独特魅力，也能激发他们对地方文化和经济的关注和研究。开学后，可以举办文化交流会，让来自不同地区的学生分享各自家乡的历史文化，从而促进校园内的文化交流和理解。为了保证这些活动的长期有效性和稳定性，学校应提供充足的经费支持。在这个过程中，学校和社会的鼓励与支持也起到了关键作用，为学生的成长提供了有力保障。这也使得学校在一定程度上形成了独特的特色，即注重实践与研究相结合，培养学生全面发展。通过这种方式，大学生在不知不觉中加深了对中华优秀传统文化的了解和认识，同时也提升了自身的综合素质。这对于他们将来步入社会，成为具有国际视野和文化自信的人才，具有重要意义。

四、有效渗透实践活动，促进知行合一

社会实践对于大学生的思想发展和认识提供了重要的动力和标准。大学生社会实践活动是让学生应用所学理论与实际的一种途径和过程。这个过程有助于促进学生身心健康，提高其自身的思想觉悟，使学生了解社会活动。为了将中华优秀传统文化融入大学生的社会实践中，需要建立一个完善的实践教学体系。这意

味着要结合多种力量,包括学校、社会机构和企业等,共同建立校外实践教育基地。这样的实践基地可以为大学生提供更多的机会来接触和体验中华传统文化,深入了解其价值和内涵。

此外,通过对大学生在实践活动中表现的评估和评价,可以更好地了解他们对中华优秀传统文化的认同和理解程度。这样的测评机制可以激励学生更加积极地参与社会实践活动,并将其融入自己的思想和行为中。因此,要重视大学生社会实践活动,将中华优秀传统文化纳入其中。通过构建实践教学体系、建立校外实践教育基地和完善德育测评机制,加强大学生对传统文化的认同感,促使他们将实践与知识融合,从而实现知行合一的目标。这样的努力不仅有助于大学生个人的发展,也有助于传承和弘扬中华优秀传统文化。

(一)构建大学生实践教学体系

实践教学体系的构建是根据大学生思想政治理论课和德育教育的目标以及学生的实际情况,结合中华优秀传统文化内容来设计的。首先,确立实践教学目标:依据各类专业学生及课程需求,明确实践教学目标,并设定培养学生德育与智育相结合的总体目标。其次,确定实践教学的重点,根据中华优秀传统文化与思想政治理论课的契合度,确定实践教学的重点。例如,"思想道德修养与法律基础"课程涉及的内容较多,可以组织学生参加道德讲堂、法律宣讲协会等实践活动。再次,制订实践教学计划,依据实践教学的实际环境,设计各类思想政治教育实践活动方案。例如,针对全校学生和不同专业的学生,分别编制校内实践和校外实践方案。对于文史类专业的学生,可以安排参观高新技术产业基地、科技馆等活动;而对于理工科专业的学生,则可以安排参观文化遗产保护区、历史人物纪念馆及博物馆等场所。通过构建实践教学体系,高校可以根据学生的个体差异进行差异化教学,优化实践教学的效果,促进学生的全面发展。这将有助于提高学生的德育水平和学术素养,培养具有责任感和创新能力的人才。

(二)建立校外实践教育基地

社会实践基地是我国国家、社会与学校共同打造的教育场所,专为大学生提供实习学习的机会。这些基地汇聚了各方优势资源,发挥着引领和拓展的作用。校外实践教育基地为学生营造了一个缤纷多彩的学习环境,让他们能够与文化紧密相联,实现深度交流。在专业导师的指导下,学生不仅能够提升专业技能,还能培养出类拔萃的职业素养和社会责任感。相较于传统的思想政治理论课程,校外实践基地独具特色。在这些基地，学生可以亲身领略文化生成与发展的历程，近距离感知文化的源远流长。这种多元化的思想政治教育方式更能激发学生的学习热情。

在实践教学体系的构建中，可以考虑通过与当地政府组织合作，建立创新的校外实践教育基地。这种教育基地将提供独特的实践机会，帮助学生更好地了解和体验中华优秀传统文化。可以与当地的非营利组织和文化机构合作，共同规划实践活动，如参观博物馆、探索历史名胜区、参与社区项目等。通过这些实践活动，学生将能够亲身感受到传统文化的魅力，并且在实践中培养创造力、合作精神和解决问题的能力。此外，还可以与企业建立校外实践教育基地，为学生提供与专业相关的实训机会。通过与企业的合作，学生将有机会接触真实的工作场景，了解行业要求和实践技能，增强自己的职业素养和实际操作能力。这种实践教育方式将有效地将理论与实践相结合，为学生提供更多元化、个性化的实践机会，促进他们全面发展和创新能力的培养。

（三）完善德育综合测评机制

大学生的德育综合测评机制是高校对学生的教育效果进行评价的方式。它将学生的道德素质和高校的德育培养体系结合在一起。测评机制通过评估学生在实践活动中的表现，对他们的思想道德素质和高校教育的综合效果进行评估。这对于加强学生的实践教学和校外实践活动的管理，以及鼓励学生积极参与社会实践，构建科学的管理和评价机制是非常重要的。

然而，现阶段德育评价体系尚存在诸多不尽人意之处。部分学生在参与校外实践活动时，动机并不强烈，又缺少经验丰富教师的指导，因而导致实践教育活动价值的发挥未尽其善。同时，教师与学生在思想政治理论课以及中华传统文化选修课的实践教育方面，重视程度不足，使得实践环节难以真正发挥其应有之效。

因此，有必要对德育综合测评机制进行进一步优化，确立统一的管理和评价标准，以激发学生对传统文化学习的热情，针对学生的社会实践活动进行规范。此举将有助于引导他们更加积极地参与第二课堂的学习，使中华传统文化得以更好地融入他们的实践活动之中，改变学生过度关注专业课学习的现状，进而促进理论与实践的紧密结合。

五、融媒体技术与大学生思政教育相结合

随着融媒体技术的不断进步，我国大学生思想政治教育领域得以拓宽，并获

得了前所未有的便利。运用融媒体技术，能够对中华优秀传统文化进行深入引导与广泛传播，从而实现传统文化与现代科技的有机融合，为大学生思想成长及创新能力提升提供优质平台。此举将有力推动中华优秀传统文化的传承与创新，进一步增强大学生的文化自信和家国情怀。

（一）优化教育平台，共享信息资源

随着互联网技术的迅速发展，包括微博、微信、互联网等在内的融媒体技术已经成为信息传播的重要工具。在高校中，人们可以广泛利用融媒体技术来传播中华优秀传统文化，促进大学生的自主学习和交流学习。以下是一些具体措施。

首先，构建校园官方融媒体平台。高等院校可借助微博、微信、手机报等媒体，打造利于校园管理、学生教育及服务学生的综合性平台。通过这些平台，宣传当地的地方文化与名胜古迹，并向新生推送校史等内容。此外，为使学生全面了解校园生活，高校还可建立微信公众号，及时发布各类活动安排。

其次，推行师生实名制的微博与微信平台，有助于增进师生间的互动关系。当代大学生热衷于积极参与各类活动并表达自身见解，可以看出当大学生高度重视自身的学生主体地位。通过师生实名制的微博与微信平台，能有效缩小教师与学生之间的距离，促使双方交流更加紧密。

最后，可以借助新媒体教育平台，推动线上与线下的互动交流。传统的思想政治教育主要局限于课堂或学术交流场所，受限于师生人数，知识传播范围也相对较小。然而，相较于传统课堂，融媒体技术的发展解决了空间限制，使得上课人数得以扩增。通过这一技术，师生们不仅可以及时参与学术讲座和活动，还能适时发表个人见解。这种线上线下相结合的互动方式，有助于激发学生积极性，使他们由被动的观众转变为活跃的参与者，进而营造出更为浓厚的学术氛围。

（二）融网状国魂，搭建网络思政

思政教育在新时代要求构建多样平台，这些平台需具备时代热度、人文温度与思想深度。为推动、实现这一目标，我们应当秉持中华优秀传统美德，实现网络思政与新时代平台的有机融合。同时，应将传统教育方式与融媒体信息技术相结合，以赋予思政教育时代特质和吸引力；应执行网络思政工程，促进多部门、多平台、多方式的教育一体化。为实现各类媒介资源与生产要素的有效整合，要媒体融合发展需坚持一体化发展策略，优化流程、重塑平台。倡导移动优先策略，确保主流媒体占领传播制高点。为使思政教育在各育人平台媒体中形成合力，实

现媒体协同育人，学校教育应依托新媒体构建合作联盟模式，形成立体式校园媒体文化。

思政课程在高等教育环节中发挥着至关重要的作用，其职责不仅限于知识的传授，更涵盖品德教育与人格塑造。为了提升思政课程的实施效果，可以将文化育人的理念融入其中，运用多媒体手段激发学生的兴趣和理解，从而增强课程的实效性。此举旨在使思政课程更具吸引力，更贴近学生的需求与期待，使学生在学习过程中对课程内容产生深刻的认同与记忆。通过多种教学手段的有机结合，能够更好地实现思政课程的教学目标，培养学生的全面素养，推动他们全面发展。

中华传统文化与思政课的融合，可以通过多种教学方式实现。运用在线平台和融媒体技术，创作精品课程并进行线上互动，将优秀传统文化融入教学中。通过丰富的图像、音频、视频等元素，传达中华文化的精髓，提高教学质量。同时，教师可以通过线上互动了解学生需求，引导学生参与课堂讨论和互动，促进师生互动，进一步融合中华传统文化和思政课。这种融合不仅可以传承中华优秀传统文化，而且可以提升思政教育的实效性，培养学生的综合素养和人文素养。通过多样化的教学方式和手段来融合中华传统文化与思政课，可以更好地满足学生的需求，提高他们对思政课的认同感，从而达到培养高素质人才的目标。

在融媒体时代，大学生需要强化思政学习，正确使用网络和科技工具。思政课应注重培养学生的是非判断能力，引导他们树立正确的价值观、人生观、世界观。同时，加强文化自信和社会主义核心价值观的教育，引导大学生理性判断网络信息，正确利用融媒体平台。这样，大学生才能在融媒体时代中树立理想信念，正确应对网络信息的挑战，实现自身的人生目标。

对于针对大学生群体的高校思政课，教育者在教学过程中需充分考虑大学生的学习能力，并结合我国传统文化对教学内容进行适应性的调整。融媒体为文化传播提供了便利的途径，大学生可以通过此类平台获取丰富多样的传统文化资源。然而，在此过程中，教师需要引导学生正确利用融媒体，使他们亲身体验传统文化的魅力，进而激发他们的认同感和学习兴趣。利用融媒体平台，例如微信公众号，教师可以向学生推荐与思政教育和传统文化相关的公众号，引导他们进行阅读和学习。这种方式可让学生根据自身需求构建独特的学习模式和体系，进一步提升其对传统文化的理解，加强对其思政素养的培养。

将传统文化与高校思政课相融合，对于学生的综合发展和人文素养具有重要意义。这种融合不仅仅丰富了教学内容，更为学生提供了深刻体验和学习传统美德的机会。通过将传统文化融入思政课教学，学生能够深入了解中国传统文化所蕴含的智慧和价值观念。在学习政治、经济等知识的同时，他们也能感受到传统文化对于道德观念和人生态度的影响。这种综合的学习方式可以帮助学生形成正确的世界观、人生观和价值观，提高他们的思政素养。

在融媒体时代，应将传统文化与思政课相结合，发挥传统文化的思想教育价值，推动学生的全面发展。教师在融媒体环境下，应深入学习传统文化，理解其内涵和历史背景，并选取相关内容与思政课程相结合。教师应通过融合文学艺术、价值观念和思维方式，丰富思政课的教学内容，提升课程的趣味性和吸引力。为了促使学生真正理解、认同思政课的教学理念，教师可以运用融媒体技术，开展教学实践活动，让学生进行角色体验，通过辩论赛、歌曲串烧、诗歌朗诵等形式分享传统文化的智慧和价值观念。在查阅资料和相互分享的过程中，学生能够加深对传统文化的理解和感悟，与教师进行互动交流，增强参与感和学习动力。同时，教师还可以创新课堂教学方式，从传统的封闭式、说教式教学转变为开放式、情景式教学，引导学生参与讨论、分析和解决问题，培养学生的思维能力和创新意识。通过师生互动、学生互助，使学生将传统文化的价值理念内化于心、外化于行，形成正确的行为模式。

在融媒体时代，应将传统文化融入高等教育阶段的思政课程，使之成为创新发展的关键方向。通过深入剖析诗词歌赋、阐述名人名言、探究历史人物及事件、呈现传统文化故事等途径，使学生在思政课堂上领略传统文化的深邃内涵，感知传统美德的独特魅力。这种教学模式旨在激发学生的主观能动性和积极性，提升他们对教学内容的领悟和把握能力。为了确保思想政治课程的高品质教学，教师可以运用多元化的教学模式，如活动教学、线上教学、实践教学以及线下教学等。通过将传统文化融入教学大纲，深化学生对中华优秀传统文化的认识与传承。教师应关注教学内容的充实性与创新形式的融合，利用案例解析和情境教学，使学生成为教学的核心。

将传统文化融入思政课程不仅能丰富课堂活动，还提升了思政教育的文化内涵和意蕴。高校思政课程的融合发展需要充分利用融媒体的优势，推动学生德智体美劳全面发展。这种融合有助于高校实现立德树人的根本任务，培养具有中华传统文化底蕴的优秀人才，并使其为祖国的未来发展贡献力量。因此，在融媒体时代加强传统文化与高校思政课的融合是一项重要的任务。

六、中华优秀传统文化与辅导员思政教育的有机融合

（一）坚守思政教育主渠道，抓好思政教育主阵地

目前，高校主要通过理论教育和实践教育两个层面开展大学生思想政治教育工作。理论层面的教育主要是通过各类课程对学生进行系统的思想政治和道德教育，这是高校帮助大学生树立正确的世界观、人生观、价值观的"主渠道"。实践层面的教育主要是通过辅导员在日常的各种学生活动中，以及在私下的交流沟通中对学生进行帮助和教育。这方面的教育内容十分丰富，除帮助大学生树立正确的世界观、人生观、价值观外，还包括对大学生进行心理健康、人文素养、人际交往、良好行为习惯养成等其他各类成长成才方面的教育，这是高校开展思想政治教育的"主阵地"，也是对理论教育"主渠道"的延伸和丰富。

辅导员在将优秀传统文化融入大学生思想政治教育的过程时应遵循思政教育规律，坚持"主渠道"和"主阵地"相统一。在实际工作中，积极打通"主渠道"与"主阵地"的贯通点，与各类课程的任课教师保持紧密联系和沟通，真正做到课程教育"主渠道"与日常思想政治教育"主阵地"的有效配合。同时，时刻关注学生成长动态，根据学生学业安排和思想动态，创新日常思想政治教育的方式方法，进一步提高在其中开展优秀传统文化教育的实效性。

（二）遵循学生成长规律，提高学生发展水平

学生在进入大学阶段之后，不同年级学生呈现出的特点有所不同，其发展需求也不尽相同。因此，辅导员在开展将优秀传统文化融入思想政治教育工作的过程时，应该充分考虑学生所处的阶段，以及他们的学业和心理情况等各项主客观因素，遵循学生成长的基本规律，满足其发展需求，进而提高学生的发展水平。

大一年级，学生思想较为单纯，对新事物充满好奇与热情，课程学习内容较为基础，课下时间相对充裕，这一阶段学生的可塑性和可变性较强。辅导员在开展工作时，应结合优秀传统文化适时开展包括爱国爱校、法规校纪、道德品质、学涯规划和习惯养成等新生适应性教育。

大二和大三年级，学生基本适应了大学的学习和生活，一部分学生对未来发展有了初步规划，也有一部分学生会进入发展迷茫期。该阶段的学生所学课程中的专业知识也逐渐增多，学习难度加大，学生在此阶段的差异会明显增大。此时，辅导员在日常思想政治教育工作中应结合优秀传统文化，深入开展社会主义核心

价值观教育，鼓励学生参加各种专业技能提升和科研实践活动，帮助学生制订后续职业和人生的发展规划。

大四年级，学生在思想上已相对成熟，对社会问题的观察和思考能力有了很大提高。这一阶段的课程内容相对较少，但实习实践内容相应增多。此时，辅导员应在日常思政教育中结合优秀传统文化，开展就业创业指导、职业道德、社会责任和母校情怀教育等方面的工作。

（三）贴近学生成长实际，做好针对性教育

对进入大学阶段的学生而言，其个体的独立性和选择性逐渐增强，学生之间也存在差异性和多变性的特点。在此阶段，学生受到各种思想文化的影响也明显增多，虽然大部分学生思想政治状态是积极健康的，但是仍有较少部分学生在思想上存在一定问题。

在日常思想政治教育过程中，辅导员需要立足学生视角，成为学生的益友，观察学生的日常行为和活动表现，深入了解学生心中所想。辅导员可以利用日常观察法、个别谈心法和活动检验法等方式方法，准确把握学生的思想状况与问题，从而提升思想政治教育的实效，也能更好地将优秀传统文化教育融入其中。此外，辅导员还需力争成为学生的良师，凝聚优秀学生，发挥其骨干带头作用和先锋模范作用，重点关注少数特殊学生群体，针对其实际问题，利用优秀传统文化中的德育资源，为学生提供有针对性的指导建议，为集体式教育提供有益补充。

（四）借助网络媒体新形式，转换参与者身份，增强育人实效

随着国人文化自信的提升，中华优秀传统文化也越来越受到重视，大众视野中出现了很多与优秀传统文化相关的媒体节目。例如，大型文博探索节目《国家宝藏》、原创文化电视节目《中国诗词大会》和文化季播节目《上新了·故宫》等。这些节目在传统媒体和网络媒体上开播后，吸引了越来越多的年轻人，使学生成为优秀传统文化的粉丝。总的来说，这些节目以其独特的节目形式和风格、极具讨论性的价值和文化议题，获得了众多学生观众的喜爱。这些节目让重拾中华优秀传统文化成为一种时尚和生活方式，对大学生观众的价值观产生了重要影响，也对高校思想政治教育有着较好的借鉴和启发意义。

因此，辅导员在日常的思想政治教育过程中，可以借助这些媒体节目和网络媒体新形式搭建优秀传统文化的学习平台，有机整合线上和线下的学习资源，拓宽学生了解和学习优秀传统文化的途径。

大学阶段是青年学生世界观、人生观和价值观形成和建立的重要时期，这一时期的思想政治教育工作对其未来一生的成长成才有着不可替代的作用。在其中融入优秀传统文化是发展具有中国特色现代化教育的需要，也是为国家培养有理想、有道德、有文化、有纪律的合格建设者和接班人的需要。辅导员作为高校思想政治教育工作的骨干力量，应有意识地将中华优秀传统文化融入日常教育教学的实践过程。根据学生思想成长的动态特点，围绕学生工作实际，通过多途径、多方式传播中华优秀传统文化，增强学生的文化自信，提升学生对优秀传统文化的认知水平，推动他们成为满足祖国未来经济社会发展需要的复合型人才。

参考文献

[1] 人民日报社评论部.人民日报评论年编 2021 人民时评 [M].北京：人民日报出版社，2022.

[2] 中共北京市委党史研究室.中国共产党北京历史 第 1 卷 1921-1949[M].北京：中共党史出版社，2021.

[3] 叶荣国，路丙辉.高校思想政治理论课思想道德与法治教学创新与实践详案丛书 思想道德与法治教学关键词 [M].芜湖：安徽师范大学出版社，2022.

[4] 曾国藩.经史百家杂钞（上）[M].上海：上海科学技术文献出版社，2020.

[5] 吕思勉.中国简史 [M].西安：三秦出版社，2020.

[6] 谢无量.中国哲学史 [M].北京：应急管理出版社，2022.

[7] 牛惠.把今天写成诗 [M].银川：宁夏人民教育出版社，2021.

[8] 戴维·哈维.正义、自然和差异地理学 [M].上海：上海人民出版社，2010.

[9] 陈明，邓中好.国学经典 200 句 [M].武汉：长江文艺出版社，2013.

[10] 刘超.新时代思想政治教育与传统文化融合发展研究 [M].长春：吉林大学出版社，2022.

[11] 王兴立.中国传统文化和大学生思想政治教育 [M].天津：天津科学技术出版社，2018.

[12] 鲁力.中国传统文化的思想政治教育价值研究 [M].北京：中国社会科学出版社，2017.

[13] 蔡凯文.中华优秀传统文化融入高校思政教育的方法与理路 [J].江苏高教，2023，（12）：131-136.

[14] 蔡海飞.中华优秀传统文化与思政教育融合的路径探究 [J].佳木斯职业学院学报，2023，39（11）：40-42.

[15] 陈明珠.中华优秀传统文化融入高校思政教育的有效路径 [J].甘肃教育研究，2023，（11）：158-160.

[16] 殷欣禾.试论中华优秀传统文化和高校思政教育融合的创新途径 [J].大众文艺，2023，（22）：160-162.

[17] 韩鑫.中国传统文化精神在当代高校思想政治教育中的作用[J].品位·经典，2023，（21）：33-35.

[18] 张雁钦，曹立中.中华优秀传统文化融入高校思想政治教育探究[J].淮北职业技术学院学报，2023，22（05）：35-39.

[19] 王静，赵冬，刘荣生.中华优秀传统文化有效融入大学生思想政治教育探索[J].淮北职业技术学院学报，2023，22（05）：40-43.

[20] 杜雨阳.传统文化赋能高校思想政治教育研究[J].淮南职业技术学院学报，2023，23（05）：40-42.

[21] 熊沂，骆婉婷.中华优秀传统文化融入高校思想政治教育的对策研究[J].学校党建与思想教育，2023，（24）：48-50.

[22] 易佳佳.中华优秀传统文化融入高校思想政治教育话语研究[J].领导科学论坛，2024，（02）：154-157.

[23] 杨帆.中华优秀传统文化融入高校思想政治教育的践行方略[J].学校党建与思想教育，2024，（02）：60-62.

[24] 耿中华.中华优秀传统文化融入高校思想政治教育的困境与进路[J].现代教育科学，2024，（01）：54-58+65.

[25] 徐芸，周秀琴.中华优秀传统文化融入高校思想政治教育的价值意蕴及实现路径[J].大众文艺，2024，（03）：211-213.

[26] 梁旭歌.中华优秀传统文化融入高校思想政治教育的路径分析[J].华章，2024，（02）：6-8.

[27] 张作祥，曲新英，尹昊.中华优秀传统文化融入高校思想政治教育的逻辑理路与实践进路[J].学校党建与思想教育，2024，（05）：59-61.

[28] 赵丽，张涛.三全育人视角下，中华优秀传统文化融入大学生思想政治教育路径探索[J].甘肃教育研究，2024，（01）：37-39.

[29] 任楠.中华优秀传统茶文化融入高校思想政治教育的有效路径探索[J].福建茶叶，2020，42（07）：323-324.

[30] 范成龙，王强.中华优秀传统文化融入高校思想政治教育的哲学逻辑与实践方略[J].教育探索，2022，（02）：50-54.

[31] 范明娟.中华优秀传统文化融入高校思政教育的意义与路径研究[J].江西电力职业技术学院学报，2023，36（11）：76-78.

[32] 龚诗昆.中华优秀传统文化融入高校思政教育的价值与路径[J].黑龙江教师发展学院学报，2023，42（11）：154-156.

[33] 吴维东，吕成祯.中华优秀传统文化融入大学思政教育的路径探究[J].高教学刊，2024，10（11）：181-185.

[34] 耿雪莲.中华优秀传统文化与高校思政课教学融合路径探讨[J].佳木斯职业学院学报，2024，40（03）：13-15.

[35] 秦冰馥.中华优秀传统文化融入高校思想政治教育研究[D].长春：东北师范大学，2021.

[36] 辛双.中华优秀传统文化融入高校思想政治教育路径研究[D].锦州：辽宁工业大学，2021.

[37] 杨一琼.中华优秀传统文化融入大学生思想政治教育研究[D].锦州：渤海大学，2021.

[38] 杨婧.中国优秀传统文化深度融入思想政治教育研究[D].沈阳：沈阳工业大学，2019.

[39] 王燕茹.中华优秀传统文化融入大学生思想政治教育的路径研究[D].长春：东北师范大学，2019.

[40] 郭勤艺.思想政治教育传统文化资源开发研究[D].武汉：武汉大学，2016.

[41] 丁恒星.中国传统文化的开掘与思想政治教育的创新[D].徐州：中国矿业大学，2018.

[42] 赵志海.中华优秀传统文化融入大学生思想政治教育研究[D].南充：西华师范大学，2021

[43] 刘涔.中华优秀传统文化融入大学生思想政治教育的价值及实现路径研究[D].重庆：重庆理工大学，2021

[44] 李淳.中华优秀传统文化教育的系统性与整体性研究[D].荆州：长江大学，2016.

[45] 代霞.中华优秀传统文化融入高校思想政治教育的路径研究[D].成都：西华大学，2021.

[46] 陈美含.中华优秀传统文化融入大学生思想政治教育研究[D].长春：长春工业大学，2021.

[47] 尚明瑞.高校思想政治教育集成创新研究[D].兰州：兰州大学，2021.

[48] 王欣.新时代高校思想政治教育环境优化研究[D].南昌：南昌大学，2020.

[49] 陈妍.优秀传统文化融入大学生思想政治教育研究[D].西安：西安理工大学，2019.

[50] 刘垚.中华优秀传统文化融入高校思想政治教育路径研究[D].延安：延安大学，2023.

[51] 李梦晨.中华优秀传统文化融入大学生思想政治教育的探索[N].科学导报，2024-02-06（B03）.

[52] 徐向春.将中华优秀传统文化融入高校思政教育的价值、难点与路径[N].中国文化报，2022-01-18（003）.

[53] 完善中华优秀传统文化教育指导纲要[N].中国教育报，2014-04-02（003）.

[54] "中国核潜艇之父"黄旭华：对国家的忠，就是对父母最大的孝[R/OL].（2022-1-3）[2023-11-20].https://baijiahao.baidu.com/s?id=1720897681542983873&wfr=spider&for=pc.

[55] 谈及武汉钟南山院士为何几度哽咽？背后的故事令人心酸[R/OL].（2022-2-14）[2023-11-20].https://baijiahao.baidu.com/s?id=1658493847631893382&wfr=spider&for=pc.

[56] 美国在中国抗击疫情中表现如何？[R/OL].人民日报（2020-2-27）[2023-10-29].https://baijiahao.baidu.com/s?id=1659648503451582614&wfr=spider&for=pc.